Zu diesem Buch

«In dem mit bestechender Sachkenntnis von der Oldenburger Ossietzky-Forschungsstelle herausgegebenen Lesebuch ... ist in der Tat gelungen, was die Herausgeber versprechen: den Leser mit dem weithin unbekannten Ossietzky vertraut zu machen und sein journalistisches Werk in ganzer faszinierender Breite vorzustellen. Zu entdecken ist alles andere als ein politischer Dogmatiker, vielmehr ein mit eminenter intellektueller Spannkraft begabter Kritiker, der seinem Ingenium die unvergleichliche Noblesse einer herb-brillanten Prosa abzugewinnen verstand. In ihren höchsten Momenten, dort wo die stilistische Dignität in ein Moment der Wahrheit umschlägt, verschmelzen für den Leser Vergangenheits- und Gegenwartserfahrungen.» («Frankfurter Rundschau»)

Carl von Ossietzky, geboren am 3. Oktober 1889 in Hamburg, arbeitete zunächst als Büroangestellter. Nach dem Ersten Weltkrieg engagierte er sich als Pazifist. 1931 wurde er in Berlin als Herausgeber der «Weltbühne» wegen Landesverrats zu einer Gefängnisstrafe verurteilt. 1934 kam er nach erneuter Verhaftung ins Konzentrationslager Esterwegen. Carl von Ossietzky starb am 4. Mai 1938 an den Folgen der Mißhandlungen im KZ – zwei Jahre, nachdem ihm der Friedensnobelpreis verliehen worden war.

Carl von Ossietzky

Lesebuch

Der Zeit den Spiegel vorhalten

Herausgegeben von der
Carl-von-Ossietzky-Forschungsstelle
an der Universität Oldenburg:
Bärbel Boldt, Werner Boldt, Dirk Grathoff,
Gerhard Kraiker, Gunther Nickel, Manfred Peters,
Elke Suhr, Frank D. Wagner

Rowohlt

Veröffentlicht im Rowohlt Taschenbuch Verlag GmbH,
Reinbek bei Hamburg, Juni 1994
Copyright © 1989 by Rowohlt Verlag GmbH,
Reinbek bei Hamburg
Ossietzky-Texte Copyright © by Rosalinde von Ossietzky-Palm
Umschlaggestaltung Klaus Detjen
Gesamtherstellung Clausen & Bosse, Leck
Printed in Germany
1200-ISBN 3 499 13477 2

Inhalt

Abkürzungen

(von Institutionen, Zeitungen und Zeitschriften)

ADV	Alldeutscher Verband
BT	Berliner Tageblatt
BVP	Bayrische Volkspartei
BVZ	Berliner Volkszeitung
BZ	Berliner Zeitung
DAZ	Deutsche Allgemeine Zeitung
DDP	Deutsche Demokratische Partei
DNVP	Deutschnationale Volkspartei
DVP	Deutsche Volkspartei
FV	Das freie Volk
KAP	Kommunistische Arbeiter-Partei
KPD	Kommunistische Partei Deutschlands
MdR	Mitglied des Reichstags
MM	Montag Morgen
MMH	Monatliche Mitteilungen des Deutschen Monistenbundes, Ortsgruppe Hamburg
NSDAP	Nationalsozialistische Deutsche Arbeiterpartei
SA	Sturmabteilung
SAP	Sozialistische Arbeiterpartei
SPD	Sozialdemokratische Partei Deutschlands
TB	Das Tage-Buch
USPD	Unabhängige Sozialdemokratische Partei Deutschlands
WB	Die Weltbühne

Vorwort

Am 3. Oktober 1989 jährt sich der 100. Geburtstag Carl von Ossietzkys. Er wurde nur 49 Jahre alt, am 5. Mai 1938 starb er an den Folgen einer dreijährigen KZ-Haft. Seine Lebenszeit fiel in drei äußerlich sehr unterschiedene, aber im Innern doch eng miteinander verwobene Perioden der jüngeren deutschen Geschichte: das Wilhelminische Reich, gekennzeichnet durch technisch-ökonomischen Fortschritt und kulturell-oppositionellen Aufbruch in der Schlußphase auf der einen Seite, politische Rückständigkeit, Militarismus, großmannsüchtiges Philistertum auf der anderen; Weimar, den ersten Versuch einer deutschen Republik, von Anbeginn belastet durch die Kriegsfolgen und durch eine abgeblockte Revolution, die durch wenig tragfähige Kompromisse zwischen militaristisch-nationalistischen und demokratisch-republikanischen Kräften sowie zwischen Unternehmertum und Arbeiterschaft ersetzt wurde; schließlich die Phase der faschistischen Herrschaft, die jene mühsamen Kompromisse der Weimarer Republik gewaltsam zugunsten der antidemokratischen Kräfte des Kapitals und des Militärs auflöste und die von Menschen wie Ossietzky, sofern sie nicht emigrierten, nur noch zu erleiden war.

Noch als junger Mann während des Wilhelminischen Reiches wird Ossietzky zum Demokraten; sein Selbst- und Weltverständnis, das er sich autodidaktisch erarbeitet, orientiert sich an der bürgerlichen Aufklärung und deren emanzipatorischen Zielen. Mehr gefühlshaft sympathisiert er auch schon mit der Arbeiterbewegung. Eine antimilitaristische Kritik in einem Zeitungsartikel trägt ihm 1914 als erste gerichtliche Verurteilung eine Geldstrafe ein. Die vier großen politischen Prinzipien Liberalität, Demokratie, sozialer Fortschritt und Frieden, die sich Ossietzky zu eigen gemacht hat, waren im Wilhelminischen Reich noch ausschließlich, in der Weimarer Republik noch allzu häufig

Sache von Opponenten. Diese Prinzipien bestimmen Ossietzkys vielseitige journalistische Arbeit, zunächst in kleinen Zeitschriften vor und unmittelbar nach dem Ersten Weltkrieg, dann in großen Zeitungen wie der «Berliner Volkszeitung» (abgekürzt: BVZ; vgl. zur Auflösung der Abkürzungen und Siglen das Verzeichnis auf S. 8) und dem «Montag Morgen» (abgekürzt: MM), schließlich in den bedeutendsten Wochenzeitschriften der Weimarer Republik, «Das Tage-Buch» (TB) und «Die Weltbühne» (WB).

Ossietzky ist hierzulande bekannt und unbekannt zugleich. Man kennt den Namen des Friedensnobelpreisträgers von 1935, der von den Nazis geschunden wurde. Sein umfangreiches journalistisches Werk hingegen ist weitgehend unbekannt. Die letzten Jahre mit der Redaktion der «Weltbühne», der Zusammenarbeit mit Kurt Tucholsky mögen noch geläufig sein, wer jedoch kennt die von ihm benutzten Pseudonyme «Thomas Murner», «Celsus» oder «Lucius Schierling»? Kaum zugänglich sind die frühen journalistischen Schriften aus den Anfangsjahren der Republik von Weimar. Je unbekannter Ossietzkys journalistische Arbeiten blieben, desto kräftiger wucherten freilich die Legendenbildungen um den angeblichen Landesverräter, den Republikzerstörer oder was sonst Ossietzky gescholten worden ist.

Dieses Lesebuch will mit dem unbekannten Ossietzky bekanntmachen. Unter den noch nicht wieder veröffentlichten Arbeiten stellt es, repräsentativ auswählend, Ossietzkys journalistisches Werk in ganzer thematischer Breite vor: sein Streiten für die Erhaltung der Republik und der Demokratie, gegen Militarismus und Faschismus; es skizziert den breiten Bereich seiner kulturkritischen Schriften, seien es Polemiken gegen die verklemmte Sexualmoral seiner Zeitgenossen, Gedanken zur Frauenbewegung der Weimarer Republik, kirchen-, zensur- und justizkritische Schriften, bis hin zu theaterkritischen Debatten, die in ihren grundsätzlichen Dimensionen unvermindert brisant geblieben sind. So soll in ersten Umrissen die Vielschichtigkeit wie die unverbrüchliche Unabhängigkeit des «Außenseiters» Ossietzky deutlich werden, der nur zu oft einseitig vereinnahmt worden ist.

Das Lesebuch wird herausgegeben von der Carl-von-

Ossietzky-Forschungsstelle an der Universität Oldenburg, die – gestützt auf den Nachlaß und in Zusammenarbeit mit der Tochter Rosalinda von Ossietzky-Palm – eine Gesamtausgabe des Werks von Ossietzky für den Rowohlt Verlag vorbereitet.

Lektürehinweis

Im Namen- und Sachregister des Anhangs werden sämtliche Namen und Schriften, sowie Institutionen (Parteien usw.) und zeitgenössische Zeitschriften bzw. Zeitungen, die in den Artikeln Ossietzkys erwähnt sind, verzeichnet und kurz erläutert, so daß das Verständnis der zeitgeschichtlichen Zusammenhänge durch die Heranziehung des Registers erleichtert werden kann. Weitere Hinweise auf den zeitgeschichtlichen Hintergrund und den thematischen Kontext mit anderen Schriften Ossietzkys werden jeweils in den kurzen Einleitungen – bzw. gelegentlich in den redaktionellen Zwischentexten – zu den Abschnitten dieses Lesebuchs gegeben.

«*Die Klinge führen*»

Der Journalist als Kritiker der Zeit

In Anlehnung an Shakespeare, der im «Hamlet» die Schauspieler vor Übertreibungen warnt und von ihnen Bescheidung darauf verlangt, die menschliche Natur und die Zeitverhältnisse zu spiegeln, bestimmt Ossietzky die Aufgabe des kritischen Journalisten: «Der Zeitungsschreiber aber soll weder dozieren noch dreschen, sondern der Zeit den Spiegel vorhalten.» Den Journalisten sieht er als Kind einer Ehe zwischen dem frechen Thersitis, der spöttisch unangenehme Dinge zur Sprache bringt, und Cassandra, der zur Wahrheit verdammten, aber ungehört bleibenden Prophetin. Ossietzky schreibt dies im Jahre 1925 anläßlich einer Würdigung des Journalisten Stefan Großmann, dem Gründer und Herausgeber von «Das Tage-Buch». Ein Jahr zuvor war Ossietzky in die Redaktion dieser neben der «Weltbühne» gewiß bedeutendsten linksliberalen Zeitschrift der Weimarer Republik eingetreten. Das Bild des Journalisten als eines Degenfechters, das Ossietzky in dem Artikel «Die Klinge» von seinem Mitstreiter Großmann entwirft, hat er später auch auf sich selbst angewandt. In «Kleines Testament» (WB, 1932), das er vor seinem Strafantritt – verurteilt wegen Landesverrat, dabei hatte er lediglich einen den Tatsachen entsprechenden Artikel über die geheime deutsche Aufrüstung erscheinen lassen – im Mai 1932 schreibt, beschließt er seine 20jährige Tätigkeit als Journalist vorerst mit dem Satz: «Jetzt gebe ich meinen Degen also in der Garderobe ab.»

Das kämpferische und zugleich ästhetische Moment im Aufgabenverständnis des Journalisten wurde Ossietzky in der Nachkriegszeit und schon in der Weimarer Republik häufig zum Vorwurf gemacht. In seinem Artikel «Rechenschaft» (WB, 1932), gleichfalls verfaßt vor jenem Strafantritt, verteidigt er sich dagegen: «‹Die Weltbühne› hat in langen Jahren für deutsche Angelegenheiten oft die schärfsten und schroffsten Formulierungen gefunden. Sie hat dafür von rechts den Vorwurf der Verräterei, von links den des verantwortungslos krittelnden individualistischen Ästhetentums einstecken müssen. Die ‹Weltbühne› wird auch weiterhin das sagen, was sie für nötig befindet; sie wird so unabhängig bleiben wie bisher, sie wird so höflich oder frech sein, wie der jeweilige Gegenstand es erfordert. Sie wird auch in diesem unter dem Elefantentritt des Fascismus zitternden Lande den Mut zur eignen Meinung behalten.» Daß der an Unabhängigkeit und Mut zu eigenem Urteil orientierte politische Journalismus keine Lebensversicherung ist, wie Ossietzky im gleichen Zusammenhang vermerkt, hat er drastisch schon in der Weimarer Republik, unter faschistischer Herrschaft dann tödlich an sich selbst erfahren.

Daß Momente von Rücksichtslosigkeit und Zerstörung wie jedem Kampf so auch dem geistigen des Philosophen, des Künstlers und, so ist hinzuzufügen, des Journalisten eigen sein können, rechtfertigt Ossietzky in der Glosse «Kant und die Sträflinge» – in einer an den Geniekult erinnernden Weise – mit dem vorrangigen Existenzrecht des geistig Herausragenden gegenüber dem Gewöhnlichen und Vergänglichen. Ein Elitebewußtsein, in der Rede von der Notwendigkeit geistiger und politischer Führung sich vielfach ausdrückend, war in den 20er Jahren bei den Linken noch ebenso allgemein wie bei den Rechten. «...es spielt sich alles unter zweihundert Menschen ab...» zitiert Ossietzky zustimmend im «Kleinen Testament» Theobald Tiger (Kurt Tucholsky). Dennoch ist Ossietzky kein Nietzscheaner, seine Anlehnung an den Geniekult bleibt nicht ungebrochen, wie die Schlußsätze der Glosse deutlich machen.

Ob die Mahler-Geschichte sich tatsächlich so ereignet hat, wie Ossietzky sie darstellt, bleibt offen. Durch die Biografen verbürgt ist, daß Mahler auf Lärmstörungen bei der Arbeit äußerst gereizt reagierte. Er selbst und seine Angehörigen unternahmen Vielerlei, ihn gegenüber Natur- und Mitweltgeräuschen abzuschotten. Der erklärte Tierfreund Mahler, wie die Biografin Bauer-Lechner (1984) vermerkt, ließ die Nester der Vögel forttragen und einen erschossenen Raben zur Abschreckung für die anderen aufhängen. Alma Mahler-Werfel berichtet in ihren «Erinnerungen an Gustav Mahler» (1940): «Unsere Sommer-

ferien waren ausschließlich seiner Arbeit und seinem Wohl ge-
widmet. Seiner Ruhe! Alles ging auf Zehenspitzen. Die armen
Kinder durften weder laut lachen, noch schreiben. Wir waren alle
seiner Arbeit versklavt, aber das war so richtig, und ich würde es
immer wieder so halten.» – Von der unbedingten Vorrangigkeit
der Arbeit berichten auch die Angehörigen Ossietzkys.

Wenn Ossietzky in dem Artikel «Professoren, Zeitungsschrei-
ber und verkrachte Existenzen» eine Lanze für die «verkrachten
Existenzen» im Journalistenberuf bricht und sich vehement da-
gegen wendet, Qualität der journalistischen Arbeit von der Aka-
demisierung des Berufs zu erwarten, so verteidigt er damit u. a.
seine eigene erfolgreiche Entwicklung als Autodidakt. Ossietzky
hatte nicht einmal einen formellen Schulabschluß; sein Werde-
gang war der eines jener sog. Schulversager, die erst jenseits der
schulischen Disziplinierung ihre geistigen Potenzen zu entfalten
vermögen und schließlich doch Bedeutendes auf ihrem Arbeits-
feld leisten.

Die von Ossietzky in diesem Artikel als schwächlich kritisierte
Stellungnahme im Organ des Reichsverbandes der Deutschen
Presse stammt von Emil Dovifat («Zur beruflichen Vor- und
Fortbildung», in: Deutsche Presse. Zeitschrift für die gesamten
Interessen des Zeitungswesens, 15. Jahrgang (1925), Heft 1),
von dem auch alle Zitate in Ossietzkys Artikel übernommen
sind.

Die Unabhängigkeit gegenüber dem Staat und den Verlags-
eigentümern gehörte für Ossietzky zu den unumstößlichen Be-
dingungen des freien Journalismus. Er selbst erfuhr von der
Eigentümerin der «Weltbühne» keinerlei Einschränkungen,
wurde jedoch seit 1914 immer wieder mit politischen Prozessen
verfolgt – bis zu seiner Verurteilung zu 18 Monaten Gefängnis
wegen angeblichen Landesverrats 1932. Die zum Ende der Wei-
marer Republik zunehmende Tendenz zur staatlichen Zensur war
denn auch wiederholt Gegenstand seiner Kritik. In dem Artikel
«Der Fall Franz Höllering» wendet er sich gegen Anpassungsbe-
reitschaft und Hörigkeit auch liberaler Verleger, wie des Hauses
Ullstein, gegenüber den vielfältigen Formen staatlichen Drucks
und dem von den Nationalkonservativen und Nationalsozialisten
ausgehenden Rechtsdrall in der öffentlichen Meinung. Die Jahre

1927 bis 1929 waren die Blütezeit der «Zeitungsstadt Berlin» gewesen, mit der Weltwirtschaftskrise setzte eine Abwärtsbewegung in den Auflagen vor allem der liberalen und dezidiert republikanischen Zeitungen ein, der einige Verleger mit größerem Entgegenkommen gegenüber staatlichen Interventionen und politischer Zurückhaltung gegenüber den Rechten glaubten begegnen zu müssen. Die «B. Z. am Mittag» hatte von allen Zeitungen und Zeitschriften des Großverlegers Ullstein die stärksten Einbußen hinnehmen müssen. Gleichwohl war für Ossietzky die Entlassung ihres Chefredakteurs ein politisches Signal. Er sollte recht behalten, denn wie sich wenig später zeigte, war die Anpassung nur ein Stück freiwilliger Vorwegnahme der totalen Auflösung der freien Presse unter faschistischer Herrschaft.

Die Klinge

Dem Publizisten flicht die Nachwelt noch weniger Kränze als dem Mimen, von dem immerhin Rollenbilder zu den Bürgern späterer Jahrhunderte sprechen. Er muß sich vom Tage tragen lassen, sich in seinem Rhythmus wiegen und das Reittier würgen, wie Freiligraths Wüstenkönig, wenn im Osten neues Frühlicht glänzt. Wehe, wenn er sich in einen Tag verlieben wollte, er wäre schnell hinter tausend anderen zurück. Der Journalist als Kritiker der Zeit schreibt sich nicht ins Buch der Geschichte ein, sondern ins Fell der Gegner. Ihre Narben sind sein Ruhm. In ihre Haut gekritzelt stehen seine persönlichen Urkunden; da ist Mensch und Werk wie vom Papier abzulesen. Der Tag mit seinen wechselnden Erregungen und Programmen vergeht. Degen und Narben bleiben. Sprichst du vom Journalisten, so lautet die Frage nach kurzem nicht mehr: Wofür kämpfte er?, sondern: Was hat er ausgeteilt, wie hat er geschlagen?

Wenn Ihnen, lieber Stefan Großmann, all die Präsente zuteil werden, mit denen man Geburtstagskinder nun einmal überschüttet, Torten und Weine und Bücher und Blumen, dann möchte ich in dieser festlichen Runde etwas bescheidener auftreten und Ihnen ganz einfach etwas überreichen, was Ihnen gehört, ja, ein Stück von Ihnen ist: ein Abbild der Klinge, die Sie jetzt fast drei Jahrzehnte führen, die manchen Harnisch zerbeult, manchen Zopf gespießt, manche Nase verkürzt, aber auch manchen wohltätigen Aderlaß herbeigeführt hat. Haben Sie das Ding immer so genau betrachtet, haben Sie es immer wie Ihr kostbarstes Eigentum behandelt? Ich will versuchen, es Ihnen aufzuzeigen, feiertäglich bekränzt.

Sie werden sich vielleicht dagegen verwahren, einseitig als Raufdegen behandelt zu werden, Sie werden betonen, daß Sie oft Ja gesagt, mit Hingabe verteidigt und gefördert haben. Ich lasse das alles gelten, aber, ich täusche mich nicht, Ihr Degen scheint mir zum Salutieren doch nicht ganz geschaffen zu sein. Die Spitze wackelt so verdächtig. Das edle Instrument kommt eben aus keinem preußischen Arsenal. Bitte, lehnen Sie es nicht ab, als Fechtmeister gewürdigt zu werden – einem Geburtstagskind rühmt man ja gewöhnlich Friedfertigkeit nach, einem Fünfzigjährigen erst recht väterliche Milde, Abgeklärtheit usw. – wenn ich Sie von dieser Seite packe, dann geschieht es, um völlig sichtbar zu machen, daß Sie in dem fast alle Zeitungsmänner verplebsenden Wirbel unserer Gegenwart eine große und immer mehr versackende Kunst mit graziöser aber höllischer Schärfe vertreten: die Kunst der Polemik.

Wer kann eigentlich heute noch seinen Gegner planvoll und doch kurzweilig tranchieren? Die Kunst, ein Pamphlet zu schreiben, ist selten geworden; man bekreuzt sich schon vor dem Wort. Wenn Hamlet heute unter die Leute der Presse treten würde, wie einst unter die Schauspieler, er würde etwa sagen: «Oh, da gibt es vollbärtige Herren, die pathetisch rollen und immer sich gebärden, als ob sie zur Ewigkeit sprächen und nicht zu ein paar schnelleilenden Stunden. Dann gibt es Milchbärte, die entsetzlich viel Bücher gefressen haben und vor lauter Schulweisheit nicht mehr wissen, was Recht und Unrecht, Liebe und Haß. Sie haben kaltes, träges Blut und bilden sich viel darauf ein, sie nennen es Sachlichkeit. Ich erinnere mich, daß ein deutscher Autor einmal gesagt hat: ‹Seit die Schauspielerinnen wie Gouvernanten leben, wird das Theater immer schlechter›. So werden auch eure Journale immer schlechter, seit ihr anfangt, sie mit Bildung vollzupfropfen, anstatt mit Temperament zu füllen. Der

Zeitungsschreiber aber soll weder dozieren noch dreschen, sondern der Zeit den Spiegel vorhalten. Er soll ihn auch nicht dem ersten besten Zeitgenossen auf den Kopf schlagen, denn der Spiegel ist mehr als der Kopf. Sorgt dafür, Ihr Herren, daß die Redaktion nicht zur Studierstube, oder zur Metzgerbank, oder zum Konfektionstisch wird. Ihr seid das Gewissen des Tags, Kinder einer Ehe, entsprossen zwischen Thersites und Cassandra. Ihr müßt feinere Organe haben für das Kommende als die Menge, aber ihr müßt es oft in häßlicher und bitterer Art sagen, ihr müßt es oft in sehr verschrobener Art sagen, um gehört zu werden, um aufzufallen.»

Ja, wer kann heute noch ohne Umschweife und ohne Klobigkeit eine Polemik führen? Stefan Großmann, Sie vertreten eine große Kunst, die seit Börne und Heine immer mehr entschwindet. Sie wissen, daß ein Zeitungsartikel, um zu wirken, der dramatischen Zuspitzung bedarf wie der farbigen Vielfalt. Ist es ein unbeirrbar österreichisches Temperament in Ihnen oder Ihr ganz Persönliches, das kann ich nicht beurteilen, aber Sie haben das, was verlorengegangen: – – die spielerische Verliebtheit in die Attacke. Haben Sie selbst sich so genau beobachtet, haben es andere getan, einerlei, ich als der Letzte, der zu Stefan Großmanns Truppe stieß, will schildern, wie er kämpft.

Niemals ist einer unzeremonieller in den Ring getreten. Wahrscheinlich auch nicht gutgelaunter. Er nimmt der Offensive den furiosen Charakter. Er wirft sich nicht wie ein Tiger auf den Gegner. Er legt den amüsanten Teil des Abends, der eigentlich nachher kommen soll, in die Attacke. Er schweift vergnüglich ab, flicht Anekdoten ein, Reminiszenzen – man denkt, es geht auf Barnowsky, aber nein, es geht auf Stresemann –, es gibt ein paar von Herzensgüte zeugende Einlagen (selten bei einem Duellanten). Oh, denkt der Zuschauer, der wird nicht stoßen! Dann wieder ein paar muntere Sprünge, etwas Gaukelei, ein Scherz läuft mit unter – – und plötzlich ein kleiner Schrei, einer erbleicht und wankt: – St. G. hat gestochen! Und nun ruft er nicht: Ha, eine Pointe! Munter erzählt er weiter und wischt dabei das Blut gemütlich vom Degen. Der andere aber geht und klagt.

Großmann macht sich die Polemik nicht leicht. Er vereinfacht nicht, er kompliziert. Er weiß, es kommt nicht so sehr darauf an, sich selbst zu präparieren als vielmehr den Gegner. Er richtet sich den Mann also her, sehr gewissenhaft, sehr liebevoll. Unvergeßlich bleibt nur ein Artikel, in dem er – es mag jetzt zwei Jahre her sein – den Redner Cuno behandelte. Er sagt also nicht: Herr Cuno ist ein hölzerner, langweiliger Patron, der Wort für Wort abliest, sondern: er rühmt den lyrischen Schwung des Opfers, seine deklamatorische Begabung, seine gute Haltung und Unabhängigkeit vom Manuskript. Und alles das addiert er dann, und siehe, es kommt dabei heraus: er ist der geborene Trauerredner. Dusche schnell angedreht, Opfer klitschenaß, Heiterkeit ringsum, Herr Großmann verbeugt sich. Ab. Schluß.

Ich weiß nicht, ob die Gegner immer die gebührende Anerkennung finden für diese in ästhetischer Hinsicht völlig befriedigende Art der Erledigung. Ich weiß auch nicht, ob Herr Stresemann, der augenblickliche Hausgott des «Tage-Buches», sehr viel Vergnügen findet an dem amüsanten Nebenbei der Schächtung. Aber Stefan Großmann ist kein Besitzfanatiker. Es ist ein wahrhaft rührender Zug an ihm, er hat den Feind nicht in Erbpacht genommen, wie T. W. seinen Poincaré, er wuchert nicht mit den 200 Pfund, die der Herr ihm in der Gestalt des Herrn Stresemann verliehen, er überläßt in köstlicher Abundanz das Feld den jüngeren Kollegen zur Bestellung. So erklärt sich jener Stresemann-Taumel, den aufmerksame Leser des «Tage-Buches» und des «M. M.» gelegentlich wahrgenommen haben und der wohl auch der äußersten Kolumne nicht ferngeblieben ist. (Man sollte selbst den Sportteil des «M. M.» einmal daraufhin durchsehen.) Es hat immer Schwärmer gegeben, die ihr Glück mit ihren Freunden teilten, Weiber und Güter. Stefan Großmann teilt mit ihnen seine Feinde. Ein erhebender, ein sehr sublimer Zug.

Ist das ein Scherz oder mehr? Nun, es gibt ein Heft des «Tage-Buches», das diese lose Improvisation ernsthaft unterstreicht. Es stammt aus dem August 1923 und faßt in knappen Zitaten zusammen, was in sieben Monaten der Regierung Cuno von Stefan Großmann und Leopold Schwarzschild gemeinsam an Befürchtungen, Warnungen, Kritik ausgesprochen wurde. Die kleinen grünen Hefte blieben lange isoliert. Warum sollte sich auch die sogenannte große Presse für... pah eine Zeitschrift interessieren? Das Bewußtsein, rechtzeitig gesehen und gesprochen zu haben, es ist der schönste Triumph des aktiven Publizisten.

Hinter der fechterischen Attitüde pocht ein Herz und wacht ein Auge.

Das Tage-Buch, Sonderheft 1925

Kant
und die Sträflinge

In einer soeben bei Georg Stilke erschienenen Sammlung von Kant-Anekdoten – die Auswahl hat mit freundlichem Verständnis Kurt Joachim Grau besorgt – wird die folgende nachdenkliche Geschichte erzählt:

«Kant wechselte sehr häufig seine Wohnungen, weil er sich überall durch den herrschenden Lärm beschwert fühlte. Zuletzt kaufte er sich in einer ziemlich geräuschlosen Gegend der Stadt, nahe dem Schloß, ein Haus mit einem kleinen Garten, wo er ganz nach seinen Wünschen leben konnte. Nur das Singen der Insassen eines unweit davon liegenden Gefängnisses störte ihn auch hier noch oft bei der Arbeit. Er beschwerte sich bei der Polizei über diesen ‹Unfug›, wie er sich ausdrückte, und erreichte auch glücklich, daß die Gefangenen angehalten wurden, nur bei verschlossenen Fenstern ihrer Sangeslust stattzugeben.»

Es gibt eine andere und bösere Lesart dieser Geschichte: Kant habe von der Polizei gefordert, den Sträflingen solle das Singen überhaupt verboten werden, und die Polizei habe der Beschwerde tatsächlich nachgegeben und den armen Teufeln das Singen untersagt, damit die Ruhe des Herrn Professors nicht gestört werde.

Ein talentierter Pamphletist hat in einer etwas gehässig geratenen Analyse der «deutschen Mentalität» diese Anekdote aufgegriffen und behauptet, Kant habe, wie alle bedeutenden Repräsentanten des Deutschtums, kein Herz für die Kreatur gehabt; dem Verfasser der Schrift vom ewigen Frieden habe der Sinn für Humanität gefehlt. So lieblos kann einer werden, der dem andern Mangel an Liebe vorwirft.

Mißverstanden ist in dieser Veräußerlichung, in dieser beabsichtigt tendenziösen Zuspitzung die tiefere, fast bizarre Symbolik des Vorganges: die Einsamen, die den Einsamen stören. Die Männer im Gefängnis gröhlen ihr Leid in die Welt hinaus; der Einsiedler in dem bescheidenen Haus am Schloß aber bildet aus seinem Leid eine unerhörte Melodie. Die Gassenhauer der Sträflinge verhallen in der Nacht, aber das Lied des Immanuel Kant wird für ewige Zeiten Finsternisse durchdringen und die Nacht besiegen.

Man erzählt von Gustav Mahler, daß er in ländlicher Zurückgezogenheit, die er gesucht hatte, um in Stille eine Symphonie zu vollenden, fast zu Tode gequält wurde durch die Konkurrenz der – Singvögel, die sich in der Gegend in seltener Anzahl zusammengefunden hatten. Die Freunde sahen, wie der Meister immer tiefer in seelische Überreiztheit hineingeriet und beschlossen, ihn von dieser geräuschvollen Plage zu befreien. Und so veranstalteten sie eines Morgens unter den Tierchen eine gewaltige Metzelei. Als der Meister zur Arbeit ging, um sein Herzblut zu verströmen, da hatte das Blut der kleinen Vögel schon den Rasen ringsum gerötet.

Die vielen kleinen Lieder müssen dem einen großen weichen. Der Weg zum Werke gleicht immer dem Marsch einer Armee. Zurück bleiben Trümmerstätten und zertretene Freuden. Aber auch das Singen bleibt immer. Und darauf kommt es an.

Das Tage-Buch, 12. April 1924

Professoren, Zeitungsschreiber
und verkrachte Existenzen

Wie dem Organ des Reichsverbandes der Deutschen Presse zu entnehmen ist, hat eine deutsche Universität sich kürzlich bemüßigt gefühlt, die akademische Jugend in einem Merkblatt über die journalistische Laufbahn aufzuklären. Dieses Opus, strotzend von Weltfremdheit und professoraler Arroganz, ist beschämend. Nicht nur für den Herrn Verfasser, sondern fast in höherem Grade noch für die Zeitungsschreiber, die es nicht verstanden haben, sich für ihren Stand dasjenige Maß von Achtung zu verschaffen, das etwa der Verband der bei der städtischen Müllabfuhr Tätigen für sich beansprucht.

Empfang in der Wilhelmstraße, Tee beim Reichskanzler: «Meine Herren, Sie sind mir unentbehrlich!» –, das alles macht es nicht. In der öffentlichen Einschätzung bedeutet Journalist Schreibekuli, Individuum ohne Stimme und mit auswechselbaren Meinungen. So dürfte es kaum erstaunen, wenn der berufsberatende Geist einer deutschen Universität sich also vernehmen läßt:

«Zu der großen Bedeutung der Presse steht zweifellos im Widerspruch die öffentliche Wertung des Berufes des Journalisten und die vielfache Ungeeignetheit der Vertreter des Berufes. Zweifelhafte Existenzen, manchmal verkrachte Existenzen, haben sich nicht selten in diesen Beruf geflüchtet. *Namentlich in charakterlicher Hinsicht wird mit Recht oft lauter Zweifel an den deutschen Journalisten ausgesprochen.*»

Dann, unter der einlullenden Überschrift «Die Berufsethik, Beruf und Mensch», nach einer rührenden Klage über die vielen «reinen Geschäftsleute», die nur Geld verdienen wollen, über die Gefahren des Inseratengeschäftes, über die taktischen Rücksichtnahmen auf Verleger, Leser und parteipolitische Bindungen, die folgenden Kernworte:

«Man spricht von ‹Revolverjournalisten›, die man als bestechlich, sogar als erpresserisch brandmarken muß. *In der Zeit des Weltkrieges namentlich haben wir genug solcher Fälle erlebt. Massen ausländischen Geldes ist dabei geflossen.* Eine Korruption sondergleichen war für jeden klar Sehenden erkennbar.»

Das ist riesig amüsant, so amüsant, daß man fast die Frage unterdrückt, woher diese akademische Leuchte eigentlich ihre frappierende Detailkenntnis bezieht. Wenn es ein Germanist ist, sicherlich aus Gustav Freytags «Journalisten», die ja heute immerhin in einigen Stücken überholt sind. Hat der Brave auch nur eine Stunde in seinem Leben Redaktionsarbeit zuschauend miterlebt? Hat er auch nur einmal die nervöse Epidermis des Kolossalkörpers Presse mit den Fingerspitzen betastet? Er sieht Gefahren. Aber die Gefahren, die er sieht, kommen eher vom Mond als von unserer freundlichen Erde. Er weiß z. B. nicht, daß es Konzerne gibt, die Zeitungen aufkaufen, sich verpflichten. Er kennt nicht Stinnes, nicht Hugenberg. Er weiß nur, daß im Kriege ausländisches Geld in Massen geflossen ist und – er schreibt es nicht nieder, aber wir können seine Gedanken leicht weiterspinnen – daß wir deshalb den Krieg verloren haben und es deshalb eine Linkspresse in Deutschland gibt. Der Verleger ist ihm ein Tyrann kleinbürgerlichen Formats, der in Holzpantinen durchs Redaktionszimmer schiebt und seine Leute anweist, den Krämer X. zu attackieren, weil er die Frau Verleger schlecht bedient hat. So viel weiß der Herr Berufsberater einer deutschen Universität von der modernen Presse.

Doch wir wollen ihm nicht unrecht tun. Er hat auch läuten hören, daß es Revolverjournalisten gibt. Von der Presse zur Erpressung ist ihm nur ein kurzer Schritt; die Begriffe fließen ihm zusammen. Nun hat es tatsächlich einmal eine ausgedehnte Revolverjournalistik gegeben. Diese Zeit ist, das sei dem guten Manne zur Beruhigung versichert, längst vorüber. Das war im Kriege, als wir selbst noch fremde Gebiete besetzt hielten und nicht ahnten, daß sich der Spieß einmal umkehren könnte. Damals wurden in Belgien, Rumänien, in der Ukraine, in Bulgarien Zeitungen okkupiert und der erhabenen Gedankenwelt der Obersten Heeresleitung dienstbar gemacht; an den Eingeborenen wurde auf diese Art eine oft etwas seltsame Aufklärungsarbeit betrieben, und diese hatten die freudige Genugtuung, daß es durch Landsleute geschah. Da floß «ausländisches Geld in Massen» in Redaktionen und Verlagsgeschäfte, «eine Korruption sondergleichen war für jeden klar Sehenden erkennbar». Das war richtiggehende Revolverjournalistik, die weder die Manager noch ihre Kreaturen ehrte. Aber es war eine Journalistik nicht mit irgendeiner kleinen Privatpistole, sondern mit dem Armeerevolver. Der Herr Leutnant als Ephorus der annektierten Presse hatte entsichert, und wehe dem, der nicht die Hacken zusammenknallte.

Das war, Herr Professor, als Zustand ohne Zweifel in «charakterlicher Hinsicht» bedenklich.

*

Es soll hier keine Apologie des deutschen Zeitungsmannes heruntergebetet werden. Wer nicht blind ist, weiß, wo und warum zu kritisieren ist. Aber wie das Verbandsorgan der Journalisten darauf reagiert, das ist wahrhaft schwächlich. Anstatt dem unerbetenen Berater mit der Narrenpritsche über den gelehrten Hohlkopf zu fahren und ihn mit einem Höllengelächter nach Hause zu schicken, wird todernst nachgewiesen, daß er im Irrtum sei, und daran werden allerhand Vorschläge für das Vor- und Fortbildungsproblem des Journalisten geknüpft. Nicht einmal die Universität wird verraten, die sich diesen Exceß hat zu schulden kommen lassen. Die unverfrorene Zusammenstoppelung mit der ehrenwerten Gilde der gemeinen Erpresser, die, wie jeder Unterrichtete weiß, völlig außerhalb der Linie stehen, wird beantwortet mit:

«Man kann gar nicht glauben, daß der Verfasser dabei an die *deutsche* Presse gedacht hat. Wir nehmen zu seinen Gunsten an, daß er die Korruptionsherde der *Pariser* Presse meint, zu deren Entlarvung jüngst so aufsehenerregende Einzelheiten bekannt geworden sind.»

Mit so vorsichtig dosierter Ironie verteidigt man seinen Beruf.

Der deutsche Journalist leidet unter gottgewollten Abhängigkeiten. Als Mitglied seiner Organisation, als Arbeitnehmer, der nach Rechten und höherer sozialer Wertung strebt, wird er sofort zahm und zittrig. Er bestimmt nicht seine Rangklasse selbst, er läßt sich plazieren. Tu l'as voulu, George Dandin!

Man kann nicht kämpfen, wenn die Hosen voller sind als das Herz.

*

Aber kehren wir zu besagtem Professor und seinen Schmerzen in «charakterlicher Hinsicht» zurück. (Nebenbei: welches Blatt würde auch die geringste Lokalnotiz in solchem Deutsch aufnehmen?) In einem hat der Mann recht: es haben sich nicht selten verkrachte Existenzen in den Journalistenberuf geflüchtet, sie haben dort ein Refugium gefunden und ein Talent entdeckt, das ihnen früher nicht bewußt war. Aber er vergißt hinzuzufügen: diese Existenzen sind durchweg an der Universität verkracht. Nirgends verkrachen nämlich mehr Existenzen als in der berühmten akademischen Freiheit. Sie werden erfaßt von der großen Bierflut der Universitätsstädte, fortgeschwemmt, haltlos treiben sie weiter, von keinem Mentor belehrt, wie man im Lebensstrome schwimmt. Es ist nicht fein, mit Retourkutschen zu arbeiten: – aber was leistet eigentlich die deutsche Universität in «charakterlicher Hinsicht»?

Früher wurde auf den Hochschulen ein überdummer Servilismus kultiviert, heute gelten sie mit Recht als Brutstätten politischen Obskurantentums. Heute nicht anders als früher wird die Scheidewand gegen den Nichtakademiker künstlich aufrecht erhalten. Kastengeist und Herrendünkel werden den Jungen als verhängnisvoller Ballast mitgegeben. Die Persönlichkeit wird dem Ritus des Wissens geopfert; der Mensch ist gar nichts, das Endziel alles. Das Endziel aber ist das Examen. Es schlägt die Brücke ins bürgerliche Leben. Wer es nicht passiert, läuft in Gefahr, ewig ein Heimatloser, Entwurzelter, Paria zu bleiben. Das Examen ist von der Mittelmäßigkeit für die Mittelmäßigkeit geschaffen. Gerade die starke, die überschnittliche Begabung, mit ihren menschlichen Hemmungen, ihren unterirdischen Erschütterungen, ihrer qualvollen Unsicherheit am Selbst, ist diesem kaudinischen Joch nicht gewachsen. Die Geschichte der Begabungen ist die Geschichte der schlechten Schüler, der versagenden, verlotterten Studenten. Ein beamteter Repräsentant der

Wissenschaft sollte etwas vorsichtiger von verkrachten Existenzen reden. Was wären eigentlich die Wissenschaften, die Künste ohne eine Reihe von – im Sinne der guten akademischen Normen – verkrachten Existenzen? Nicht jeder, der in den Strudel geriet, findet endlich seinen Ararat, aber wer ihm entronnen, der ist auch reif für die spätere Leistung. Doch für den Herrn Professor erlischt das Interesse, wenn der Scholar den Boden verloren, zu torkeln beginnt. Heinrich Heine, der bummelige Jurist, Gerhart Hauptmann, der schlechte Akademiker, der sich vor dem Examen davonschleicht, labile Existenzen, nicht wahr?

Gleicht nicht der Weg eines begabten jungen Menschen zu Zeiten dem Ritt übern Bodensee? Er träumt vor sich hin, Melodien im Kopf, nicht Thesen und Formeln und Paragraphen, und eine dünne Eisdecke nur trennt ihn von dem unermeßlichen Grab.

✳

Zeitungsschreiber und Professoren, zwischen ihnen liegt, wenn nicht eine Welt, so doch eine Kenntnis von dieser Welt. Eine Kenntnis, die nicht aus Büchern zu holen ist.

Der Journalismus ist der einzige loser oder enger mit dem Geiste zusammenhängende Beruf auf Gottes Erde, der nicht in das Prokrustesbett des Examens zu spannen ist. Die Tüchtigkeit, die Eignung entscheidet. Man kann ein fürchterlich viel wissender Jurist sein und doch ein untauglicher Richter oder Advokat. Man kann als Doktor der Medizin durch alle Prüfungen gerutscht sein, mit Auszeichnung sogar, und wird später doch nur die Friedhöfe bevölkern. Der Journalist beginnt ohne die trügerischen Vorschußlorbeeren des Examens. Er muß sich bewähren oder...

Grund genug für die Herren Professoren, einem Beruf von so abgründig verruchten Möglichkeiten zu mißtrauen.

Die Zeitung von heute ist, darüber brauchen wir kein Wort zu verlieren, kaum eine moralische Anstalt zu nennen. Aber sie hat den Universitäten von gestern und heute noch immer ein gewisses Maß Intelligenz voraus.

Und wenn eines Nachts in unser Redaktionszimmer – die Metteure schreien nach Manuskript, am andern Ende der Strippe rasen Timbuktu und Samarkand, dazwischen werden Schauspielerinnen gelobt und Minister beschimpft – wenn also plötzlich der Herr Magister eintreten würde und uns mit hochgeschwungenem Pädagogenfinger auf das Unzulässige unseres Tuns hinweisen wollte, wir hätten nur eine Antwort:

«Ätsch…!»

Das Tage-Buch, 31. Januar 1925

Der Fall Franz Höllering

Mitte Dezember ist der Chefredakteur der ‹B. Z. am Mittag›, Doktor Franz Höllering, plötzlich seines Postens enthoben worden. Der Fall ist in allen deutschen Redaktionen leidenschaftlich erörtert worden, trotzdem hat, von rechtsradikalen und sozialistischen Blättern abgesehen, nirgendwo eine Notiz darüber gestanden. Denn die Presse schreibt bekanntlich nicht über sich selbst. Höllering galt, wie kaum ein Zweiter, für die Leitung eines großen Boulevardblattes qualifiziert, dessen entscheidender Dienst sich in einer ungeheuer aufreibenden und spannenden Vormittagsstunde zusammendrängt. Als Chef der ‹B. Z.› hat Höllering eine schnelle und elegante Hand bewiesen, er hat ein in gutem Sinne aktuelles Blatt gemacht. Weshalb also diese überraschende Verstoßung?

Höllering hat bei Münzenberg angefangen. Daran hat bis vor einiger Zeit niemand Anstoß genommen. Im Gegenteil. Als Höllering in das Haus Ullstein geholt wurde, zunächst in den Bühnen-Verlag, da brauchte man einen Verbindungsmann nach links, der Beziehungen zur jungen Literatur hatte, denn damals kokettierte man noch mit dem Kulturradikalismus. Inzwischen ist die Schwenkung erfolgt, inzwischen sind auch, vor etwa vierzehn Tagen, die Richtlinien des Vorstandes an alle Redaktionen des Hauses ergangen, in denen der neue reaktionäre Kurs festgelegt wurde. Heute ist man eifrigst bemüht, alle Spuren einer republikanischen und kulturradikalen Vergangenheit zu verwischen. Heute riskiert man lieber langweilig zu sein, als den Anstoß der regierenden oder morgen vielleicht regierenden Mächte zu erregen. Vor einiger Zeit hat hier Heinz Pol seinen Abgang von der Redaktion der ‹Voß› geschildert. Der Fall Höllering bedeutet in dem Abstieg eines großen liberal-demokratischen Zeitungshauses eine weitere traurige Etappe. Ullsteins Abmarsch zur gelben Presse hat begonnen.

Es ist nach Höllerings Absetzung sofort öffentlich behauptet worden, den Anlaß dazu habe eine Beschwerde des Reichswehrministeriums beim Verlag gegeben, weil ihm die großaufgemachte Meldung über Hitlers Luftflotte nicht in den Kram gepaßt habe. Der Verlag Ullstein hat sofort heftig dementiert, und wir wollens hinnehmen, denn so grob dürfte sich das wohl nicht abgespielt haben. Es ist auch kaum anzunehmen, daß ein Herr aus dem RWM mit Helm und Schleppsäbel beim Verlag erschienen wäre, um dort Groeners Gravamina vorzubringen. Solche Fäden werden feiner gesponnen. Es ist nicht unbekannt, daß man in der Wilhelm-Straße von dem linksradikalen Chef der ‹B. Z.›, der das Blatt möglichst unabhängig halten wollte, nicht entzückt war. Diese Stimmungen müssen sich allmählich auf den Verlag übertragen haben.

Im vergangenen Sommer wurde die ‹B. Z.›, wie hier im einzelnen nicht rekapituliert werden soll, von dem «Reichspressechef» Zechlin mit einer sogenannten Zwangsauflage bedacht, die zwar von den Ullsteinblättern einmütig zurückgewiesen wurde, bei den Verlagsspitzen jedoch die Stellung des Chefredakteurs der ‹B. Z.› nicht gefestigt zu haben scheint, und weiter wurde ihm auch die ausführliche Berichterstattung und entschlossene Parteinahme im Weltbühnen-Prozeß unangenehm vermerkt. Der Verlag Ullstein kann über Groeners angebliche Intervention gut Dementis loslassen. Nicht dementieren kann er dagegen, daß Höllering nach dem Erscheinen jener Nummer der ‹B. Z.›, in der die Nachricht über Hitlers Luftstreitkräfte enthalten war, von seiner Ablösung unterrichtet wurde. Der Verlag hätte übrigens in sein Dementi ein viel triftigeres Argument hineinbacken können. In berliner Zeitungskreisen weiß man nämlich recht gut, daß schon eine Woche vor der Abberufung Höllerings ein hervorragender Mitarbeiter der ‹Voß›, Herr Doktor Reinhold, von Herrn Staatssekretär Pünder gesprächsweise erfahren hatte, daß die ‹B. Z.› jetzt endlich einen andern Chef bekomme und zwar gleich wen. Herr Reinhold war darüber äußerst bestürzt, denn niemand, und Höllering zu allerletzt, wußte davon. Aber ein hoher Beamter war schon eine Woche vor dem Krach unterrichtet. So war also die Neubesetzung der Chefredaktion in der ‹B. Z.› schon eine im Stillen beschlossene Sache, und, ob mit oder ohne Intervention aus der Bendler-Straße, – der Verlag fand die Veröffentlichung über Hitlers Luftmarine als den zum Bruch geeigneten Anlaß. Und am 17. Dezember schreibt das Zentralorgan der Nazis so triumphierend, als hätte es selbst eine Schlacht gewonnen: «RWM gegen Wehrverräter im Hause Ullstein… Wenn sich das RWM mit Recht endlich gegen den fortgesetzten Landesverrat der berliner Asphaltliteraten zur Wehr setzt, so ist das nur zu begrüßen.» Kein Vernünftiger bezweifelt, daß Ullsteins Dementi wenigstens in formaler Hinsicht wasserdicht ist. Aber vor dem nationalsozialistischen Jubel darüber ist nur zu fragen: Wer freut sich darüber? Cui bono?

Man muß hier allerdings, um die Abneigung des Verlags gegen militärpolitische Themen ganz zu verstehen, etwas Wichtiges einflechten: es schweben nämlich noch zwei Landesverratsverfahren gegen Ullsteinredakteure. Wenn diese Verfahren auch kaum jemals zu Prozessen gedeihen werden, so genügen sie doch, um eine Zeitung unter Druck zu halten. Und damit kommen wir zu einer besonders heitern Methode, Blätter mit unbequemen kritischen Anfällen zu terrorisieren. Man macht wegen irgendwelcher Bagatellen einfach eine Anzeige, die hängt dann wie ein spitzes Messer über dem Haupt der Redaktion. Sie wird, wenn sie wieder was gegen die Reichswehr hat, sich die Sache beim nächsten Mal überlegen. Das RWM versteht nun zwar nicht die Bohne von der Presse, dennoch manches von der Psyche der deutschen Zeitungsverlage. Die Mehrzahl unsrer Zeitungsverleger ahnt nicht, was für eine Macht sie repräsentiert. Bei einem Konflikt zwischen ihren Redakteuren und einer Behörde, und namentlich einer militärischen, siegt ihre Servilität, und der Skalp des Redakteurs wird still verhandelt. Lieber Gott, man muß Beziehungen zu höhern Stellen aufrechterhalten! Außerdem wünscht man sich ein reputierliches Blatt, und Landesverrat hört sich wirklich nicht schön an, und nachdem im Weltbühnen-Prozeß nun sogar wegen Spionage verdonnert wurde, wird man künftighin alle Militärkritik lieber ganz beiseite lassen.

Nicht an das allzu prunkvolle Haus in der Tiergartenstraße, an das Reichsgericht in Leipzig gehört die goldene Inschrift: Der Deutschen Presse.

Der Verlag Ullstein mag dementieren, daß Höllering dem schäumenden Acheron in der Bendler-Straße geopfert worden sei. Nicht dementieren kann er die zunehmende Laschheit aller seiner Blätter. Nicht dementieren kann er die Tendenz, die in der Wahl von Höllerings Nachfolger liegt, der dem Staatssekretär Pünder schon acht Tage vor dem Krach bekannt war. Das ist Herr Fritz Stein, Vertreter des ‹Hamburger Fremdenblatts› in Berlin, der Sohn des alten Irenäus von der ‹Frankfurter Zeitung›. Ein Journalist, der weder schreiben kann noch durch Reporterbegabung oder Einfälle glänzt. Eine Couloirexistenz, ein Pimperl Wichtig, das immer dort Posto faßt, wo sich zwei Minister unterhalten. Eine gefällige Schallplatte der Wilhelm-Straße, ohne Kenntnisse, Meinungen, Überzeugung. Ein Mann der Beziehungen, von der Gunst von Ministern, Staatssekretären und Pressedirigenten getragen.

Zugegeben, daß grade die Lage der liberal-demokratischen Presse in dieser Zeit recht prekär ist. Wirtschaftlichen Liberalismus gibt es nicht mehr, eine bürgerliche Linkspartei gibt es nicht mehr, die alte Leserschicht stirbt aus oder proletarisiert. Die Zeitungsverleger starren fasciniert auf die Erfolge der rüden, schlecht gemachten rechtsradikalen Gassenjournale mit ihren kreischenden Schlagzeilen, das hat vielen von ihnen gründlich den Kopf verdreht, und sie möchten jetzt auch so etwas Ähnliches haben. Bei Ullsteins heißt das Ideal: ein ‹Völkischer Beobachter› mit der Genehmigung des Rabbinats, von Brüning ebenso geschätzt wie von Braun und auch von den Kommunisten gern auf der Straße gekauft; ein Bastard von Goebbels und der Tante Voß. Da sich dieses bizarre Verlagsideal nicht leicht verwirklichen läßt, behilft man sich einstweilen mit einem reichlich chimärischen «innern Gleichgewicht»; man dämpft, man retuschiert, man untersagt der ‹Voß› etwa den Gebrauch des Wortes «Nazi», um die Leute «nicht unnütz zu reizen». Und bei dieser Taktik werden die Blätter immer langweiliger und ein immer schlechteres Geschäft. Denn so rächt sich dieser Zitterkurs. Die ‹Morgenpost›, die früher immerhin einigen politischen Nutzen brachte, sinkt unter dem Druck von oben in hoffnungslose Vernulpung. In der ‹Vossischen Zeitung›, die mit Bernhards Ausscheiden aufgehört hat, ein international beachtetes Blatt zu sein, läuft Herr Elbau schusslig herum und kämpft radikale Anwandlungen von Kollegen mit dem geflügelten Wort nieder: «Aber, meine Herren, wir sind doch kein jüdisches Blatt!» Die ‹B. Z.› hat mit Höllering Haltung und Farbigkeit verloren, und das ‹Tempo› soll nach einem Gerücht, das wir nicht kontrollieren können, ganz eingezogen werden. Mißerfolge überall, klatschende Ohrfeigen, die die Wirklichkeit konfus gewordenen Kaufleuten verabfolgt, die sich einbilden, daß Charakterlosigkeit allein schon Pressesiege gewährleistet. Die kommunistischen und nationalsozialistischen Blätter triumphieren und drücken die Auflagen der Ullsteinblätter ständig herunter, und außerhalb Berlins beweist der pazifistische und republikanische ‹Dortmunder Generalanzeiger›, daß auch für ein handfestes bürgerliches Demokratenblatt die Zeit noch nicht vorüber ist, wenn es nur den Mut der Überzeugung hat. Denn der Zeitungsleser von heute will vor allem Klarheit und Präzision und nicht Drumherumreden, keine Halbheiten sondern ganze Tatsachen. Vor allem aber nicht dieses perfide Schielen nach der andern Seite der Barrikade, wie es den Ullsteinblättern von ihrem Verlag anerzogen wird.

Welch eine Instinktlosigkeit, farblos und schlecht getarnt durch eine überpolitisierte Zeit schlüpfen zu wollen! Nicht einmal vor ihren kläglichen Abschlüssen fühlen diese angeblichen Fachleute der öffentlichen Meinung, aus welchen Gründen sie ins Hintertreffen kommen.

Dabei verfügt das Haus Ullstein über eine Reihe der vorzüglichsten redaktionellen Potenzen, mit denen sich schon aktuelle, auf die Zeit lebendig reagierende Blätter machen ließen. Aber alles ist überorganisiert, verschachtelt, der Mangel an Initiative verschanzt sich hinter einer höchst selbstbewußten Direktorial-Hierarchie. Es gibt einen Aufsichtsrat, in dem ist ausschließlich die Familie Ullstein vertreten, und es gibt einen Vorstand, in dem sind alle Sparten des Hauses vertreten – mit Ausnahme der Redaktionen. Die haben nicht mitzureden, über die wird einfach verfügt, die dürfen aufhellende Bemerkungen schreiben über die Pariastellung des geistigen Arbeiters in Rußland.

Überall in der bürgerlichen Presse versinkt heute der alte Zustand, daß der Verleger, der Herr der Produktionsmittel, im Rahmen weitgehaltener politischer Direktiven den Redakteuren die Meinungsfreiheit und individuelle Betätigung gewährt. Es geht hart auf hart. Kann ein kapitalistischer Unternehmer in seinem Namen antikapitalistische Politik machen lassen? In manchen alten Zeitungshäusern wird dieser unvermeidliche Prozeß durch eine gediegene Tradition, durch ererbte Achtung vor geistigen Leistungen wattiert; aber aufzuhalten ist er nicht. Reguliert werden kann dieser Prozeß nur durch die Intelligenz des Verlegers, der begreift, daß Redakteure, die ständig gezwungen sind, wider ihre bessere Überzeugung zu arbeiten, naturgemäß ein mattes, verdrießliches Blatt machen müssen. Diese Erleuchtung fehlt dem Verlag Ullstein ganz und gar, er ist in diesem großen Hause das einzige, was nicht auf der Höhe ist.

Der Familienkonflikt mit seinen romantischen Episoden ist beendet. Die feindlichen Verwandten, die sich gestern noch am liebsten abdolchen wollten und mit ihren Redakteuren einen muntern Partisanenkrieg gegeneinander führten, kleben wieder fest und treu zusammen. Der alte Doktor Franz Ullstein ist als müder Mann zurückgekehrt, er hat zwar seine Prozesse gewonnen, seine Schlachten, aber nicht den Krieg. Er hat an den Zuständen, wie sie sich während des Interregnums der jüngeren Herren entwickelten, nichts geändert und wird daran nichts ändern. Der eigentliche Sieger, der eigentliche Herr des Hauses, heißt heute Heinz Ullstein. Damit ist die dritte Generation endlich ans Ruder gelangt, der es von Gott in die Wiege gelegt worden ist, das zu verpuffen, was die Väter mühsam gesammelt haben. Das ist der alte Kreislauf. So ist es bei allen Dynastien, bei denen des Geldes nicht anders als bei denen des Blutes. Am Ende steht der ewige Infant, der blasierte junge Mann, ohne Achtung vor Menschen, Ideen, Arbeit, Leistung. Immer halb interessiert, halb gelangweilt, innerlich beteiligt nur an subalternem Theaterklatsch. Nur durch die Art, wie Heinz Ullstein sich während des Familienzanks unauffällig an das zentrale Schaltwerk heranintrigierte, um schließlich dort zu verbleiben, hat er bewiesen, daß doch etwas von ererbtem kapitalistischem Machttrieb in ihm steckt.

Wenn ich diese Interna eines großen Zeitungshauses hier darzulegen versuche, so handelt es sich für mich nicht um Franz und Heinz, sie mögen sich lieben oder die Augen auskratzen, mir ists gleich, und auch nicht um ein Plaidoyer für Höllering. Diese persönlichen Dinge dienen nur zur Deutlichmachung der ungeheuern Schwierigkeiten, in denen sich die deutsche Linkspresse befindet. So drohend der düstere Engel der Staatszensur im Hintergrund wacht, noch größer ist die Gefahr, daß eingeschüchterte oder willfährige Verleger von sich aus die Arbeit der Zensur vorwegnehmen und Wahrheiten unterdrücken, die den herrschenden Gewalten von heute oder morgen unbequem sein können. Die Zeitungsherren wollen, wie das nur natürlich ist, die Konjunktur, den Boom, aber dann müssen sie auch etwaige harte politische Konsequenzen tragen. Es geht nicht an, daß sie die Fahne, die sie in friedlichen Zeiten hochgehalten und ihren Lesern vorangetragen haben, wenn die Luft dick wird, in der Garderobe abgeben, um den Heldenkeller zu beziehen und dann ganz ruhig zu erklären: Eigentlich sind wir doch ein rein geschäftliches Unternehmen, und Politik geht uns praktisch nichts an! – während oberhalb der betonierten Unterstände jene Überzeugungen, die von der desertierten Presse erst richtig verbreitet worden sind, mit Kartätschen behandelt werden. Kein vernünftiger Mensch wird seiner Zeitung deswegen die Freundschaft kündigen, weil sie einmal danebenhaut, weil sie, im Berufsjargon gesprochen, einmal schief liegt, aber verlangen kann und muß er von ihr, daß sie in der Stunde der Gefahr richtig steht.

Man wird mir vielleicht entgegenhalten: Warum so viel Aufwand um Höllering? Ist es nicht gleichgültig, wer Chef eines politisch kaum verpflichteten Boulevardblattes ist? Darauf habe ich zu erwidern: niemand, der nicht der Presse beruflich verbunden ist, kann die Tragweite des Falles Höllering beurteilen. Was in den großen berliner Blättern geschieht, wird richtunggebend für die ganze Provinz. Jeder Redakteur eines annoch republikanischen bürgerlichen Blattes wird sich danach fragen, ob er es noch in Zukunft wird wagen dürfen, eine Nachricht zu bringen, die Hitler unangenehm ist und vielleicht sogar ein Stirnrunzeln hoher militärischer Stellen hervorruft. Der Verleger aber wird sich sagen: Aha, wenn die in Berlin schon so vorsichtig sind, warum soll ich mir Läuse in den Pelz setzen? Und wenn wieder einmal ein Dokument à la Boxheim gefunden oder ein neues Waffenarsenal der Fascisten entdeckt werden sollte, dann werden die Blätter zu zählen sein, die davon überhaupt Notiz nehmen werden. Das sind die unerhört weitreichenden Folgen des Falles Höllering, und deshalb ist das Verhalten des Hauses Ullstein in dieser Sache mehr als ein Irrtum deroutierter Geschäftsleute. Es ist die skandalöseste Kapitulation vor dem Nationalsozialismus, die bisher zu verzeichnen war. Es ist ein Verbrechen an der deutschen Pressefreiheit, mitten in ihrer schwersten Krise.

Die Weltbühne, 5. Januar 1932

«*So jakobinisch hat man sich nicht*»

Die Sorge um die Republik

In den Jahren, die als die «goldenen» Weimars gelten, macht Ossietzky die Republikaner und damit sich selbst als Außenseiter aus. 1921 war er noch entschiedener auf Distanz zur realen Gestalt der Republik gegangen, hatte die geläufige Vorstellung von der Republik ohne Republikaner umgekehrt in die von den Republikanern ohne Republik. Dabei gilt seine Kritik nicht der republikanischen Verfassung, sondern einer Politik, die ihr nicht gerecht wird. Die ausgewählte Artikelfolge ist in zwei Teile gegliedert. Vier chronologisch angeordneten Artikeln schließen sich zwei Rückblicke auf die Novemberrevolution an.

Der Paulskirchenartikel von 1921 eröffnet eine Reihe von Jahresartikeln zum Verfassungstag, die 1930 mit dem Beginn der Notverordnungspolitik der Präsidialregierung Brüning abbricht. Während Ossietzky in den späteren Artikeln die herrschende Politik an der Verfassung mißt, legt er hier sein eigenes Verständnis von Verfassung vor. Es ist, als wolle er nach seinen Warnungen über des «Bürgers Wiederkehr», über den «Aufmarsch der Reaktion», über die «Sünde der Republik» die Schatten der gescheiterten 48er Revolution bannen. Ossietzky würdigt beide Hauptbestandteile der Verfassung: «Reich und Länder» und «Grundrechte und Grundpflichten der Deutschen». Besonders hebt er einen Entwurf des Staatssekretärs des Innern, Hugo Preuß, hervor, in dem eine staatliche Neuorganisation der Republik auf Grundlage eines einheitlichen Staatsvolkes vorgesehen wurde. Zweck war die Zerschlagung der dynastisch belasteten Einzelstaaten, insbesondere Preußens. In der Tradition der 48er Republikaner vertritt auch Ossietzky eine solche nationale Position gegenüber einem Denken in Einzelstaaten. «Es wird also wieder einmal ein bißchen Sechsundsechzig gespielt», höhnte er, als sich im Streit um Altona der preußische Ministerpräsident gegen Hamburg stark machte. («Die Belange von Kuhschnappel», WB, 1927)

*Indem Ossietzky jeder Verfassung die doppelte Funktion zu-
schreibt, die Vergangenheit zu resümieren und für die Zukunft
Ziele zu setzen, gelingt es ihm, den staatsrechtlichen Anspruch
auf normative Gültigkeit mit der Wirklichkeit gesellschaftlicher
Entwicklung zu verbinden. Seine Auffassung über die Grundrechte und Grundpflichten als einem «Programm politischer Pädagogik» erinnert an die Intentionen Friedrich Naumanns. Der
geistige Gründungsvater der «Deutschen Hochschule für Politik»
hatte dem Verfassungsausschuß einen sozial-pädagogisch ge-
meinten Katalog vorgelegt. Aber gravierender ist doch das Tren-
nende. Nach Ossietzky heben die Grundrechte den Gegensatz
von Bürgertum und Arbeiterschaft zwar nicht auf, geben aber
die Plattform ab, auf der er in evolutionärer Entwicklung überwunden werden kann. Das von ihm gern als Sozialismus bezeich-
nete Ziel bleibt zu dieser Zeit noch ganz unbestimmt, aber Konzessionen an den monarchischen und imperialistischen Zeitgeist
macht der demokratische Republikaner im Gegensatz etwa zu
Naumann nicht. Er steht in Einklang mit dem demokratischen
und pazifistischen Republikanismus seines väterlichen Freundes
Hellmut von Gerlach und seines damaligen Chefredakteurs Otto
Nuschke, die beide einst als Mitglieder des Nationalsozialen Ver-
eins Parteigänger Naumanns gewesen waren.*

*Den Artikel «Staatliche Propaganda» schrieb Ossietzky in
einer Zeit, als die Regierung Wirth sich wegen ihrer «Erfüllungspolitik» besonders heftiger Angriffe seitens der konservativen
Rechten ausgesetzt sah. Zugespitzt konfrontiert er die Idee der
Republik als einer Ordnung, die in «Brüderlichkeit» und nicht
bloß in einem korrekten Gebrauch der Verfassungsinstitutionen
wurzelt, mit dem als «Zuchtanstalt» und geistigem «Krähwinkel» apostrophierten Kaiserreich, wie schon Heine die Reaktions-
zeit in seinen «Erinnerungen aus Krähwinkels Schreckenstagen»
ironisiert hat.*

*Mit der Bürgerliche und Sozialisten einenden «Linken» be-
nennt Ossietzky 1924 in «Deutsche Linke» die politische Kraft,
die republikanische Politik betreiben könnte, aber nicht vorhanden ist. Sein Ideal findet er dagegen in Frankreich, symbolisiert
durch eine literarische Figur aus dem Romanzyklus «Histoire
contemporaine» von Anatole France. Das Bewußtsein, daß in*

Deutschland eine Linke fehlt, wird von Frankreich geradezu provoziert. Dort hatte das *cartel de gauche* im selben Monat einen Wahlsieg errungen, in dem die von Ossietzky mitbegründete Republikanische Partei bei den Reichstagswahlen völlig unterging. In einem etwa zeitgleichen Artikel («Die Pazifisten», *TB*, 1924) stellt Ossietzky die französische Regierung Herriot wie auch die englische Labourregierung unter MacDonald seinen pazifistischen Landsleuten, die ihm zu unpolitisch waren, als Vorbild hin. Aber das Vorbild des Auslandes spornt nicht mehr an. Enttäuschung und Resignation entladen sich in den beiden Artikeln über die Linke und über die Pazifisten in Sarkasmus.

Ein Bündnis zwischen bürgerlichen und proletarischen Parteien macht als solches noch keine republikanische Linke. So ist Ossietzky ein strikter Gegner einer Großen Koalition, in der die SPD mit der DVP regiert, die sich in ihren «Grundsätzen» von 1919 für ein «durch freien Entschluß des Volkes auf gesetzmäßigem Wege aufzurichtendes Kaisertum» ausgesprochen hatte. Die Große Koalition, die sich unter Stresemann im August 1923 erstmals gebildet hatte, bestand nicht mehr, als Ossietzky seinen Artikel über die deutsche Linke schrieb. Die verbliebene bürgerliche Mitte nahm Anfang 1925 nach Austritt der DDP die rechtskonservative DNVP in die Regierung auf. Abgesehen vom Zentrum und ihrer regionalen Ergänzung, der BVP, die dank ihrer vornehmlich konfessionellen Prägung flexibel genug waren, zwischen Republikanern und Monarchisten zu lavieren, hatte sich in der deutschen Republik eine Regierung aus erklärten Nichtrepublikanern gebildet.

Der «gefährliche Gedanke», den Ossietzky 1921 beschworen und gegen den er 1924 alle «Verfassungsparteien» zu einer «republikanischen Sammlung» aufgerufen hatte, war Wirklichkeit geworden: der «Bürgerblock». Bei «dieser Konzentration aller reaktionären Kräfte» geht es um mehr als um die Einbeziehung von Vernunftrepublikanern, die eigentlich Herzensmonarchisten sind, in eine offiziell republikanische Regierung. Begrifflich taucht der «Bürgerblock» schon in den ersten Anfängen Weimars auf, ein Kuckucksei im Nest der Republik. Vor der verfassunggebenden Nationalversammlung hatte Paul Loebe in einer

Erklärung für die MSPD den «Block der bürgerlichen Parteien» beklagt, wie er sich etwa in der symptomatischen Ablehnung eines Antrags der USPD gebildet hatte, in der Verfassung die Bezeichnung «Deutsches Reich» durch «Deutsche Republik» zu ersetzen.

Der Sache nach verweist der «Bürgerblock» weiter in die Geschichte. Er weckt Erinnerungen an den «Bülow-Block» von 1907, zu dem sich alle größeren bürgerlichen Parteien mit Ausnahme des Zentrum zusammengeschlossen hatten, um in betonter Frontstellung gegen die Sozialdemokratie eine politische Wende nach rechts einzuleiten. Gegen ihn hatte sich unter Hellmut von Gerlach, Rudolf Breitscheid und Theodor Barth die «Demokratische Vereinigung» begründet, die ein politisches Zusammenwirken von liberalem Bürgertum und sozialdemokratischer Arbeiterschaft anstrebte, um die Herrschaft der Konservativen zu brechen. Ossietzky hatte in ihr seine ersten politischen Schritte getan und hier dürfte der Ursprung für seine Vorstellungen einer klassenübergreifenden republikanischen Linken zu suchen sein, deren Fehlen er im Weimarer Deutschland beklagen sollte.

Anfang 1927 hat sich die bürgerliche Mitte als Regierung dauerhaft eingerichtet bei gelegentlicher Einbeziehung der konservativen Rechten. Republikaner vom Schlage Ossietzkys finden sich als Außenseiter wieder. Das antirepublikanische Juste milieu im Staat des französischen Bürgerkönigs ist für Ossietzky in der deutschen Republik wiedererstanden. Seine düsteren Prognosen von 1924 sind bestätigt worden. Der Artikel von 1927 verarbeitet aber nicht nur diese Generaltendenz. Er wirkt zugleich als Schlußpunkt unter einer Serie kurz zuvor geschriebener Artikel, in denen Ossietzky die Reichsregierung sowohl außenpolitisch wegen ihrer abwertenden Haltung gegenüber der Völkerbundsidee als auch innenpolitisch wegen ihres mangelnden Verständnisses für die materiellen Bedürfnisse der Massen attackiert hatte. Und doch wiederholt Ossietzky hier bei aller Vehemenz der Vorwürfe die drastische Absage des Republikaners an Weimar von 1924 nicht. «Außenseiter» sind nicht Gegner. Ossietzky bekämpft nicht die Republik, wie mißgebildet sie sich auch immer darstellt, sondern diejenigen, von denen Gefahr

ausgeht, weil sie sich der Institutionen der Republik bemächti-
gen, ohne die Republik selbst zu wollen. Ossietzky ringt um die
Zukunft der Republik. Was er an ihr vermißt, fehlte ihr beson-
ders, als sie sich vor dem Faschismus behaupten mußte. In der
Stunde der Gefahr versagte sich das Juste milieu.

Der Schatten der Paulskirche

«Republik ist Form, Demokratie ist Inhalt, aristokratische
Republik ist schlechter als demokratische Monarchie, letztere
eigentlich ein Widerspruch in sich selbst. Ich werde also
gleich sagen: *demokratische Republik!»*
Ludwig Simon in der *Paulskirche* am 19. Juni 1848.

Es gibt ein kleines schmales Buch, das von der Reaktion so gehaßt
wird wie kein zweites: – das ist die Weimarer Verfassung. Und
gehaßt wird immer nur ein Machtfaktor. Bedeutet also die Verfassung des Deutschen Reiches eine Macht?, so werden unsere
Freunde fragen. Denn habt nicht gerade ihr in diesen zwei Jahren
unablässig Klage geführt, die Verfassung gelte nicht viel, werde
von den reaktionären Parteien und einer renitenten Bureaukratie, die sich in neue Verhältnisse nicht fügen will, gröblichst
mißachtet? Wir sind darauf eine offene Antwort schuldig. Wir
haben bisher keinen Hehl daraus gemacht und werden es auch in
Zukunft nicht tun, daß der demokratische Geist der Verfassung
sich bei weitem noch nicht durchgesetzt hat, daß eine offene und
geheime Obstruktion versucht, jeden einzelnen Artikel unwirksam zu machen, wir wissen, daß es breite Schichten rechts und
links gibt, die niemals des Werkes von Weimar Erwähnung tun
ohne ein Wort des Hohnes oder eine ärgerliche Bemerkung. Aber
es gibt Dinge, die gerade in ihrer *scheinbaren* Passivität einen
starken Einfluß ausüben, die man zwar zum Teufel wünschen,
jedoch nicht wegdisputiern kann. In diesen letzten beiden Jahren
hat Deutschland einen weiten Weg mit vielen Beschwerlich-
keiten zurückgelegt, Parteien sind groß geworden und wieder
zerfallen, vielgestaltig hat der Aufruhr das Land durchtobt – –,
aber mitten im Wirrwarr gab es eine Instanz der Besinnung

und Orientierung: eben jenes Büchlein, das an politischer Erkenntnis und politischer Arbeit alles das enthält, was das deutsche Volk fünfzig Jahre lang versäumt hat.

Das Werk ist nicht sakrosankt. Es hat nicht den großen einheitlichen Zug des ersten Entwurfes, der von *Hugo Preuß* herrührt. Es ist nicht gekommen als Gott aus der Versenkung, sondern als Ergebnis monatelanger Verhandlungen von Partei zu Partei und Partei gegen Partei. Dennoch ist genug lebendig geblieben von dem Scharfblick und dem Willen des Mannes, der bei der Veröffentlichung seines ersten Grundrisses zunächst den koalierten Unverstand des ganzen Landes gegen sich hatte. Gewiß, die Verfassung wird bekämpft, ist vielen ein Dorn im Auge. *Aber von der alten Verfassung hat überhaupt kein Mensch gesprochen.* Nicht einmal die Opposition nahm letzten Endes Notiz davon. Es war eine amtliche Angelegenheit. Es war ein Experimentalobjekt für die juristischen Hörsäle. Was die neue Verfassung auszeichnet und nicht erstickt werden kann durch die Unzulänglichkeit einzelner Partien, das ist der Versuch, *die besten sozialsittlichen Tendenzen der modernen Gesellschaft in kurze, prägnante Sätze zu bringen.* Mag die Zeit manches verdorren lassen, mag hier und dort wirtschaftliche und politische Notwendigkeit zur Ausmerzung oder Umgestaltung zwingen, *die Artikel 109 bis 118 mit den Grundrechten und Grundpflichten der Deutschen enthalten ein Programm politischer Pädagogik für Jahrzehnte.* Denn jede Konstitution eines Staates ist doppelgesichtig: sie resümiert und stellt zugleich Zielpunkte auf. Erfüllung und Ansporn machen beide einträchtiglich ihr Wesen aus.

Des öfteren werden Klagen ausgesprochen über den mangelnden *idealischen Schwung* der einzelnen Formulierungen, werden Vergleiche angestellt mit dem Elan der Proklamierung der Menschenrechte oder dem Pathos der amerikanischen Unabhängigkeitserklärung. Solche Vergleiche fallen ohne Zweifel zuungunsten der jüngeren deutschen Schwester aus. Es fehlt der große, alles mitreißende Appell, es fehlt das stürmische Werben um die Seelen, es fehlt auch die innere Musik. Aber es fehlt nicht – – der *Charakter!* Aber alles dieses Fehlende und ungern Vermißte, zeichnet es nicht die deutsche Revolution, die *zu späte* deutsche Revolution, aus?! Die Verfassung aber strebt nach dem Zentralen, will aus dem Widerstreit der Kräfte, aus dem Tumult der Leidenschaften, der dem Zusammenbruch folgte, wenigstens das Essentielle retten und das zur Grundlage machen, was damals gemeinsames Empfinden war und bildet deshalb aus zwei Sätzen den ersten Artikel:

> Das Deutsche Reich ist eine Republik.
> Die Staatsgewalt geht vom Volke aus.

Inzwischen hat die Konterrevolution langsam und zähe Boden gewonnen, haben Kapp-Lüttwitz versucht, das Prävenire zu spielen, hat monarchistisch-reaktionäre Demagogie in Strömen Geifer ergossen. Aber wagt auch nur einer von diesen verspäteten Helden zu behaupten, daß gerade diese beiden Sätze, mit Recht Beginn der neuen Konstitution, damals nicht der Gesamtmeinung des Volkes entsprachen?! Aber so war es, und deshalb zogen es die Herrschaften vor, sich mit Würde zurückzuhalten – oder selbst für die Republik zu schwärmen! Es war bei aller inneren Zerrüttung dennoch ein fester Wille im deutschen Volke, gerade für *die Republik* und für *die Volkssouveränität* einzustehen. Heute besteht diese geschlossene Front nicht mehr. Die wirtschaftlichen, sozialen und politischen Folgen des verlorenen Krieges machen sich erst jetzt in ihrer ganzen Grausamkeit bemerkbar, und wie so oft richtet sich der Zorn mehr gegen die Medizin als gegen die Krankheit und ihre Verursacher, und gerade diejenigen, die mit üblem Phrasenschwalle das deutsche Volk zum *auserwählten* stempeln möchten, tragen das ihrige dazu bei, daß der Begriff des *Volksganzen* nicht lebendig werden kann. Und gerade da hat die Verfassung eine große Mission, sie bildet ein Element der *Einigung*, sie wirft den Begriff «Vaterlandslosigkeit», die ärgste Vokabel des wilhelminischen Wortschatzes, zum Kehricht. Sie verhindert die Überspannung aller kausal bedingten Partei- und Klassenkämpfe und bildet eine ernste Mahnung an jene, die heute mit dem gefährlichen Gedanken eines «*Bürgerblocks*» spielen und damit Deutschland in zwei Teile zu zerreißen drohen. Die *Überwindung der Klasse war die beste Tradition der bürgerlichen Demokratie.* Gibt sie dieses Ziel preis, so würde sie damit beweisen, daß sie den Tod im Leibe trägt. Und es ist deshalb kein bloßer Zufall, daß Hugo Preuß, der

Schöpfer der Verfassung, heute mit Leidenschaft und Mut diesen unseligen Irrwahn bekämpft...

Wir haben diesen Ausführungen ein Zitat aus einer Rede eines Demokraten und Republikaners von 1848 vorangestellt. Wir sind uns bewußt, daß rein *formal* die Forderungen der alten Nationalversammlung erfüllt sind, wissen aber auch, daß zu ihrer Ver-lebendigung eine weite Strecke noch zurückzulegen ist. *Eine* Revolution hat das deutsche Volk verspielt. Eine zweite noch, – das würde ewige Nacht bedeuten.

Mahnend liegt über uns späten Enkeln der große Schatten der Paulskirche...

Berliner Volks-Zeitung, 10. August 1921

Staatliche Propaganda.
Die Republik und ihre Gegner

Es ist ein Haupttrumpf der Rechtsparteien, zu behaupten, die Republik habe im Volke keine Wurzel gefaßt, und die deutsche Seele sei noch monarchistisch durch und durch. Jede Propaganda zur Festigung und Vertiefung des republikanischen Gedankens wird von den reaktionären Parteien zu der sarkastischen Feststellung benutzt, daß sich die Republikaner in dem von ihnen geschaffenen Staate scheinbar nicht so recht sicher fühlen, daß sie für kurz oder lang eine Ausmietung in wenig ansprechenden Formen befürchten.

Wir Republikaner verhehlen am allerwenigsten, daß den großen Massen der unbedingt zur neuen Staatsform haltenden Arbeiterschaft sehr viel stimmungsmäßige Opposition in bürgerlichen Kreisen entgegensteht und sehr viel bewußte Feindeligeit in der höheren Beamtenschaft, die zwar dem neuen Systemihre Dienste leiht, aber nichtsdestoweniger mit Vorliebe nach rückwärts die Blicke richtet. Die Frage drängt sich auf: *fällt das stark genug ins Gewicht, um uns an der Zukunft der Republik verzweifeln zu lassen?*

Es gibt in jedem Staat eine Opposition, deren Forderungen

weit über die herrschende Konstitution hinausgehen. Nur eine von allen guten Geistern verlassene Regierung arbeitet deshalb mit dem Vorwurf der Vaterlandslosigkeit und Staatsfeindlichkeit. Ausschlaggebend für die Staatsgefährlichkeit einer Opposition darf niemals deren *Prinzip*, sondern nur deren *Agitationsmethode* sein. Wir werfen unseren Deutschnationalen nicht ihren Monarchismus vor, sondern die Skrupellosigkeit, mit der sie versuchen, aus der ungeheuerlich kritischen Situation des ganzen Volkes für ihre Parteigeschäfte Kapital zu schlagen. Die monarchistische Forderung ist eine Sache, über die sich durchaus anständig disputieren läßt; jene Politik aber, die die wirklichen und vermeintlichen Niederlagen unserer parlamentarischen Regierung der Entente gegenüber zum Anlaß unverhüllter Freudenorgien nimmt, schädigt des Volkes Gesamtinteresse, ist *antinational* schlechtweg.

Wir brauchen uns nicht zu schämen, offen zuzugeben, daß der Republikanismus in Deutschland vor dem Kriege ein schwaches Pflänzchen war. Hier und da im Bürgertum lebten nur Ideengänge von 1848; die bürgerliche Demokratie begnügte sich mit der Forderung des parlamentarischen Regimes. Die Sozialdemokratie hatte die Republik zwar zum Programmsatz erhoben; in der Praxis beschränkte sie sich aber auf die Kritik der Torheiten und Übergriffe des damaligen Inhabers der Krone. Anarchistisch-syndikalistische Tendenzen fielen politisch nicht ins Gewicht. Alles in allem: *eine grundsätzliche und zielbewußte republikanische Bewegung gab es in den Tagen des Kaisertums nicht.*

Dieser Umstand aber hinderte weder die «staatserhaltenden» Parteien, noch Regierung, noch Bureaukratie, an einer sehr lebhaften monarchistischen Agitation. Dem gar nicht vorhandenen Republikanismus stand eine unendlich eifrige und in den Formen oftmals bizarre Propaganda zur «Erhaltung» des Thrones entgegen. In der Schule wurde nicht ein Sterbenswörtchen von der Verfassung und von Bürgerrechten gesagt, desto mehr von der Unübertrefflichkeit des monarchistischen Systems und den Vorzügen des gegenwärtigen Kaisers und des Thronfolgers. Die Justiz, mit dem Donnerkeil des Majestätsbeleidigungsparagraphen ausgerüstet, ahndete jede kleine Entgleisung am Biertisch, als gehe es darum, der Schlange des Aufruhrs ein für allemal den

Kopf zu zertreten. Justiz, Schule, Kirche, Militär –: es gab keine Institution, die es nicht von vornherein als ihre heiligste Pflicht erachtet hätte, mit allen zur Verfügung stehenden Mitteln den monarchischen Gedanken zu stärken. Und jeder kleine Krieger- und Schinkenverein bemühte sich, in dieselbe Kerbe zu hauen: der Ordenssegen blühte, und Gesinnungsschnüffelei und Denunziantentum nicht minder.

Das alles war unsagbar täppisch und läppisch, und ein menschenfeindlicher Timon hätte mit gutem Recht bittere Worte über die politische Intelligenz des deutschen Volkes gebrauchen können, daß einer so ausgefallenen Pädagogik und törichten Bevormundung gegenüber nicht offen die Forderung der Republik auf sein Banner schrieb. Das Volk war geduldig, freventlich geduldig, selbst der Parlamentarismus, in allen Ländern außer Rußland eine blanke Selbstverständlichkeit, galt als Stück eines durch gewissenlose Individuen nach Deutschland eingeschmuggelten Jakobinertums. Die ganze Staatsweisheit der wilhelminischen Ära erschöpfte sich in dem populären Spruch: «*Gegen Demokraten helfen nur Soldaten!*»

Inzwischen hat sich das Blatt gewendet. Die Linksparteien haben das Heft in der Hand; die anderen Parteien, die sich einst breit und aufdringlich um den Thron geschart hatten, sind Opposition; die Monarchie hat sich selbst ihr Grab geschaufelt. Und seltsam, was dem alten System als das natürlichste von der Welt galt, wird dem neuen System als Verbrechen angekreidet: – die *Propaganda für die Staatsform!* Die verhaßte «Ebert-Republik» aber beansprucht für sich nur das gleiche Recht wie die alten kaiserlichen Regierungen: sie will die Anschauungen im Volke verbreiten, daß die gegenwärtige Staatsform die einzig mögliche sei, daß jeder Versuch sie zu ändern, Unheil und Blutvergießen zur Folge haben müsse…, sie steht ferner zu ihrem Recht, neben den praktisch-politischen Momenten das Geistige und Weltanschauungsmäßige der neuen Staatsform gebührend zu betonen, in der klaren Einsicht, daß der Staat kein reines Machtinstrument sein darf, sondern eine sittliche Instanz.

Ob das der deutschen Republik bisher durchweg gelungen ist, mag bezweifelt werden, soll hier auch nicht zur Erörterung stehen. Aber das eine sollte ihr jedenfalls konzediert werden: daß sie in ihrem Werben um Herz und Seele der deutschen Staatsbürger sich niemals zu jener Nervosität und jener Kleinlichkeit verirrt hat, die nicht wegzudenkende Eigenschaften des alten Regimes waren. Nochmals: niemand tastete ernsthaft das deutsche Kaisertum an, aber die Republik steht einer Kohorte von Gegnern gegenüber, die kopflos und herzlos gegen die republikanische Idee und ihre Träger wüten.

Die Republik führt einen Abwehrkampf. Daß sie es tut und weiterhin tun muß, soll uns nicht zu trüben Diagnosen verleiten. Wir Republikaner aber haben die Pflicht, ihren ideellen Gehalt klar und deutlich herauszuarbeiten und dafür zu sorgen, daß niemals wieder jene Methoden von «Staatserhaltung» Fuß fassen, wie sie von Bismarck bis Wilhelm dem Letzten vorherrschend waren. Es geht um eine neue Ordnung aus dem Geiste der Brüderlichkeit, es geht um den Staat aus dem Geiste des Gemeinschaftsgefühls: – *es geht nicht um die Konservierung des Staates als Zuchtanstalt.* Der Geist der Puttkamer, Kröcher, Michaelis und Jagow war der Geist von Krähwinkel. Wir haben ihn erkannt und wollen ihn bekämpfen, auch wenn er einmal in eigene Reihen sich einschleichen sollte. Wir selber wollen für Deutlichkeit und Sauberkeit sorgen und verbitten uns die vorlaute Kritik derjenigen, die, keine Warnung achtend, in blindem Hochmut über den Halys gezogen sind, um ein großes Reich zu zerstören.

Berliner Volks-Zeitung, 22. Januar 1922

Deutsche Linke

Das moderne Frankreich bleibt das gute Exempel aller um ihr Selbst ringenden Demokratien. Auch die dritte Republik hat politische und moralische Niederungen erlebt. Was sie so prägnant beispielhaft macht, das ist ihr vitaler Wille zur Regeneration, der auch in den Jahren der Korruption und reaktionären Übermacht nicht totzukriegen war. Lucien Bergeret, unter der alten Ulme am Wall meditierend, versponnen in Träumereien über sein geliebtes klassisches Bildungsideal, das ihm ein Freiheitsideal bedeutet und nicht dürres Philologentum, – Lucien Bergeret, eingekapselt in der muffigen Enge des Provinzkaffs, in tausend persönlichen Widerwärtigkeiten sich herumquälend und dennoch tapfer bereit, einen sehr unpopulären Aufruf zur «Affäre» zu unterzeichnen, das ist die liebenswürdige, rührend schnurrige Symbolfigur der französischen Linken, das ist die bescheidene Fleischwerdung der Ursache, warum das alte Frankreich immer jung geblieben.

Verteidigung der republikanischen Institutionen, Erweiterung der bürgerlichen Freiheiten, unbedingtes Bekenntnis zum sozialen Fortschritt. Aus diesen drei Elementen ward immer ein cartel de gauche, Bürgerliche und Sozialisten einend.

Bei uns gibt es Parteien, die im Parlament links sitzen, aber es gibt keine Linke. Es gibt keine republikanische Solidarität. Wohl weiß man um ein paar Persönlichkeiten, die als Träger einer solchen zu betrachten wären: Wirth, Schücking, Schoenaich, Loebe. Aber um sie herum stößt man überall auf die bewährten Fraktionszelebritäten mit der Zinkeinlage im Hosenboden. Die verabscheuen die Linke und kultivieren den verschwommenen, maskierenden Begriff der «Politik der Mitte», einen Begriff, den noch niemand ganz klar präzisiert hat, bei dem sich aber jeder etwas Verwaschenes, etwas Molluskenhaftes, mit einem Wort: etwas Nationalliberales denken kann.

Die Rechte und ihre Hilfsvölker in den angrenzenden Flügeln der «Mitte» arbeiten für den Bürgerblock. Setzen die sogenannten Verfassungsparteien dieser Konzentration aller reaktionären Kräfte wenigstens den Gedanken einer republikanischen Sammlung entgegen? O, nein. So jakobinisch hat man sich nicht. Herr Hilferding z. B. macht wieder Laune für die Große Koalition, also für die Allianz mit den Feueranbetern des «Volkskaisertums». Denkt dieser leidgewohnte Politiker nicht mehr an seinen herrlichen Gleitflug vor gerade einem Jahre, aus den Wolkenhöhen des Reichsfinanzministeriums auf unsere liebe, aber harte Erde? Nicht zu bezweifeln, daß Herrn Hilferdings gediegene Konstruktion noch mehr Schicksalsschläge dieser Art überdauert. Aber was geht uns schließlich Herr Hilferding an.

Es ist keine billige pessimistische Attitüde sondern eine recht zwangsläufige Erkenntnis, wenn man es einmal offen sagt: es gibt keine Republik in Deutschland! Man spricht häufig von der

Republik ohne Republikaner. Es liegt leider umgekehrt: die Republikaner sind ohne Republik. Und es gibt keine Republik, weil es keine Linke gibt. Weil das große Moorgelände der «Mitte» alles aufsaugt. Weil man viel lieber «ausbalanciert» als kämpft.

Republikaner sein, das ist also wirklich keine politische Angelegenheit mehr, sondern Privatplaisir. Der Dienst an der Republik führt bei uns alle typischen Merkmale einer unglücklichen Liebe. Ärger noch. Auch die verstiegenste Leidenschaft muß einen Gegenstand haben. Der geduldige Liebhaber, der sich im Laufe von fünf Jahren bis zu den Fingerspitzen vorentwickelt hat, kann sich immer noch an der frohen Hoffnung auf allmähliche Territorialerweiterung berauschen. Aber die Dame muß wenigstens da sein. Wir deutschen Republikaner lieben unglücklicherweise etwas, was gar nicht da ist. Wir betreiben so eine Art politischer Masturbation.

Dem armen Don Quichotte präsentierte man nach seinen Irrfahrten an Stelle seiner heißbegehrten Dulcinea eine mißduftende Kuhmagd. Uns bietet man nicht einmal ein solches Surrogat, sondern nur den Mißduft.

Man kann für eine Idee sehr viel Kummer ertragen. Man kann sich dafür sogar fünf Jahre lang das Gehirn malträtieren lassen. Aber die Nase...?

Nein.

Das Tage-Buch, 20. September 1924

Lob der Außenseiter

Vor Jahresfrist saßen ein paar Menschen in einem kleinen Klubzimmer zusammen und faßten den Beschluß, die im Parlament verfahrene Abfindungsfrage durch Volksentscheid zu lösen. Die große Presse erklärte die Leute sofort für verrückt. Ein paar Wochen später war die Fürsten-Enteignung Massenparole geworden. Ein paar Monate später war der Volksentscheid da, imponierend noch im Unterliegen. Heute haben die Hohenzollern ihr Geld, und Niemand spricht mehr davon. Typischer Verlauf einer Volksbewegung in Deutschland.

Niemals ist so viel wie jetzt von der Konsolidierung der Republik und der wachsenden Werbekraft des republikanischen Gedankens gesprochen worden. Dennoch geistert überall ein Unbehagen, peinigt die Zufriednen ein halb unbewußtes Mißtrauen. Dennoch bauscht das Gerücht jede Regierungskrise sofort zur Krise der Republik. Dennoch droht bei jeder innenpolitischen Komplikation sofort der Artikel 48, das Giftfläschchen in der innern Rocktasche der Verfassung.

Der liberale Demokratismus, in dessen Zeichen die sogenannte Stabilisierung sich vollzieht, erschöpft sich in der breiten Lobpreisung des Parlamentsstaates. Er sieht nichts Werdendes, verbeugt sich pietätvoll vor Vergangnem, ahnt nichts von einem Problem der Köpfe, geschweige denn von denen des Magens. Der böse Satz von Anatole France: «Das Gesetz verbietet in seiner majestätischen Gleichheit den Reichen wie den Armen, unter den Brücken zu schlafen, auf den Straßen zu betteln und Brot zu stehlen», kennzeichnet für immer die hohle sittliche Attitüde einer Demokratie, die nur in ihren Institutionen und für ihre Institutionen lebt. Hier aber ist die Grundlage der fortschreitenden Einigung zwischen Reaktion und mittelparteilichem Bürgertum. Sie finden sich auf dem Verfassungspapier der Republik. Finden sich in der unbedingten Ablehnung der Tatsache, daß selbst diese Republik revolutionären Ursprungs ist, daß es ohne den 9. November niemals einen 11. August gegeben hätte. Die bürgerliche Demokratie tanzt vor Wonne, wenn ihr der frühere – und jetzige? – kronprinzliche Nachrichtenoffizier Kurt Anker großmütig testiert, es habe 1918 wirklich keine Revolution gegeben, und Alles sei hübsch von selber gekommen. Deshalb keine Schuld, keine Anklage. Am Besten: gar nicht mehr davon sprechen. Das ist die neue Friedensformel: die endgültige Verankerung der Weimarer Demokratie im Sumpfe des Juste milieu.

Die Anerkennung dieses Zustandes nennt man Realpolitik. Zweifel daran wird als Ketzerei, Phantasterei, Nörgelei abgetan. Die großen Realpolitiker vergessen nur, daß auch die Wirklichkeit ihre eignen Illusionen erzeugt. Sie nehmen den Dunstkreis selbst zugesprochner Bedeutsamkeit für die Ausdehnung der Welt. Dem Ritual des «Erreichbaren und Möglichen» rückhaltlos hingegeben, halten sie die Grenzen eignen Denkens und Wollens für die Grenzen des Möglichen überhaupt. Wir fragen: Was haben die großen Parlamentspolitiker, die unerhörten Strategen der Opportunität, eigentlich erreicht? Wo sind denn die überzeugenden Resultate des langjährigen changez-les-coalitions? Die Gleichgültigkeit der breiten Massen am politischen Betrieb ist unbeschreiblich. Die Gegensätze zwischen Kapital und Arbeit sind schärfer als jemals. Wehrmacht und Justiz frondieren. Die Hohenzollern haben ihre Millionen. Die Zensur ist wieder da. Das sind die Resultate.

Doch was wäre selbst das bißchen Konsolidierung, auf das immer so stolz gepocht wird, ohne die spornende und peitschende Kraft verhöhnter und gemiedner Außenseiter? Keine der später verwirklichten Ideen ist aus der Mitte der großen Parteien gekommen. Jeder nationalistische Aberwitz hat seine demokratischen und sozialistischen Satelliten gehabt. Es gab eine einheitliche Noske-Front, eine Cuno-Front, eine Geßler-Front. Es gab eine geschlossene Front gegen die Reparationen, gegen den Völkerbund, gegen die deutsch-französische Verständigung, gegen die schüchternsten Maßnahmen zum Schutze der Republik. Es gab Einheitsfronten gegen Alles, was heute als innen- und außenpolitischer Fortschritt und ragende Staatsmannsleistung gefeiert wird. Ohne ein paar beherzte Einzelgänger hätte es keine Aufdeckung der Femeschande gegeben. Keinen Sturz Seeckts. Keine hallende Kritik an Reichswehr und Justiz. Kein Locarno, Thoiry und Genf. Und selbst die excercierende und paradierende Selbstgefälligkeit des Reichsbanners, in vernünftigen Dosen ganz nützlich, wäre undenkbar ohne die stachelnde Laune einiger Unzünftiger, mit denen sich kein patentierter Republikaner, um Gotteswillen, auf eine Bank setzt. Alles mußte erkämpft werden: gegen die kompakte Majorität, gegen die Parteien, gegen das Parlament.

Heute ruhen die Stammgäste der guten Mitte wieder auf ihren Lorbeeren aus. Sie sehen das Erreichte an, finden es schön und dekretieren große Pause. Und wenn auch sonst weiter nichts stabilisiert ist, so doch der Kapitalismus. Auf Klagen von Unten antwortet der Harfenklang wohltemperierter Resignation: Dafür ist kein Geld da! Kein Geld für die Arbeitslosen, kein Geld für ein großes Wohnbau- und Siedlungs-Programm.

Die Außenseiter, ohne Sinn für das schöne Ebenmaß des «im Rahmen des Gegebenen Möglichen» und ohne Respekt vor der stillen Lyrik des parlamentarischen Handwerks, aber fragen: Zu diesem Effekt eine welthistorische Umwälzung? Deswegen soll einmal die rote Fahne über Deutschland geweht haben, damit ein paar Oberbürgermeister Minister spielen können, was schließlich auch unter Wilhelm sporadisch gestattet war? Enthält nicht der revolutionäre Ursprung der Republik auch eine revolutionäre Verpflichtung? Die Professionellen, die Wohlerzogenen und Bedächtigen haben das teils vergessen, teils bewußt unterschlagen. Den Männern der positiven Arbeit, der täglichen Kleinarbeit, der gutgeölten Routine, die schuldige Reverenz. Aber wenn es seit 1914 immer nach ihnen allein gegangen wäre, gäbe es heute kein Deutschland mehr.

Die Weltbühne, 4. Januar 1927

Mit seiner das «Lob der Außenseiter» abschließenden Aussage, daß es kein Deutschland mehr gäbe, wenn es seit 1914 allein nach den Realpolitikern gegangen wäre, erweist Ossietzky der Novemberrevolution seine Reverenz. Die beiden folgenden Artikel sind Erinnerungen an dieses Ereignis, in denen die Einschätzung der Republik die zentrale Rolle spielt. Denn Ossietzky sieht in der Revolution den sinnstiftenden und verpflichtenden Entstehungsakt der Republik. Die beiden Einschätzungen weisen sowohl in den innen- wie in den außenpolitischen Aussagen erhebliche Differenzen auf, die vom Entwicklungsgang Ossietzkys zeugen.

1922 drücken noch maßlose Reparationsforderungen der Siegermächte. Ossietzkys Klage über die «ungeheuerliche Schuldenlast» hat zudem einen aktuellen innenpolitischen Hintergrund. Wenige Tage später sollte über die Reparationsfrage die Regierung Wirth stürzen. Damit mußte zum zweiten Mal in der Geschichte der Republik die Weimarer Koalition den Platz für eine rein bürgerliche Regierung räumen; der von Ossietzky erstrebte politische Konsens zwischen Arbeiterschaft und Bürgertum wurde unter äußerem Druck gesprengt.

Im Innern vermißt Ossietzky die Republikaner. Wenn er mit

Lloyd George nach einem Tambour Ausschau hält, der wie bei Heine Reveille, d.h. zum Wecken trommelt, dann liegt darin auch ein hoffnungsvoller Hinweis auf einen völker- und volksversöhnenden Pazifismus. Denn die von ihm mitorganisierte «Nie wieder Krieg!»-Bewegung hatte im Sommer erfolgreich Reveille getrommelt, die Massen geweckt.

Nach zehn Jahren hat sich Ossietzkys Einschätzung des Versailler Vertrags geändert; die einst befürchteten wirtschaftlichen Folgen sind so nicht eingetreten, und Deutschland hat in mancher Hinsicht sogar Vorteile aus dem Friedensvertrag gezogen. Dies hinderte indessen die politische Rechte nicht, Versailles weiterhin als Symbol für eine ungeheure Last darzustellen, die Deutschland ungerechterweise auferlegt werde. Gegenüber der Revolution hat sich Ossietzkys Einschätzung ebenfalls geändert; hatte bei ihm Anfang der 20er Jahre noch die Kritik ihres radikalen Flügels im Vordergrund gestanden, so steht 1928 ihre konstitutive Bedeutung für die Republik im Mittelpunkt. Der Erinnerungsverlust an die Revolution und ihre Opfer ist für ihn Ausdruck des Mangels an demokratisch-republikanischem Selbstbewußtsein und als solcher eine Gefahr für die Zukunft.

Armee ohne Tambour!

Die Revolution ist zu Ende. Sie ist nicht zugrunde gegangen an inneren Widerständen, nicht dem Kugelregen der Noske-Truppen erlegen. Der konterrevolutionäre Akt der modernen Geschichte, der Versailler Friede, hat sie zerschlagen. Indem er Deutschland aus der Reihe der großen Wirtschaftsstaaten stieß, es territorial zerstückelte und der Suprematie des westeuropäischen Kapitalismus unterstellte, traf er auch den Lebensnerv der hochentwickelten deutschen Arbeiterbewegung, zerstörte er den Körper gleichsam der deutschen Revolution, zurück blieb die Idee, ein flatterndes Seelchen, ohne Gehäus von Fleisch und Blut. An dem Dokument von Versailles hat die deutsche Revolution sich zerrieben, sich aufgelöst in eine Kette von kleinen Hungerrevolten. Und damit mußte auch das, was man einmal ihre

«Errungenschaften» nannte, sich in ein Nichts auflösen. Geblieben ist nur die Republik.

Darin liegt ein sehr wertvolles Kriterium. Denn schließlich verschwindet nur das mangelhaft Fundierte, das der natürlichen Entwicklung Vorweggenommene. Die Rätediktatur, wo sie sich über Nacht einnistete, verschwand schnell, wenn es Tag wurde. Die demokratische Republik, obgleich oft genug vom Kampfgeschrei umtost, hat sich behauptet. Das sollte denen ernsthaft zu denken geben, die in dem Siege der deutschen Demokratie so etwas sehen wie eine schnell vergehende Improvisation, einen Irrtum der Weltgeschichte. Die Republik ist nicht gekommen, weil in Kiel Matrosen meuterten, oder Herr Emil Barth mit Joffes Rubelnoten einen Möbelwagen voll Pistolen kaufte, oder Wilhelm II. zu zaghaft war, um die Krone mit der Waffe zu verteidigen. Sie ist gekommen, weil das alte System reif zum Schnitt war. Weil der Dreiviertelabsolutismus aus Bismarcks Tagen, von den dilettantischen Händen des letzten Kaisers weitergeführt, längst zum komischen Anachronismus geworden war. Vielleicht hätte die Einführung des parlamentarischen Systems vor mehr als zwanzig Jahren die Katastrophe abwenden können. Im Oktober 1918 war es zu spät. Blicken wir heute zurück, so müssen wir leider konstatieren, daß das Kaisertum uns nichts zurückgelassen hat als einen Trümmerhaufen und ein politisch schlecht erzogenes Volk. Ein Volk, das gewohnt war, am Gängelband geführt zu werden. Ein Volk, das in seiner großen Mehrheit mit der ihm plötzlich zugefallenen Freiheit nichts Rechtes anzufangen versteht und die Rechte, die es sich nicht erkämpft hat, teils argwöhnisch, teils offen feindselig, teils gleichgültig betrachtet.

Vier Jahre Republik! Wer es unternimmt kritisch zu werten, darf nicht zuerst die Frage stellen: was hat sie geleistet? sondern: womit ist sie belastet? Außenpolitisch ist sie gezwungen, die ungeheuerliche Schuldenlast abzutragen, die der Krieg hinterlassen hat, innenpolitisch findet sie ein durch den Kaiserismus verdorbenes Volk vor. Sie hat also die Doppelaufgabe, zu handeln und zu erziehen. Es soll und darf uns am republikanischen Ideal nicht irre machen, daß sie bisher weder dem einen noch dem anderen gerecht geworden ist. Aber ausgesprochen muß es werden.

Keine Vogelstraußpolitik! Indem wir die der Republik durch die Zeitverhältnisse mit unbestechlicher Folgerichtigkeit gezogenen Grenzlinien feststellen, können wir sie erst wirklich beurteilen.

Unabhängig von dem jedoch, was ihr aufgezwungen und folglich ihr Wesen beeinträchtigt, muß der Vorwurf gegen sie erhoben werden, daß sie es nicht verstanden hat, genügende Werbekraft zu entfalten. Man werfe doch nicht ein, daß aus Angst vor dem Chaos, in das uns schlechte monarchische Abenteurer hineinhetzen könnten, immer mehr rechtsbürgerlich gerichtete Kreise ihre Opposition gegen die Republik zeitweilig einstellen. Es kann einer neuen Staatsform doch nicht darauf ankommen, vorübergehende Anerkennung vom grundsätzlich Widerstrebenden zu gewinnen; eine Anerkennung, die durch bestimmte Umstände bestimmt und schleunigst zurückgenommen wird, wenn diese nicht mehr vorliegen. Wenn Herr Oberst a. D. X. sich nicht mehr freut, wenn er von der Ermordung eines republikanischen Ministers hört, wenn der Großindustrielle Y. einsieht, daß die Republik notwendig ist für die Verhandlungen mit dem Weltmächten, so ist das sicherlich ganz erfreulich. Aber was ist bisher geschehen zur Heranbildung eines Stammes von Republikanern, die bereit sind, mit Kopf und Herz für ihre Idee einzustehen, ihr, wenn nötig, die Treue mit dem Blute zu besiegeln?!

In Verwaltung, in Armee, in Schule und Kirche, überall bleibt der Republikaner eine isolierte Erscheinung. Er ist jeder Schikane, jeder Benachteiligung, jeder Verfolgung ausgesetzt. Er weiß keine Staatsgewalt hinter sich. Er empfindet nur, daß das Wirken für die Republik ein Arbeiten pour le roi de Prusse ist. Es fehlt dieser Republik in hohem Maße der Sinn für Kameradschaftlichkeit, das Gefühl für das Grundgesetz aller Demokratie: Alle für Einen und Einer für Alle! Es fehlt an innerem Zusammenhang, fehlt an geistiger Haltung und vor allen Dingen an begeisternden Parolen. Die Republik ist unsichtbar. Sichtbar wird nur die Wilhelmstraße, dieses absurde Gemengsel von Alt und Neu, in dem aber schließlich immer die neunmalgeheiligte Tradition den Ausschlag gibt. Und Tradition in unser geliebtes Deutsch übertragen, bedeutet dort: es hat niemals einen 9. November gegeben.

Man hört oft den Vorwurf, es werde zu wenig für Propaganda getan. Das ist unbestreitbar richtig, aber bedrucktes Papier kann auch nicht die lebendige Triebkraft ersetzen. Was fehlt, das ist das Selbstvertrauen, das aus allen großen und kleinen Handlungen strahlen muß. Aber gerade das wird unterdrückt, als fürchte man, die Monarchisten zu provozieren. Natürlich soll der Stil nicht ein prahlerischer und scharfmacherischer sein, aber in allen amtlichen Manifestationen und namentlich in den präsidialen Kundgebungen macht sich in peinlicher Weise der Mangel jener Selbstverständlichkeit bemerkbar, die nach innen und außen dokumentiert: dieses Staatswesen ruht sicher in sich selbst. Überall, wo die Republik sich offiziell verlautbart, schwingt ein wenig der Unterton mit: «Ich habe es nicht gewollt!» Auf ihrer Visitenkarte steht: «Entschuldigen Sie, daß ich geboren bin.»

Lloyd George hat kürzlich in einer Wahlrede gesagt: Deutschland habe seit 1918 viele tapfere Kämpfer gehabt, aber keinen Tambour. Mit der historischen Bildung des früheren englischen Ministerpräsidenten ist es, das weiß jeder Tertianer, nicht weit her, aber sein Blick für die Gegenwart besitzt untrügliche Schärfe. Kürzer und treffender hätte nicht ausgesprochen werden können, wo Deutschland der Schuh drückt. Das Land ist verarmt und ein Opfer aller Krankheiten dieser Nachkriegszeit geworden. Dennoch ist das Volk im Kern gesund und lebenskräftig und aus Instinkt und guter Überlieferung arbeitsam und arbeitstüchtig. Seine Politiker sind zwar keine von allen guten Geistern beleuchteten, aber was man auch gegen sie sagen mag, nicht klüger oder dümmer als anderswo auch. Aber es fehlt der Trommelwirbel, das Anfeuernde, das Beflügelnde. Es fehlt das Signal, das die Herzen schneller schlagen läßt, das den in Müdigkeit erschlafften Gliedern den jähen Ruck gibt und jene zurückführt, die im Begriff sind, sich beiseite zu drücken.

Die deutsche Republik hat viele Feinde, wird gehemmt von offenen und geheimen Widerständen. Sie hat bei alledem bewiesen, daß sie sich zu wehren versteht, aber wenn der tragische Augenblick vorüber war, ging es im Trott und Parteihader des Alltags weiter. Man hat niemals verstanden, ein wenig von der

Stimmung besonderer Momente in die Zukunft hinüberzu-
retten. Und wenn schon einer Reveille trommelte, so wurde
der Ehrgeiz sämtlicher Nachtwächter aufgestachelt, ihn zu über-
tönen.

Berliner Volks-Zeitung, 9. November 1922

Deutschland ist...

Deutschland ist jetzt zehn Jahre Republik, und diese neue Staatsform hat das Land aus seiner größten Katastrophe gerettet und
vor Zertrümmerung bewahrt. Ein von der Dynastie unterzeich-
neter Friede hätte wahrscheinlich dazu geführt, daß sich die süddeutschen Potentaten, ihre Unschuld am Kriege sanft beteuernd,
nach irgendwo hin verfügt hätten, so wie es Bayern auch als angeblicher Volksstaat versucht hatte. Der Verband des Reiches
wäre auf alle Fälle gesprengt worden. Die Republik hat den
denkbar günstigsten unter allen möglichen Frieden geschlossen.

*

Deutschland ist unter allen Ländern des Krieges das einzige, das
mit Fug sagen kann, der Friedensvertrag habe ihm Nutzen gebracht. Es hat zwar Gebiete verloren, es muß schwere Reparationen leisten, und noch ist ein Stück Rheinufer besetzt. Dafür
aber ist es aus der Sphäre des Imperialismus heraus, und es hat
kein Deutschland Übersee zu verteidigen. Es kann ruhig schlafen, wenn in China oder Marokko die Gewehre losgehn. Es ist
von der Qual der Wehrpflicht befreit, gemessen an den militär-
politischen Sorgen der andern sind die seinen für die Katz. Die
Sieger werden ihrer Eroberungen nicht froh, ihr Budget kommt
durch Rüstungsaufwendungen aus der Balance, und in den jungen Staaten balgen sich die Nationalitäten. Deutschland ist wieder angesehen und thront im Rat der Großen, ohne deren Be-
ängstigungen zu teilen.

*

Deutschland ist undankbar. Es hat sich sehr schnell erholt und
wäre ohne das Ruhrverbrechen des Herrn Cuno schon vor einigen Jahren so weit gewesen. Die Ketten von Versailles waren

immer nur papierne. Zugegeben, daß Clemenceau keine charitativen Absichten dabei gehabt hat, jedenfalls ist er Deutschland ebenso wenig zum Verderben geworden wie Napoleon, der den König von Preußen bis nach Tilsit gejagt und ein Bündel vermotteter Staaten so rücksichtslos durchgelüftet hat, wie das deutsche Pietät niemals zuwege gebracht hätte. Was wäre eigentlich, wenn wir gesiegt hätten, wenn die Vaterlandspartei der Ludendorffe ihre großen Eroberungsabsichten verwirklicht hätte? Dann wäre bis heute noch kein Frieden in der Welt gewesen, jeder erwachsene Deutsche einerlei welchen Geschlechts, würde draußen in der Welt günstigenfalls Etappendienst machen und aufpassen, ob die von den Alldeutschen geschmiedeten Ketten auch richtig sitzen; alle Deutschen wären nach zehn Jahren noch immer unterwegs, und im Land wäre nichts als – die Zentrale für Heimatdienst. Zur Abwickelung.

*

Deutschland ist das einzige Land, das nicht imstande ist, eine Verbesserung zu begreifen. In Frankreich hoben sich mit der Stabilisierung offensichtlich die Lebensgeister, und auch in England ist man wieder heiterer, weil die Auseinandersetzung mit Moskau einstweilen vertagt ist. In Deutschland dagegen hat sich seit 1920 die Sprache seiner Politiker kaum verändert. Noch immer das alte Elendslied, die Verwünschung des Gewaltfriedens. Kein Politiker irgend einer Partei verschmäht, von der Verarmung und Verelendung zu sprechen, und zwar nicht von der durch die eignen Kapitalisten bewirkte, sondern von der Pauperisierung durch Versailles und Dawes, und niemand spricht mehr von der Inflation, diesem gigantischen Raubzug der Schwerindustrie durch die Ersparnisse der kleinen Leute. Es gibt kein Bankett mit Kapaun und Rotspon, wo nicht irgend ein Schmerbauch feierlich versichert, daß wir nunmehr ein armes Volk sind. In diesem Punkte wird es zwischen Rechts und Links, zwischen Hörsing und Seldte, kaum eine Unstimmigkeit geben, von dieser kümmerlichen Phrase leben alle. Herr Duesterberg hat neulich phantasiert: «Nicht Auswanderung, Geburtenbeschränkung und Internationalisierung können uns retten, sondern nur Änderung des deutschen Gesamtschicksals, vor allem Sprengung der Grenzen, die uns einengen. Das deutsche Schicksal ist eine Raumfrage.» Das deutsche Schicksal ist keine Raumfrage. Aus der Philosophie von Herrn Hans Grimm in die Politik überführt, gewinnt das Wörtchen Raum überhaupt eine höchst fatale Wolkigkeit. Wenn wir heute das Land um Vogesen oder Weichsel wiederbekämen, so bedeutete das für den Einzelnen keineswegs mehr «Raum». Es kommt nicht darauf an, wie viel Platz ein Volk unter der Sonne einnimmt, sondern wie die Güter darauf verteilt sind. Wenn die herrschende Klasse über die Niederlage lamentiert und sich nicht beruhigen kann, weil es ihr versagt ist, Siegesmale zu errichten, so muß ihr gröblich klar gemacht werden, daß ihre schönen Häuser, ihre Vergnügungsstätten, die glanzvollen Fassaden ihrer Industriepaläste die Monumente eines viel beweiskräftigeren Sieges sind: des Sieges über das eigne Volk.

*

Deutschland ist das einzige Land, wo Mangel an politischer Befähigung den Weg zu den höchsten Ehrenämtern sichert. So wie gewisse Naturvölker Schwachsinnigen göttliche Ehren entgegenbringen, so verehren die Deutschen den politischen Schwachsinn und holen sich von dorther ihre Führer. Darin überbieten sie ohne Zweifel die wilden Völker, die sich auf die Adoration beschränken und die scheue Bewunderung, aber sonst mit ihren Dorfkretins weder in den Krieg ziehen noch in den Frieden.

*

Deutschland ist infolgedessen auch das einzige Land, das ohne Erhebung an seine Revolution zurückdenkt. Im Grunde weiß man durchschnittlich von ihr nicht mehr, als daß sie unsern gloriosen Heerführern freventlich in den zum letzten Schlag erhobenen Arm gefallen ist. In keiner Schule wird gelehrt, daß sie lange veraltete Einrichtungen beseitigt, viel Schutt und Moder fortgefegt hat. Die Leute, die sie emporgetragen hat, heißen die Novemberverbrecher, und daran sind sie selbst schuld, denn sie zitterten vor der Macht, die ihnen plötzlich zufiel. Sie waren stolz darauf, möglichst viel unversehrt gelassen zu haben. So lebt die Revolution kaum mehr als Erinnerung, und einzelne Episoden daraus wirken heute schon unglaubwürdig und wie aus einer Fabelwelt. Wo sind die Bemühungen, den 9. November zu feiern? Verlautet irgend etwas von einer Kundgebung der Regierung? Dieses gegenwärtige Kabinett ist hervorgegangen aus den Parteien, denen der Umsturz den Weg zur Herrschaft frei gemacht, den sie aus eigner Kraft niemals gefunden hätten. Vielleicht würde es doch große Revolutionsfeiern geben, wenn die Sozialdemokratie nicht in der Regierung wäre, sondern noch in der Opposition stünde. Aber heute als Regierung... pst, pst... Der 9. November ist der schwarze Tag, der Tag, von dem man nicht spricht. Unbekannte Matrosen haben der wackelnden Despotie den letzten Tritt gegeben; den Dank der Republik hat der Leutnant Marloh in einem Hof in der Französischen Straße abgestattet.

*

Deutschland ist jetzt zehn Jahre Republik, und es hat mindestens fünf davon gedauert, ehe sich Republikaner in größerer Anzahl meldeten. Den Wendepunkt bildete der Hitlerputsch von 1923, bei dem sich zeigte, wie wenig zum gewaltsamen Umsturz bereite Gegner die Republik hatte und was für Narren dabei die Oberhand hatten. Daß die bürgerliche Republik durchgehalten hat, verdankt sie viel weniger der Entschlossenheit ihrer Führer als vielmehr der Deroute auf der andern Seite und bestimmten außenpolitischen Rücksichtnahmen. Im allgemeinen hat man erkannt, daß auch in der neuen Form der Geist der Kaiserei weiterexistieren kann. Deutsche Revolution – – ein kurzes pathetisches Emporrecken, und dann ein Niedersinken in die Alltäglichkeit. Massengräber in Berlin. Massengräber in München, an der Saale, am Rhein, an der Ruhr. Ein tiefes Vergessen liegt über diesen Gräbern, ein trauriges Umsonst. Ein verlorener Krieg kann schnell verwunden werden. Eine verspielte Revolution, das wissen wir, ist die Niederlage eines Jahrhunderts. So brechen wir auf ins zweite nachrevolutionäre Jahrzehnt.

Die Weltbühne, 6. November 1928

«Von den Händeln der Völker»

Friedenssicherung ist für den Pazifisten Ossietzky eines seiner Zentralthemen, das er in vielen Artikeln abhandelt.

Er ist überzeugt von der Notwendigkeit einer überstaatlichen Organisation zur Wahrung des Friedens, einem Welt-Parlament, das als «Forum der Menschlichkeit» von dem Friedenswillen der Völker getragen wird. Diese «tiefe sittliche Idee» wird der Maßstab für seine Kritik am bestehenden Völkerbund. Der ist 1920 im Rahmen des Versailler Friedensvertrags von den Siegermächten geschaffen worden. Er geht zwar auf die Vorschläge des amerikanischen Präsidenten Wilson zurück, der mit seinen «14 Punkten» eine internationale Friedensordnung gestalten wollte, hat sie aber nur sehr unzureichend realisiert.

Als 1924 in England und Frankreich mit MacDonald und Herriot Vertreter der Labour Party bzw. der Radikalsozialisten an die Regierung kommen, wächst Ossietzkys Hoffnung, der Völkerbund könnte doch mit Sinn und Leben erfüllt werden: Neben Pazifisten sind für ihn Sozialisten und Demokraten die eigentlichen Träger des Friedensgedankens. In diesem Jahr gibt es eine reale Chance für den Eintritt Deutschlands in den Völkerbund; er scheitert letztlich an der zurückhaltenden Reaktion der deutschen Regierung. In der Folgezeit verstärkt sich Ossietzkys Kritik am Völkerbund, den er für nicht mehr reformierbar hält im Unterschied zu vielen anderen Pazifisten. In verschiedenen Artikeln benennt Ossietzky seine Hauptargumente:

Der Völkerbund hat die alte Vorkriegsdiplomatie nicht verdrängen können, jeder neugeschlossene Bündnis- oder Garantievertrag bedeutet verlorenes Terrain für ihn; die Völkerbunds-Satzung mit ihrer Zielformulierung «Förderung der Zusammenarbeit unter den Nationen» und «Gewährleistung des internationalen Friedens» bleibt ein Stück totes Papier angesichts der Einstellung der Mitglieder, der Völkerbund sei be-

nutzbar zur Sicherung der nationalen Eigeninteressen; und er ist
zu ohnmächtig oder zu uninteressiert, die notwenige Abrüstung
in Gang zu bringen.

So kommentiert Ossietzky September 1926 den Eintritt
Deutschlands in diesen Völkerbund als einen recht belanglosen
Schritt.

Der Artikel «Der Fall Völkerbund», kurz vor dem Eintritt
Deutschlands geschrieben, erneuert die fundamentale Kritik. Os-
sietzky spielt in ihm darauf an, daß der deutsche Beitritt im
März 1926 schon einmal gescheitert ist an Rangstreitigkeiten der
verschiedenen Staaten wie Spanien, Polen, Brasilien und nicht
zuletzt Deutschland mit seinen Forderungen nach Sonderbe-
handlung. Ihm erscheint die kühle und distanzierte Haltung der
deutschen Regierung angesichts des erneut möglichen Scheiterns
als symptomatisch für die Grundeinstellung, den Völkerbund nur
als politisches Geschäft, nicht als Chance für eine grundsätzliche
Neuorientierung der Politik zu sehen.

Der Fall Völkerbund

Der negative Ausgang der deutsch-belgischen Besprechungen
um Eupen-Malmedy hat in Deutschland beträchtliche Verstim-
mung hervorgerufen und die außenpolitischen Wetterwarten in
den großen Redaktionen sind sich nur noch nicht einig darüber,
ob der Fehlschlag auf englische oder französische Ränke zurück-
zuführen sei. Unbestritten ist nur, daß von Belgien ein Angebot
vorlag, ein ihm durch den Friedensvertrag zugesprochenes Ter-
ritorium gegen entsprechende finanzielle Kompensationen zu-
rückzugeben.

Wer diese Absicht auch durchkreuzt hat, Chamberlain oder
Poincaré, oder, wie am wahrscheinlichsten, Parker Gilbert, der
Reparationsagent, er hat, ohne zu wollen, ein gutes Werk getan.
Menschen sind kein Handelsobjekt wie Vieh oder Baumwolle.
Mit einer solchen Abtretung, ohne die Bevölkerung zu befragen,
wird nichts gut gemacht und der Verständigung nicht gedient.
An Stelle der Deutschen wären plötzlich die Wallonen Minder-

heit geworden, und das Problem hätte nur die Farbe gewechselt. Die Not der Minoritäten ist international und heischt zentrale Lösung. Die Willkür eines Tauschgeschäftes könnte generelle Regelung in absehbarer Zeit nur erschweren.

*

Eines ist jedoch bemerkenswert an dieser belgisch-deutschen Episode: hier wird deutlich aufgezeigt, wie Deutschland jetzt im Spiel der Mächte dem beherrschenden Mittelpunkt näher rückt. Hier zu Lande stöhnt man noch immer über den Schmachfrieden und daß man vor lauter Ketten gar nicht laufen könne. So wie ein alter Drehorgelmann, der ein Vermögen geerbt hat, aus verwurzelter Gewohnheit noch immer tagtäglich am Wege seine Bänkelmelodie dudelt, den schäbigen Filz zwischen den Knien. Denn trotz Hungerfrieden und Dawes-Versklavung: die deutsche Wirtschaftsmacht arbeitet so intakt wie je und lädiert ist nur Väterchen Staat. Zwar sinkt die Lebenshaltung der Lohnempfänger tiefer und tiefer. Zwar ist das früher so wohlhabige Bürgertum aus Kriegsfuror und Revolutionsangst expropriiert erwacht (es waren nicht die Roten, die geplündert haben!), aber die Kapitalsmacht steht fester als je zuvor. Aus der Niederlage des Kaiserreichs ist der unerhörte Triumph der deutschen Schwerindustrie gewachsen; und wenn in Frankreich, in Polen, in Italien noch immer von einer deutschen Gefahr gesprochen und die Möglichkeit deutscher Geheimrüstungen in dunkelsten Farben ausgemalt wird, so geschieht das nicht aus einem schon sagenhaft gewordenen Deutschenhaß, sondern aus Furcht, daß über kurz oder lang die neue Tatsache ihren politischen Ausdruck finden muß.

Besiegtes Land? Rundum kranke Wirtschaften, bresthafte Valuten. In Deutschland überall Konzentration. Belgien, ein Siegerstaat, bietet Land für Geld. Das alles sieht man draußen schärfer als bei uns, wo man noch die Ohren voll hat von den Klängen hochoffizieller Jammerarien. Die Ketten von Versailles liegen nur noch zum Hausgebrauch da, und man jongliert damit so gelenkig wie Rastelli mit seinen Bällen.

*

Erhöhte Konfusion um Genf. Alarmruf aus Paris: «Der Völkerbund in Gefahr!» Antwort aus Berlin: «Deutschlands Haltung zu den bevorstehenden Ereignissen bleibt kühl und sachlich. Wir werden erst kommen, wenn die Andern einig sind. Wenn nicht, dann bleiben wir eben draußen. Deutschland braucht nicht den Völkerbund, sondern umgekehrt.» Stolze Spanier, stolzer als die im Escorial, die noch schnell das Tanger-Geschäft fingern möchten. Ob aber Deutschland seinen Ratssitz erhält oder nicht, – der Völkerbund hat einen ernsthaften Echec erlitten. Auch durch Erfüllung des deutschen Anspruchs ist der Schaden nicht repariert.

Es wird bei uns übersehen, daß Deutschland, indem es seinen Beitritt an Bedingungen knüpfte, sehr viel zur gefährlichen Komplizierung der Situation beigetragen hat. Das war das Signal für die meisten Regierungskanzleien, die Pandorabüchse des sacro egoismo zu öffnen und Kompensations-Forderungen anzumelden. Der Saal der Reformation wurde zur Schacherbude. Der Geist des Wiener Kongresses stand wieder auf.

*

Ist der Fall Völkerbund überhaupt noch kurierbar? Selbst 1924 wäre der Eintritt Deutschlands noch ein großes moralisches Ereignis gewesen. Denn damals bestanden noch Möglichkeiten, den Völkerbund wirksam zu machen. Da zerschnitt Stresemann den Faden. Denn was unsre Außenpolitik an überstaatlicher Organisation goutieren kann, das ist nicht der Friedensbund demokratischer Nationen mit fester Bindung der Mitglieder, sondern ein zu nichts verpflichtender Honoratiorenkonvent, wo man sich auf der Bank der Großmächte dicke tut.

Die Tragödie des Völkerbundes: der Krieg hat seinen eignen gut geschmierten Mechanismus, der selbsttätig läuft; der Frieden aber hängt noch immer von dem guten Willen der Menschen ab. Und diese Menschen sind nicht in der Überzahl, nirgends an der Macht. Mit Herriot und MacDonald sind die einstweilen letzten Chancen der Völkerbundsidee entschwunden. England wird heute vertreten durch Austen Chamberlain, in dem Albions pedantischer Weltbeherrschungsdünkel seine trostloseste Knochenwerdung gefunden hat. Für Frankreich steht Briand da, ein zeitweilig erleuchteter Occasionist, gleich brauchbar für Frieden wie Krieg. Wo ist der europäische Staatsmann, dem der Völkerbund die große, die erobernde Zukunftsidee ist und nicht eine hübsche rhetorische Floskel? Alle Außenpolitiker vertreten nur nationale Interessen, suchen nur diplomatische Erfolge. Deshalb gehen sie nach Genf, um für ihre Kabinettspolitik zu werben, zu streiten, zu mogeln. Der Völkerbund ist völlig zum Instrument der verschiedenen Imperialismen geworden. Das ist schlimm. Schlimmer, daß der Glaube an seine Möglichkeiten, an seine Zukunft immer mehr schwindet. Die Fragwürdigkeit der Form erschüttert die Idee.

*

In der Welt geht ein unerhörter Umformungsprozeß vor sich: unterdrückte Völker erwachen, ausgebeutete Rassen stehen plötzlich in einem mit modernen Mitteln geführten Emanzipationskampfe. Was hört der Völkerbund vom Brüllen Chinas, was von Afrikas dumpfem Grollen? Die Genfer Exzellenzherren wagen nicht einmal von den Bestialitäten in Marokko und Syrien zu sprechen. Aufgabe des Völkerbundes in einer Zeit, wo es überall revolutionär rumort, kann aber nur sein, nicht konservierend, sondern weiterführend zu wirken. Nicht Einbalsamierung modernder Präponderanzen, sondern Schutz des Werdenden, Versuche, unvermeidliche Entwicklungen möglichst zu entbarbarisieren, – das müßte sein Programm sein.

*

Vielleicht würde ein Deutschland, das sich von vornherein um seine Aufnahme bekümmert hätte, manches Gute bewirkt haben. Das Deutschland Herrn Stresemanns steht heute, nach offizieller Lesart, «kühl und sachlich» vor der Tür. Wartet kühl und sachlich auf den Ausgang der von ihm angerichteten Verwirrung. Was für eine Veranlassung bestand zum Beispiel, gegen Spaniens Ratssitz zu protestieren? Die Antwort ist so einfach: die Herren wollen im Triumph in den Völkerbund. Es muß etwas Prestige dabei sein, jemand muß sich darüber giften, sonst macht der ganze Pazifismus keinen Spaß.

*

Dieser Art von Außenpolitik kommt es nur immer darauf an, sich so weit zu decken, daß niemand ihre Korrektheit bezweifeln kann. Diese Korrektheit braucht nicht das Gleiche zu sein wie

Ehrlichkeit: es kann sehr viel pfiffige Kalkulation dahinter lauern, sehr viel durch die glatte Maske schimmernder Affekt. Aber entspräche die zur Schau getragene Gleichgültigkeit auch Wunsch und Gesinnung, so bleibt doch die Frage, ob das heute noch genügt. Grade von Deutschland, dessen Haltung so viele böse Geister in Bewegung gesetzt hat, müßte jetzt ein warmes, ein entwaffnendes Wort kommen.

Wir haben bisher von keinem deutschen Außenminister ein helles Bekenntnis zur Völkerbundsidee gehört. Was wir vernommen haben, war immer nur: «Wir müssen hinein, weil es unsre Interessen gebieten. Wir müssen hinein, um unser Recht dort zu vertreten. Wir müssen hinein, als Patron unterdrückter Minoritäten. Wir müssen hinein, um unsre Kolonien und das Recht auf Aufrüstung wieder zu erlangen. Wir müssen hinein, trotzdem der Völkerbund die Gründung des Mannes mit den vierzehn Punkten ist.»

So hat zuerst die Erfüllungspolitik der Ära Rathenau-Wirth, dann die nationale Realpolitik Luthers und Stresemanns gesprochen. Das ist trotz alledem recht vernünftig, gewiß, und wahrscheinlich sehr viel für Politiker, die von Rechts kommen, wo man immer noch glaubt, ein besonderes goetzisches Verhalten sei den deutschen Interessen am dienlichsten. Aber, daß mit dem Völkerbund ein übernationaler Gedanke verknüpft ist, das hat keiner der Regierer seit 1918 bisher zum Ausdruck gebracht. Der Weg nach Genf wurde immer nur auf seine geschäftlichen Möglichkeiten hin beleuchtet. Das aber hat zu einer gefährlichen innenpolitischen Festlegung geführt. Man muß entweder mit Glanz und Glorie einziehen oder draußen bleiben. Man muß entweder einen Privilegiertensitz erzwingen oder schallend absagen. Nicht Mitarbeit im Verein aller Nationen, sondern Mitbestimmung im Rat der Großen, das ist die deutsche Völkerbundsparole. Was ein Friedensfest sein könnte, wird zur Machtprobe mit Paukenschlag und Trompetengeschmetter.

*

Es sieht im Augenblick trotz alledem nicht so aus, als ob sich in Genf für die deutsche Politik große Ovationen vorbereiten. Erst in den letzten Tagen bequemt sich die gouvernementale Presse zuzugestehen, daß die Schwierigkeiten, die der Märztagung ein tragi-komisches Ende bereitet haben, noch keineswegs beseitigt sind, daß, im Gegenteil, jeden Augenblick neue Widerstände auftauchen können.

So steht man denn in kühler, sachlicher Erwartung. So hat man seit dreißig Jahren immer an den großen Entscheidungen vorbeigewartet. Einstweilen ist die Stimmung der diplomatischen Truppen noch vorzüglich. Noch immer diese Miene knorriger Verschlagenheit, so charakteristisch für den Kurs Stresemann. Noch immer diese Zwiespältigkeit der Attitüde: europäisches Tremolo für Außen, nationaler Dröhnbaß für Innen. Halb Händler, halb Held, halb Cherusker, halb Schadchen, feste Contenance und innerlich etwas bibbernd, so wartet man.

Traurig, wenn durch irgend einen querköpfigen Mello Franco im letzten Augenblick wieder Alles zu Wasser würde.

Denn dieser Völkerbund scheint uns für Deutschlands Mitwirkung völlig reif zu sein.

Die Weltbühne, 31. August 1926

Imperialistische Politik als Bedrohung des Völkerfriedens ist für Ossietzky ein weiterer wichtiger Komplex. Die beiden ausgewählten Artikel von 1925 und 1927 dokumentieren eine deutliche Veränderung in seiner Einschätzung des Imperialismus.

Von Imperialismus spricht Ossietzky schon sehr früh, keineswegs immer im Sinne von ökonomisch motivierter und fundierter Herrschaft von Großmächten über unterentwickelte Völker. Es spielt bei ihm oft die umgangssprachliche Bedeutung des Wortes hinein. Die begriffliche Ungenauigkeit bedeutet nicht, daß seine politische Einschätzung unscharf ist. Schon früh stellt er fest, daß sich hinter pazifistisch begründeten Beschlüssen wie dem Washingtoner Abkommen von 1922, in dem sich USA und Japan über eine Begrenzung der Flottenrüstung einigen, wahrscheinlich imperialistische Interessenpolitik verberge («Nie wieder Krieg», 1921).

Intensiver befaßt sich Ossietzky in den Jahren 1926/27 mit dem Thema. Da er in dieser Zeit zu der Vermutung kommt, der Völkerbund könnte die Aufgabe haben, in Europa Ruhe zu schaffen für eine ungestörte Ausbeutung der anderen Völker

(WB 1926), konzentriert sich sein Blick auf die gegen die imperia-
listische Herrschaft gerichteten Befreiungsbewegungen, vor al-
lem auf die in Marokko unter Abd el Krim und die große chinesi-
sche Kuomintang-Bewegung, die im Süden Chinas entstanden
ist.

Diese chinesische Befreiungsbewegung, inzwischen von Mos-
kau inspiriert, kommt 1925 in die Schlagzeilen der Weltpresse,
als Widerstandsversuche gegen den erdrückenden wirtschaftli-
chen Einfluß der Ausländer von englischen Truppen blutig nie-
dergeschlagen werden. In England und Deutschland beginnt
eine Welle von Sympathiekundgebungen und Unterstützungs-
aktionen, die von Kommunisten und Gewerkschaftern getragen
wird und bis in weite Kreise der Intellektuellen und Künstler
geht.

Solche Aktionen spricht Ossietzky in dem Artikel «Finger weg
vom Globus» von Ende August 1925 noch sehr kritisch an. Mitte
des Monats hat z. B. in Berlin gerade ein großer China-Kongreß
unter dem Motto «Hände weg von China» getagt. Ossietzky
sieht zu diesem Zeitpunkt offensichtlich nicht die Breite und Be-
deutung der Protestbewegung; er kritisiert sie als kommunisti-
sche Agitation und typisch deutsche Großmannssucht.

Erst Mitte 1926 tauchen in Ossietzkys Artikeln die ersten Sym-
pathiebekundungen für Befreiungsbewegungen auf. Er schließt
sich damit der politischen Meinung einer Reihe linkspazifistischer
Intellektueller vor allem in Berlin an. Möglicherweise gibt es
einen Zusammenhang mit der im Februar 1926 in Berlin gegrün-
deten «Liga gegen koloniale Unterdrückung», in der neben
Kommunisten eine Reihe angesehener und Ossietzky naheste-
hender Pazifisten führend mitarbeiten und in der Öffentlichkeit
das Thema Kolonialimperialismus verhandeln. Vielleicht spielt
auch sein Hineinwachsen in den Kreis der Weltbühnen-Mitarbei-
ter eine Rolle, zu dem er seit Frühjahr 1926 gehört.

In dieser Zeit ändert sich ebenfalls seine Einschätzung der rus-
sischen Politik in China. Während er 1925 noch vom «russischen
Imperialismus» spricht, versteht er 1926/27 die Rolle Rußlands
als Anreger und Beförderer vorhandener Freiheitsbewegungen
und gerade nicht als imperialistische Macht.

Als Ossietzky im Februar 1927 den Artikel «Der kranke Im-

perialismus» schreibt, tagt gerade der Völkerbundsrat in Genf. Die Tagesordnungspunkte, die vom Versailler Friedensvertrag geschaffene Probleme wie die Saarfrage und den oberschlesischen Schulstreit bereinigen sollen, erwähnt Ossietzky nur, um ihre Belanglosigkeit angesichts der viel drängenderen China-Probleme aufzuzeigen.

Ihm geht es um eine Kritik der imperialistischen Politik Englands in China. Ossietzky sieht diese Politik in der Defensive, seit die Sowjetunion das Patronat über alle ausgebeuteten und abhängigen Staaten übernommen hat. Der im Artikel erwähnte Notenwechsel zwischen England und der Sowjetunion vom Februar 1927 bezieht sich auf die antienglische Propaganda der Russen in China. – Es wird darüber im Mai 1927 sogar zum Abbruch der diplomatischen Beziehungen kommen.

Aber nicht diese europäischen Spannungen sind Ossietzkys Thema, sondern die von ihm mit Sorge erwartete Auseinandersetzung zwischen imperialistischen und kolonisierten Völkern. Hier hätte in seinen Augen der Völkerbund ein viel wichtigeres Aufgabenfeld. Da er aber von ihm nichts mehr erwartet, setzt er zunehmend seine Hoffnung für die Befriedung der Welt auf die Befreiungsbewegungen. Seine von hohem Pathos getragenen Formulierungen signalisieren die starke Emotion, mit der er diese Bewegungen beobachtet.

Er steht nicht allein mit dieser Einschätzung. Als sich Mitte Februar in Brüssel auf dem «Kongreß gegen koloniale Unterdrückung und Imperialismus» zum erstenmal in der Geschichte Vertreter der verschiedenen abhängigen Völker aus aller Welt treffen und Beschlüsse zur Abwehr der imperialistischen Ausbeutung fassen, formuliert die deutsche Delegation in ihrer Entschließung: «Wir verfolgen den in der ganzen Welt vor sich gehenden Freiheitskampf der unterdrückten Völker mit tiefer Bewunderung und in der Hoffnung auf den Endsieg ihres Kampfes für die Sache der ganzen arbeitenden Menschheit.» Die Ähnlichkeit von Ossietzkys Formulierung am Ende seines Artikels ist deutlich. Kurz danach wird in der «Weltbühne» ein ausführlicher Bericht Ernst Tollers über diesen Kongreß erscheinen.

Ossietzkys Hoffnungen auf eine große, einige, richtungwei-

67

sende Befreiungsbewegung, die einen gewichtigen Entwick-
lungsschritt in der Menschheitsgeschichte wie etwa die Französi-
sche Revolution schaffen könnte, werden bald danach, im April
1927, mit der Aufspaltung der chinesischen Bewegung in einen
nationalen und einen sozialrevolutionären Teil zerstört.

Finger weg vom Globus!

Es gibt noch immer den Alldeutschen Verband. Man hört nicht
mehr viel von ihm, aber er hat auch nicht mehr nötig, von sich
reden zu machen. Seine Agitatoren brauchen nicht mehr auf die
Tribüne zu steigen: die Saat ist ausgestreut und vielfältig, und in
den verschiedenartigsten Köpfen geht sie auf.

Binsenwahrheit ist heute, von professionellen Radaumachern
abgesehen, daß Deutschland keine Weltpolitik mehr treiben
kann. Aber es gibt noch immer sehr wenige Deutsche, die diesen
Zustand begrüßen. Die meisten sehen darin eine erzwungene
Muße, eine Degradation, die hoffentlich bald ein Ende nimmt.
Und da das Ende noch nicht abzusehen, behilft man sich mit
guten Ratschlägen für die andern, hebt man sichtbarlich den in
pädagogischem Enthusiasmus zuckenden Finger.

Diese Sucht, zu belehren, dazwischenzureden, manifestiert
sich recht unterschiedlich. Am muntersten treiben es einstweilen
die Kommunisten. Sympathiekundgebungen für China, für Abd
el Krim... Bald kommen die Drusen an die Reihe. Sobald sich
die roten Geopolitiker in Glauchau oder in Lichtenberg darüber
klar sind, was das ist.

Riesige Plakate: «Hände weg von China!» Es könnte ebenso-
gut dastehen: «Halt, wenn die Barriere geschlossen!» oder:
«Man beliebe, vor dem Heraustreten die Kleidung zu ordnen!»
Es hätte denselben Wert. Was für einen Einfluß haben wir auf
China, was für einen Einfluß hat es auf London oder Tokio, daß
ihnen eine Berliner Versammlung Chinas wegen grollt?

Das Spaßigste ist, daß die Hasser des angelsächsischen Imperialismus dabei an der Strippe des russischen tanzen. Man mag
über die Moskauer denken, wie man will, sie sind vollendete

Propagandisten, sie verstehen es glänzend, ihre Hausangelegenheit mit der Menschheitssache zu identifizieren. Auch das ist schon dagewesen. Erinnert nicht die französische Politik, gerade wenn es moralisch am anfechtbarsten, jedesmal daran, daß Frankreich das Land der großen Revolution, geht mit den französischen Bajonetten nicht stets die Proklamation der Menschenrechte, die Phraseologie von 1793? Moskau selbst hat diesen Zauber empfunden, Moskau kennt die kaschierende Macht der Ideologie.

Daß die Nationalisten mit den «gelben Hunnen», mit der kaffebraunen Schmach in Marokko fraternisieren, versteht sich von selbst. Hier spielen überhaupt keine politischen Erwägungen mit, hier prädominiert die Freude an der Bewegung Es wird irgendwo geknallt, gestochen, geplündert, genotzüchtgt. Wenn die Franzosen erst Giftgas nach Marokko bringen und die Mauren zur Vergeltung alle Gefangenen skalpieren, dann wird das Glück vollkommen sein.

Dann gibt es noch eine dritte Spezies, gute Menschen, die sich damit abgefunden haben, daß Deutschland in den Völkerbund eintreten muß, und nun versuchen, in diese Tatsache einen Sinn hineinzubringen. Deutschland muß die Führung der Minoritäten übernehmen, sagen sie. Es ist ganz selbstverständlich, daß Deutschland irgendeine Führung übernehmen muß. Wozu ginge man auch sonst in den Völkerbund? Da höchstwahrscheinlich Bayern, das schon in Deutschland die Minoritäten führt, darauf bestehen dürfte, den Vertreter in Genf zu stellen, so braucht man leider nicht zu zweifeln, daß Deutschland immer bei der Minorität sein wird, wenn auch nicht gerade an führender Stelle.

Ja, man fühlt sich ausgeschlossen von den Händeln der Völker und ist traurig darüber. Das bißchen Zwist mit Polen langt kaum für die Hundstage. Man möchte mal wieder so richtig mitten mang sitzen... im Glashaus. Man möchte Scherben haufenweis sehen, eigene oder fremde, ganz egal.

Ist es nun wirklich so ein Unglück, einmal für ein paar Jährchen nicht mitmachen zu können? Das deutsche Volk hat seine Nichtbegabung für Weltpolitik mit unerhörter Auszeichnung bestanden. Der durchgefallene Schüler etabliert sich als Präzeptor, eröffnet eine Privatschule. Es ist sehr wohl möglich, daß die

Menschheit den deutschen Kulturanteil dringend benötigt, daß sie ohne die Mobilisierung unserer politischen Talente leben kann, das ist dagegen unglücklicherweise zur Evidenz bewiesen. Zudem hat der Globus heute einige verteufelt heiße Partien. Es dürfte zurzeit auf dem weiten Erdenrund viele Menschen geben, die Deutschland aufrichtig darum beneiden, daß es nichts damit zu tun hat.

Das Tage-Buch, 22. August 1925

Der kranke Imperialismus

Wieder Völkerbundsrat. Ohne böse Aspekte diesmal; ohne Krach im Hintergrund. Die Welt ist nicht ruhiger geworden, aber der Völkerbund geht an den Unruhen vorüber und beschränkt sich auf das Nichtaufregende. Mitteleuropa rückt mit der Behandlung der Saarfrage und des oberschlesischen Schulstreites ins Zentrum. Das Zusammentreffen Stresemanns mit Zaleski wird neugierig erwartet. Ob sich daraus für das künftige Verhältnis zwischen Deutschland und Polen Besserungen ergeben werden, bleibt abzuwarten. Überhaupt ist vor Prognosen zu warnen. Die gründliche Verhetzung in beiden Ländern nimmt den Außenministern die notwendige Ellbogenfreiheit. Versuchen sie, sich in Vernunft zu einigen, was für beide Teile Verzichte fordert, erwartet sie zu Haus ein Trommelfeuer von Beschimpfungen. Dennoch ist die deutsch-polnische Begegnung zu begrüßen. Aber für ein Völkerbundsprogramm ist das etwas mager. So vital diese Fragen für Mitteleuropa sein mögen, so drittrangig wirken sie neben Dem, was sonst auf der Erdkugel rumort. An die Brandstellen Asiens wagt der Völkerbund nicht zu rühren.

*

Der englisch-russische Konflikt um China zeigt die Politik Britanniens zum ersten Mal in der Defensive. Das Kabinett Baldwin steckt eine klatschende Ohrfeige wie die Entgegnung Litwinows auf seine Note ruhig ein, und selbst die lautesten Jingoblätter meinen, jetzt, wo auf beiden Seiten die Insultationen glücklich heraus seien, stünde einer weitern Unterhaltung in gesitteten

Formen eigentlich nichts mehr im Wege. Ja, Sir Robert Horne, das Finanzgenie der Stockkonservativen, führte sogar im Parlament aus, selbst der Abbruch der diplomatischen Beziehungen zwischen London und Moskau brauche das Geschäft nicht unbedingt zu gefährden. Beweis dafür sei Amerika, das die Sowjetregierung nicht anerkannt habe, ihre Agenten rücksichtslos aus dem Lande treibe und trotzdem einen größern Russenprofit aufweise als England, das Friedfertige.

Eine Lehre scheint der Krieg doch eingebleut zu haben: die Regierungen sind in Fragen des point d'honneur dickfällig geworden. Das Prestige wird nicht wichtiger genommen, als es ist. Ein Zehntel der zwischen London und Moskau gewechselten Grobheiten, ein Hundertstel der Vorfälle in Hankau und Shanghai hätten früher zum diplomatischen Bruch und zur Mobilmachung geführt. Dafür ist aber auch Englands Vormacht umstrittener als jemals. Bewaffnete Aufstände in den Kolonien hat das Imperium oft erlebt und stets überwunden. Doch dies Mal steht es einer irrationalen Gewalt gegenüber, die unsichtbare Feinde ins Feld führt. Die Völker wollen nicht mehr: das ist das Ganze. Indien erwacht aus jahrhundertelanger Indolenz; Chinas gestaltlose Sklavenmassen strömen aus dem Dunkel der Geschichte handelnd in die Welt von Heute und gewinnen Gesicht. England hat immer die Lockung seiner zivilisatorischen Formen für sich wirken lassen und die von seinen Generalen Besiegten kulturell aufgesogen. England nahm den Besiegten die Freiheit und gab ihnen dafür seine Kleider, sein Frühstück, seine Tauchnitzbände, seine politisch-ökonomischen Doktrine und seinen bürgerlich beruhigten Gott. Das alte Rezept beginnt zu versagen. England kollidiert mit Völkern, die immun sind gegen die verführende Gebärde seiner Denkungsart und seines Lebensstils. Jetzt versteht man erst, warum der deutsche Versuch zur Entthronung Albions so kläglich danebengehen mußte. Denn der deutsche Welteroberer trat dem englischen Weltbeherrscher nicht mit dem Willen zum Anderssein entgegen, sondern mit den Gefühlen neidischer Konkurrenz und als ungeschickter Kopist. Die kaiserliche Politik suchte den berühmten Platz an der Sonne wie der in die Halle des Hôtel Ritz verwehte Provinziale einen Stuhl: etwas verlegen und etwas wütend, und dabei voll Eifersucht auf diese furchtbar feinen Leute, die sich so ungezwungen bewegen, steif und gelassen zugleich, die mit einem Stirnrunzeln zehn Boys und den Herrn Direktor in Galopp bringen und sich mit den elegantesten Damen durch einen Blick verständigen. Es hat während des Krieges gewiß nicht an deutschen Versuchen gefehlt, Englands Satelliten aufzuwiegeln, aber was den pompösen Verheißungen Berlins nicht gelang, das erreicht die moskauer Propaganda heute spielend: denn hier ist eine neue Idee am Werk und nicht ein neuer Imperialismus. Stünde Britannien mit einer andern Großmacht im Kampf, Die könnte es bekriegen und vernichten. Doch sein Feind ist unangreifbar: in einem zähen Kleinkrieg revolutioniert er die Köpfe und lehrt die Menschen, die Dinge anders zu sehen. So gleicht die heutige Lage des Imperiums in manchem der des Römischen Reiches in seiner beginnenden Krise, als aus Wald und Steppe die Barbaren hervorbrachen und den civis romanus respektlos mit Knütteln totschlugen, weil sie nie die Suggestion dieses Begriffes an sich erfahren hatten.

*

Wie ist England für diesen unerhörten Kampf gerüstet? Seine Politik erscheint, im Gegensatz zu sonst, tastend und ein wenig zittrig. Austen Chamberlain hat sich zunächst zu einem dilatorischen Vorgehen entschlossen; die gewonnene Zeit soll zur Arbeit in Polen und den Randstaaten benutzt werden, um Rußland wieder in Europa zu beschäftigen. England verfügt heute über keinen Pitt oder Disraeli, aber die Männer, die es auszuspielen hat, sind sicher nicht schlechter als früher, und nur die veränderte Situation verkleinert sie. Churchill und Birkenhead, die Befürworter der gepanzerten Faust gegen Rußland, sind gewiß ebenso unbedenklich unternehmungslustig, so lebenskräftig und bulldoggenhaft wie einst die Minister Seiner Majestät, die durch Horatio Nelson die Flotte der dänischen Seemacht verbrennen ließen und den schutzsuchenden Bonaparte einfach nach Sankt Helena verfrachteten. Das ist eine politische Genialität, die in der Faust sitzt und ihren Triumph feiert, wenn sie den Gegner mitten auf die Nase trifft – die aber nicht ganz am Platz ist, wo es nicht gegen Armeen und Schiffe, sondern gegen die erwachte Dämonie eines Erdteils geht. Deshalb wirken die kriegerischen

Drohungen der Herren Minister nicht ganz ernst, etwas verjährt, und poltronhaft zudem.

Aber Englands Machtmittel und intellektuelle Gaben sind noch immer groß. Unvermindert war bis jetzt seine Kunst der Menschenbehandlung, seine Fähigkeit, ganz unerwartet Biegsamkeit an Stelle von Starrheit zu setzen. Der alte Lloyd George, nach scheinbar unaufhaltsamem Niedergang wieder zu Ansehen gelangt, attackiert die bellikosen Baldwin-Minister hart und verkündet laut, daß er die Patentlösung in der Tasche habe. Das konservative Regime wirtschaftet ab; innenpolitisch hat es schon verspielt. Der Imperialismus ist schwer krank, sein Kampf erscheint im Hinblick auf den Endeffekt hoffnungslos. Aber noch ist er wehrhaft, und in welchem Stadium wir uns befinden, das weiß kein Mensch. Das muß in aller Ruhe den deutschen Kommunisten gesagt werden, die weltpolitische Fragen im Lustgarten zu erledigen pflegen, und mit weniger Ruhe den knalldeutschen Stammtischen, die schon jetzt in Gedanken die endlich erlegte britische Midgardschlange als Rollmops verzehren. Der deutsche Spießer denkt nun einmal in Katastrophen; er sieht fortwährend Schicksalsstunden und Weltwenden, und das ist kein Wunder in einem Milieu, wo jeder kleine Vereinskrakehl sofort zur Götterdämmerung wird. Seit Stresemann angefangen hat, in Kontinenten zu denken, hat Chemnitz sein neues Gesellschaftsspiel gefunden. Die guten Leute sitzen beim Bier und reden was furchtbar Ernstes von transsibirischer Bahn und Pacific und Isthmus von Panama und tränken ihren geopolitischen Docht so lange, bis sie Isthmus mit Asthma verwechseln. Nein, das Drama Chinas taugt weder für lächerliche noch für ernsthafte Spekulationen. Blut wird dort vergossen, kostbares Menschenblut, und wenn unsre heißen Wünsche bei dem chinesischen Volk sind, so geschieht es, weil wir hoffen, daß Erbin dieses Freiheitskampfes nicht eine neue waffenstarrende Großmacht, sondern die ganze Menschheit sein wird.

Die Weltbühne, 8. März 1927

«Wer zögert da?»

Gegen den Militarismus

*Der Bau des Panzerkreuzers A – es handelte sich um ein Schlacht-
schiff im «Westentaschenformat», das stärker gepanzert und ar-
miert, aber langsamer ist als ein Kreuzer – wurde durch den Re-
gierungswechsel Ende Juni 1928 zum politischen Fall. Nach
einem Wahlsieg der SPD löste die Große Koalition unter dem
Sozialdemokraten Hermann Müller den bis dahin amtierenden
Bürgerblock ab, der die erste Rate schon beschlossen hatte. Aber
um einem von der sozialdemokratisch geführten preußischen Regierung initiierten Einspruch des Reichsrates zuvorzukommen,
hatte die alte Reichsregierung den Baubeginn bis zum 1. September ausgesetzt. Damit lag die endgültige Entscheidung bei der im
Juni neu zu wählenden Regierung, und die Berliner SPD hatte
freie Hand, im Wahlkampf mit der Parole: «Keine Panzerkreuzer, sondern Kinderspeisung!» zu agitieren. Die neue Regierung
beschloß am 10. August den Bau endgültig, nachdem der SPD-
Finanzminister Hilferding nach einer Besprechung mit Groener
am 20. Juli für die Finanzierung grünes Licht gegeben hatte. Dagegen erhob sich umgehend ein Proteststurm in der SPD, von
Ortsvereinen bis zum Parteivorstand, von Fraktionen und Lan-
desregierungen. Dennoch begann Groener ab 1. September mit
der formell unanfechtbaren Vergabe der ersten Bauaufträge. Im
Reichstag stimmte am 16. November die SPD-Fraktion ein-
schließlich ihrer Minister dagegen, blieb aber mit der KPD in der
Minderheit.*

*Ein Volksbegehren vom Oktober 1928, das die KPD zur Vor-
bereitung eines Volksentscheids gegen den Bau des Panzerkreuzers angestrengt hatte, wird von Ossietzky als Möglichkeit begrüßt, mit dem «perfiden Militarismus» endgültig abzurechnen.
Nur einzelne Pazifisten unterstützen das Begehren. Nach dessen
Scheitern lag die Entscheidung endgültig beim Parlament.*

Was in gängigen Darstellungen der Weimarer Republik in der

Regel nur am Rande behandelt oder als parteiünterne Querele abgetan wird, gewinnt bei Ossietzky beachtliche Dimensionen. Er wertet die Entscheidung für den Bau als Sieg militärischer Interessen, die mit einer gravierenden Verfassungsverletzung errungen wurde, nämlich mit der Verletzung der Richtlinienkompetenz des Reichskanzlers. Ob nun Groener, der sich als ein vom Vertrauen des Reichspräsidenten getragener Fachminister sah, während des Wahlkampfes hinter den Kulissen unverrückbare Sachzwänge geschaffen hat oder der wehrfreudige Reichskanzler Müller sich nur allzu bereitwillig zwingen ließ, ob der General gegen den Buchstaben der Verfassung verstieß oder nur gegen ihren Geist, sind spezifische verfassungspolitische Fragen, die an der Grundeinschätzung nichts ändern.

Als Ossietzky vor seinem Haftantritt im Mai 1932 wegen Landesverrats «Rechenschaft» ablegte, schrieb er vom «Primat des Militärischen in der Politik» als einem besonderen deutschen Problem (WB, 1932). Die Bekämpfung dieses Primats gab seinem Pazifismus eine besondere Färbung. Sein Pazifismus als Antimilitarismus war Teil seiner Verteidigung der Republik und ihrer Verfassung. Der Primat des Militärischen ist für ihn nur das Kernstück eines weiterreichenden Militarismus; in dem genannten Artikel führt Ossietzky außerdem den Glauben an den Krieg «als vornehmstes politisches Mittel», die Bejahung des Soldatentums «als die gelungene Höchstzüchtung menschlicher Tugenden» und die gedankenlose Gleichsetzung von Friedensliebe mit persönlicher Feigheit an.

Erst in einem dritten Artikel («Der Denkschreiber Wilhelm Groener», WB, 1929) ging Ossietzky auf die Maßnahme selbst, die maritime Aufrüstung, ein. Das Bekanntwerden einer Denkschrift Groeners, in der der Minister den Bau des Panzerkreuzers mit Plänen begründete, die auf eine maritime Vorherrschaft Deutschlands abzielten, zwang ihn, seine Ansicht über die militärische Harmlosigkeit des Kriegsschiffs zu revidieren. In Ossietzkys Augen wurde aus einem überflüssigen Prestigeobjekt ein gemeingefährliches Rüstungsvorhaben. Daß das Panzerschiff in der Wasserverdrängung deutlich größer geriet, als der Friedensvertrag erlaubte, blieb indessen Groeners wohlgehütetes Geheimnis.

Volksentscheid

Die kommunistischen Abgeordneten Münzenberg und Pieck haben ein Volksbegehren angemeldet: «Der Bau von Panzerkreuzern und Kriegsschiffen ist verboten.» Lothar Persius hat hier im vorigen Heft dargelegt, warum dieser Wortlaut nicht einwandfrei ist. Es ist kümmerlich, daß zwei Abgeordnete zusammen nicht imstande sind, einen sachgemäßen Antrag zu formulieren. Doch das ist nicht das Wichtigste, der Sinn dieses kurzen Satzes ist unmißverständlich und ist zu bejahen.

Zu einem kleinen Verweilen zwingt indessen die Prüfung der Legitimation zu solchem Antrag. Das Verlangen, jede Verstärkung der Kriegsmarine zu verbieten, was in praxi auch die heute vorhandenen maritimen Kriegsmittel wertlos machen würde, ist ohne Zweifel pazifistisch. Zu gleicher Zeit mit ihrer Propaganda dafür eröffnen die Kommunisten aber eine heftige Campagne gegen die deutschen Pazifisten, die fast den Verdacht offen läßt, als wollten sie sich gegen Sukkurs von dieser Seite sichern. Ich weiß, daß die Führer der KPD Gemüter ohne Arg sind und zu so viel Diabolismus gar nicht fähig. Doch ein Erfolg ist schon da: die Pazifisten halten sich abseits. Ein betrüblicher Entschluß. In der Politik kann auch der berechtigten Verärgerung nicht das letzte Wort zufallen.

Während die Kommunisten zu einer eminent pazifistischen Aktion trommeln, steht in ihrer Presse einiges dieser Art:

«Jedenfalls haben die Kommunisten niemals einen Zweifel darüber gelassen, daß sie keine Pazifisten sind... Der Pazifismus ist als politische Richtung kein Verbündeter der Arbeiterklasse, sondern ein Gegner.»

Oder:

«Unter den deutschen Pazifisten gibt es zweierlei Arten. Die einen reden den Herrschenden gut zu... Die andre Sorte von Pazifisten, teils als eigne Organisationen, teils als die offizielle Meinung der sozialdemokratischen Parteien, besteht darin, die Arbeiter überzeugen zu wollen, daß sie die pazifistischen Bestrebungen nach Schiedsgerichten und Verständigung, nach Abrüsten mit allen Kräften unterstützen müßten. Auch diese Sorte von Pazifismus ist ein Betrug, mag es auch mancher Pazifist, mancher «Kriegsdienstverweigerer» ehrlich meinen, persönlich ein mutiger Mann sein.»

Merci beaucoup. Aber nun frage ich: ist das Verbot, Kriegsschiffe zu bauen, etwa keine Abrüstung? Mein guter Freund, ich rat euch drum, zuerst collegium logicum…

Ich möchte trotzdem die gehaltvollen Deduktionen der roten Fähnriche nicht mit mehr Kopfzerbrechen behandeln als sie den Herren Verfassern selbst bereitet haben. Daß sich die Marinefreunde mit einem wahren Orgasmus von Genugtuung auf solche und ähnliche Zitate werfen, ist kein Wunder. Sie wären Esel, wenn sie es unterließen. Aber wir wären die größern Esel, wenn wir uns durch verstimmte Begleitmusik abhalten ließen, eine Sache zu verfolgen, die vernünftiger ist als einige ihrer Befürworter.

Herr Paul Loebe, der bei innern Schwierigkeiten der Sozialdemokratie eine Opposition mit dem sichtbaren Eichvermerk des Vorstandes zu stellen pflegt, hebt auch dies Mal die wattierte Protestlerfaust und versucht ganz nebenbei die unangenehme Diskussion auf einen angeblichen russischen Seemilitarismus abzulenken. In der ‹Welt am Abend› hat ihm Persius kürzlich nachgewiesen, daß seine Behauptung, die russische Seerüstung sei «größer und finanziell schwerer als die deutsche» nicht mit den Tatsachen in Einklang zu bringen sei. Loebe hat für Deutschland errechnet: sechs Linienschiffe, sechs Kreuzer, vierundzwanzig Torpedoboote und Zerstörer; U-Boote fehlen. Für Rußland: vier Linienschiffe, neun Kreuzer, siebenundvierzig Torpedoboote und Zerstörer, zwanzig U-Boote. Durch die Bemerkung «jetzt schon» deutet Loebe an, daß die russische Kriegsmarine Verstärkungen vorbereitet.

Demgegenüber erklärt Persius, der sich hier vor zwei Wochen ausführlich über den Stand der deutschen Kriegsmarine, über ihre Vorbereitungen und Reserven geäußert hat, daß auf keiner russischen Werft irgend ein Typ von Kriegsschiff oder Zerstörer oder Torpedoboot auf Stapel liegt, während Deutschland, von dem noch strittigen Herrn A abgesehen, jetzt 4 Kreuzer, 6 Zerstörer und ein kleines Torpedoboot zu erwarten hat. Nach dem von Persius zitierten «Taschenbuch der Kriegsflotten» von 1928 verfügt die Sowjetunion zurzeit über: 4 Linienschiffe, 1 Panzerkreuzer (vom Jahre 1906), 2 Geschützkreuzer, 1 Schulschiff, 36 Torpedoboote und Zerstörer und 10 U-Boote; die letztern sollen sich noch im Bau befinden.

Das russische Exempel langt also nicht zur Rettung der sozialistischen Minister, die ja sonst nicht grade eifrige Kopisten Moskaus sind. Überdies dürfen die gelegentlichen martialischen Reden einiger Sowjethäupter nicht darüber hinwegtäuschen, daß Rußland schon seine heutigen Rüstungen als finanziell schwer tragbar empfindet und heilfroh wäre, seine schwache Wirtschaft von dieser Last zu befreien. Wenn Litwinow in Genf nicht ohne selbstgefälligen Zynismus den radikalsten Abrüstungsantrag begründete, der je eingebracht wurde, wenn Tschitscherin jetzt ohne jede polemische Zutat den Beitritt zum Kelloggpakt anmeldet, so bedeutet das nicht einfach eine Vernebelung des diplomatischen Terrains, um sich desto besser in Heimlichkeit militärisch ausstaffieren zu können. Die russische Außenpolitik, obgleich oft kraus und intrigant, war doch immer von vitalen Notwendigkeiten bestimmt und niemals so weltbrüderlich, so todfeindlich gegen alle Bourgeoisstaaten gestimmt wie die reisenden Missionare der Dritten Internationale.

Gewiß, Rußland hat seine Rote Armee, ein sehr achtunggebietendes Heer – für Pazifisten oft ein Anstoß. Aber glaubt wirklich jemand, das Sowjetregime wäre nicht längst ekrasiert, wenn es sich nicht diesen Stachelpanzer geschaffen hätte...? Es fehlt eben für die Staaten der ganzen Welt noch die Gleichheit der Voraussetzungen. Was Rußland gerettet hat, wäre Deutschlands Verderben geworden. Eine Befolgung des russischen Beispiels hätte zu Invasion, Auflösung und Ende der staatlichen Existenz geführt. Gleichheit der Voraussetzungen für Alle zu schaffen ist die Aufgabe von Heute. Die gereizte Machtgebärde der Großen ebenso zu entwaffnen wie die nicht minder gefährliche Angstneurose der Kleinen, darum geht es. Noch halten sich Friedenspakte und Kriegsbündnisse die Waage.

Deutschland hat einen beachtlichen Vorsprung. Es ist, im Sinne des versailler Vertrages, entwaffnet. Lassen wir hier beiseite, was in seiner Metallindustrie, in seinen hochgezüchteten chemischen Werken, in seiner vorzüglich entwickelten Aviatik etwa an Wehrpotenzen zu mobilisieren wäre. Im Sinne des Vertrages ist Deutschlands Rüstung abmontiert und verschrottet. Aber noch zittert um die einstmals kompakteste Militärmacht das Mißtrauen, und der kleine Finger wirkt hier bedrohlicher als bei andern die breite Pranke. Der deutsche Schlachtengott ist exiliert, aber seine Altäre stehen noch, und sein Kult geht in feierlicher Verbissenheit weiter. Wir haben jetzt die einzige und unwiederbringliche Gelegenheit, ihm den stets reichlich gespendeten Obolus zu versagen. Das Referendum gegen die Panzerkreuzer wird den deutschen Friedenswillen mächtiger bekunden als eine Unterschrift in Locarno oder Paris. Der Panzerkreuzer ist militärisch eine Lappalie, gefährlich nur als Eröffnung einer Serie. Aber der Kampf darum zeigt, daß Deutschland nicht eine Renaissance seiner Militärmacht will, daß es die Wiederkehr einer gottseidank versunkenen Glorie nicht einmal im Miniaturformat wünscht. Die europäische Resonanz mag den Kommunisten gleichgültig sein. Aber in der Tat arbeiten sie für das, was ihre Artikelschreiber verfluchen.

Ob der Volksentscheid aussichtsvoll ist oder nicht, mag spätere Sorge sein. Zunächst müssen die vier Millionen Stimmen für das Volksbegehren aufgebracht werden. Mögen die Kommunisten auch wenig einladend offerieren, es ist nicht ihre Sache allein, und es gilt im Notfall sogar, den Sinn der Sache gegen die Veranstalter zu verteidigen. Es geht darum, endlich jenen perfiden Militarismus zu treffen, der tausend Mal bankrott und kompromittiert, immer wieder den Weg durch die Seitentüren gefunden hat. Er schoß als Mörder aus dem Hinterhalt, er wütete in Geßlers schwarzer Klapprothgarde, er lächelte verständnisinnig um Seeckts versiegelte Lippen, er schlug seine persiflierenden Kapriolen in Lohmanns Betriebsamkeit, er übertölpelte, mit dem harmlosen Papier eines parlamentarischen Mehrheitsbeschlusses gedeckt, ein paar kompromißselige sozialistische Minister. Vielgestaltig und gut maskiert hat er sich immer wieder in die erste Reihe gespielt, vernünftige Handlungen verhindert, dem Staat das Odium der Unehrlichkeit und des Vertragsbruches verschafft und eine Krise nach der andern verschuldet. In zehn

79

Jahren ist er die geheime Krankheit, der Tumor am Hirn der Republik gewesen. Wir haben ihn oft entlarvt, seine Schliche aufgedeckt, seine Finten durchkreuzt. Wir haben ihn oft zum Rückzug gezwungen, aber nie wirklich getroffen. Zum ersten Mal sind wir ihm ganz dicht an der Gurgel. Wer zögert da?

Die Weltbühne, 11. November 1928

Groeners beinahe legaler Putsch

Dem alten Marschall ist eine große Freude widerfahren: er hat zum ersten Mal seit Masuren wieder einen Sieg errungen. Daß es kein Sieg in offener Feldschlacht war, sondern nur ein paar hundert Parlamentarier in die Sümpfe getrieben wurden, wird die Genugtuung nicht mindern. Denn der Deputiertenrock war von jeher der Erzfeind der Militärs. «Gegen Demokraten helfen nur Soldaten», so hieß es früher und bewährt es sich noch heute.

Wie bei Tannenberg Ludendorffs planender Kopf, entschied Wilhelm Groeners durchgreifende Forschheit die Schlacht um den Panzerkreuzer. Er ist der Stabschef dieses glorreichen Sieges über die demokratische Konstitution.

Herr Groener ist das liebste Ziehkind der republikanischen Parteien. Er war für viele Demokraten und Zentrumsmänner der republikanische Säulenheilige, der liberale General, der durch sein Bündnis mit Ebert das erste Fundament der jungen von Parteikämpfen durchschüttelten Republik geschaffen hat. Er ist auch für einen großen Teil der Sozialdemokraten der einzig denkbare Wehrminister. Diesem Glauben oder Aberglauben verdankt Herr Groener seine überragende Position, und deshalb ist ihm auch ein Pronunciamiento gegen die demokratische Republik gelungen wie noch keinem der offenen Putschisten vor ihm. Keiner hat bisher die Patentlösung gefunden: mit leidlich legalen Methoden alle zivilen Instanzen zu vergewaltigen. Die Generale Kapps sind gestorben und verdorben. Hans von Seeckt vertreibt sich seine tatenlose Emeritierung mit dem Gedanken an gehängte Pazifisten. Exeunt – – finis. Was keinem von ihnen völlig glückte: die Niederzwingung der Parlamente unter den Willen der Militärs, die rücksichtslose Zertrampelung der Verfassungsbuchstaben, und alles mit beinahe legalen Mitteln, das hat dieser Veteran der süddeutschen Gemütlichkeit erreicht.

Ein Pronunciamiento nennt man in den Ländern spanischer Zunge einen Generalsputsch. Was Herr Groener getan hat, verdient kaum einen andern Namen. Gewiß wird er, der Roland der bürgerlichen Republik, sein rundlichstes Lächeln aufsetzen, wenn man ihm vorwerfen wollte, er habe illegal gehandelt, als er sehr opulente Vorbestellungen auf eine noch gar nicht bewilligte Rate machte. Er hat sich in einer durch W.T.B. verbreiteten Verlautbarung auf die Haushaltsordnung berufen, aber dabei einen entscheidenden Satz der Verfassung außer Acht gelassen, den Artikel 56 nämlich: «Der Reichskanzler bestimmt die Richtlinien der Politik und trägt dafür gegenüber dem Reichstag die Verantwortung. Innerhalb dieser Richtlinien leitet jeder Reichsminister den ihm anvertrauten Geschäftszweig selbständig und unter eigner Verantwortung gegenüber dem Reichstag.» Es war nicht zu besorgen, daß bei Hermann Müller diese Richtlinien allzu rigoros ausfallen würden, aber Herr Groener baute energisch vor, um selbst die Richtlinien zu bestimmen und etwaigen Widerspruch des Reichstags durch vollzogene Tatsachen irrelevant zu machen. Mindestens seit Mitte August wußte jeder, daß der Panzerkreuzer nochmals den Reichstag beschäftigen und die sozialistischen Minister ihre Stellungnahme revidieren würden. Dann lief das kommunistische Referendum. Nach dessen Niederlage kam der sozialdemokratische Antrag auf Aussetzung des Baus. Damit war der Panzerkreuzer keine interne Ressortsache mehr, sondern ein Gegenstand der allgemeinen Politik. Doch was auch geschah, Herr Groener ließ sich nicht stören und baute an seinem Kreuzer weiter wie Aristides an den Mauern von Athen. Es war ein Wettkampf zwischen Gesetz und Gesetzesverachtung. Das Gesetz lief langsamer.

Trotzdem konnte Herrn Groener nicht entgehen, daß der Endkampf zweifelhaft war. Die Sozialdemokraten in Wallung, die Mittelparteien überwiegend zur Ablehnung geneigt. An den militärischen Wert des Panzerkreuzers glaubten schließlich nur noch die Kommunisten, hypnotisiert von den eignen Parolen. Der Herr Minister sah seine flottbewimpelte Fregatte langsam absaufen und spielte die stärkste seiner Künste aus: er kurbelte den Reichspräsidenten an. Herr v. Hindenburg machte den Kreuzer zur eignen Sache, und es zeigte sich, daß dem greisen Marschall die Republik wie eine Badekur bekommen war. Er trumpfte mit größter Energie. Die Grundpfeiler des juste milieu wankten, nicht nur der Kriegsminister drohte mit Demission, auch das Oberhaupt des Reiches schien sich ihm anschließen zu wollen. Das hilflose Kabinett faßte keinen bindenden Entschluß: es gab für seine Mitglieder die Abstimmung frei.

So boten die beiden entscheidenden Reichstagssitzungen ein Bild jämmerlichster Anarchie, einzigartig selbst in der an Unglücksfällen so reichen Geschichte der Parlamente. Groener wollte seinen Kreuzer haben, sonst… Das war sicher. Die Abgeordneten mußten etwas einem Kampfe Ähnliches agieren, ohne sich und andre im Gedränge zu verletzen. Peinigende Ungewißheit für Talente, die nur fürs Volksstück langen und nicht für die spitzere Komödie. So ergaben sich die Seelenqualen des Lanzelot Gobbo: «Mein Gewissen sagt: ‹Nein, hüte dich, ehrlicher Lanzelot, lauf’ nicht, laß das Ausreißen bleiben!› ‹Marsch!› sagt der Feind, ‹fort!› sagt der Feind, ‹um des Himmels willen ermanne dich›, sagt der Feind, ‹und lauf!› Mein Gewissen ist gewissermaßen ein hartherziges Gewissen, daß es mir raten will, zu bleiben. Der Feind gibt mir einen freundschaftlicheren Rat: ich will laufen! ich will laufen!» Das Gewissen sprach durch den dunklen Bariton des Genossen Otto Wels, es verpaßte die Stichworte und redete sich in einen Aufwand hinein, der in Haberlands Festsälen, zwischen Lagerbier und Bockwürsten, mit Applausdonner honoriert wird, hier aber das feinere Empfinden verletzte, das sich bereits fürs Davonlaufen entschieden hatte. Herr Wels erinnerte wenig taktvoll an den neuen Ruhrkampf und die unerfüllten sozialen Aufgaben. Was, die Mittelparteien hätten kein Herz fürs Volk? Das war wider die Abrede. Das wurmte. Zentrum und Demokraten erklärten die Lage für gespannt. Die Revolver wurden entsichert. Stegerwald ging um.

Und was jetzt geschah, war ein Einfall von abgründiger Perversität, doppelt unverständlich bei der Phantasielosigkeit unsrer Fraktionspräsiden. Man ist gewohnt, daß zur Begründung eines Umfalls gewöhnlich die schon im Ausgedinge verdämmernden Invaliden hervorgeholt und abgestaubt werden, um ein paar Albernheiten zu stottern, für die eine bessere Garnitur zu schade ist. Demokraten und Zentrum entschieden sich dies Mal für das umgekehrte Verfahren: sie sandten, um der Sozialdemokratie den Text zu lesen, nicht ihre indifferentesten, sondern ihre markantesten Leute vor, ihre Revoluzzer, ihre Marathonmannschaft. Grade diejenigen, die oft und oft mit der Sozialdemokratie paktiert hatten, waren heute auserkoren, sie mit Skorpionen zu züchtigen.

Natürlich hatten die sozialdemokratischen Minister schärfsten Tadel verdient. Sie hatten entgegen allen Wahlversprechen den Panzerkreuzer im Kabinettsrat vom 10. August ruhig passieren lassen, und waren nachher von dem Sturm in der eignen Partei wieder in die ursprüngliche Opposition zurückgeweht worden. Aber zur Entrüstung nicht berechtigt waren diejenigen, die bis zu Groeners Machtwort selbst entschlossen waren, nunmehr endgültig gegen den Weiterbau zu stimmen.

Für eine der Beredsamkeit des Herrn Fischbeck angepaßte Aufgabe bestellten die Demokraten Ernst Lemmer, den Radikalsten der Radikalen, der sonst immer aus der Reihe zu tanzen pflegt. Herr Lemmer kämpfte mit Todesverachtung alle Skrupel nieder, ohne aber selbst in dieser mechanten Mission zu vergessen, daß er auf der politischen Bühne nun einmal das Rollenfach Hans Brausewetters innehat: den frischen Jungen. So brachte er es übers Herz, als bestellter Befürworter der lächerlichsten und dümmsten Kneiferei einen Protest der Jugend gegen die Mächeleien der eingefrorenen Berufspolitiker zu formen; mit echt brausewetterscher Frische sprudelte er los für Gradlinigkeit und Einfachheit in der Politik – und das als Verteidiger eines verteufelt krummen Handels. Joseph Wirth dagegen entdeckte plötzlich, daß der Feind sich links aufhält. Lockt der Vizekanzler so sehr –?

Herr Groener kann mit seinem Erfolg zufrieden sein. Er hat allen Widerstand fortgefegt. Keiner der Redner fand die richtige Zurückweisung für die Anmaßung eines Generals, der seinen Willen gegen die Ergebnisse einer Reichstagswahl, gegen die Auffassung der heutigen Mehrheit des Reichstags durchdrückt. Herr Groener hat Boulangismus gemacht, wenn er auch in seiner alemannischen Jovialität nicht viel von dem bunten Chanteclair der französischen Revanchards an sich hat; Boulanger mit Spätzle.

«Der Reichskanzler bestimmt die Richtlinien der Politik...» Der Reichskanzler hat die Richtlinien nicht bestimmt, sondern es jedem überlassen, in seiner Art vor dem Kriegsminister zu kapitulieren. Sein Ausweg, die Entscheidung dem Gutdünken der einzelnen Minister zu überlassen, ist der Tod der parlamentarischen Demokratie. Einmal war Herr Hermann Müller auf der rechten Fährte, als er in einer Anwandlung von Sarkasmus dem hohen Hause zurief, man möge ihn doch stürzen. Herr Müller weiß, wo die Wurzeln seiner Macht liegen, aber er ist zu höflich, um über einen andeutenden Scherz hinauszugehen. Die Furcht vor Neuwahlen steckt allen Parteien in den Knochen. Der Kanzler hat diskret gedroht, der Kriegsminister überdeutlich. Der Kriegsminister hat gesiegt.

Die Sozialdemokratie ist kreuzbrav geblieben, und nachdem sie diese Pferdekur lebendig überstanden hat, rücken endlich die Paradieseswonnen der Großen Koalition in greifbare Nähe. Die Verschnittenen läßt man ruhig im Serail, Tag und Nacht. Gegen ein geselliges Zusammensein liegen keine Bedenken mehr vor.

Die Weltbühne, 20. November 1928

«So wird der nächste Krieg sein!»

Der Giftgaskrieg war eine der Schreckensvisionen der 20er Jahre. Die Militärs sahen im Giftgas, wie in jeder Effizienzsteigerung des Tötens, ihre Art von Fortschritt. Vielen Zivilisten wurde an ihm bewußt, daß im nächsten Krieg die schon im letzten gelegentlich aufgehobene Trennlinie zwischen Front und Heimat nicht mehr bestehen würde. Allenthalben wurde nach Produktionsverboten und -kontrollen, etwa durch den Völkerbund, gerufen, und doch wollte keine Großmacht es versäumen, an diesem «Fortschritt» teilzuhaben.

Eine Diskussion im Nachbarland Holland über die Abrüstung des niederländischen Heeres nahm Ossietzky 1924 zum Anlaß, sich erstmals öffentlich mit dem Giftgaskrieg auseinanderzusetzen. Am 30. September 1924 hatte in Den Haag eine auch international weitbeachtete Debatte zwischen dem ehemaligen Oberbefehlshaber der niederländischen Armee, General C. J. Snyders, und dem freisinnig-demokratischen Senator van Embden stattgefunden, der durch mehrere Arbeiten über den zukünftigen Giftgaskrieg hervorgetreten war und mit der Forderung nach Abrüstung in den holländischen Wahlkampf für das Jahr 1925 ging. Die Debatte war im niederländischen Rundfunk übertragen worden; die Berliner Zeitungen berichteten Anfang Oktober 1924 ausführlich über das Rededuell, das zugunsten des Pazifisten van Embden ausging. Ossietzky wendete die Debatte im Nachbarland auf deutsche Verhältnisse, die mit den verbreiteten Gelüsten zur «Revanche» gegenüber Frankreich, wie er seinen Artikel im Titel nannte, sogleich erschreckend bedrohlichere Dimensionen angenommen hatten.

Den zweiten Artikel über Giftgas schrieb Ossietzky anläßlich der Hamburger Katastrophe von 1928, bei der ein Kessel mit dem Giftgas Phosgen explodierte. Zwölf Menschen wurden getötet und Hunderte verletzt. Nur günstige Winde verhinderten, daß es

Hunderttausende traf. In der öffentlichen Auseinandersetzung, die der Katastrophe folgte, kamen nach und nach alle jene Verursacherelemente zutage, die aus den vergleichbaren Skandalen der Gegenwart nur allzu bekannt sind: wissenschaftliche Forschung im Dienste rücksichtsloser Profit- und Machtinteressen, Hilflosigkeit der Wissenschaftler gegenüber den Folgeerscheinungen ihrer Produkte, fehlende Kontrolle durch örtliche Aufsichtsämter, Verletzung von internationalen Verträgen durch Privatfirmen im Schutz staatlicher Geheimhaltung, gezielter Ausschluß bzw. Täuschung der Öffentlichkeit.

Ossietzky ist den Hintergründen und dunklen Verflechtungen der Giftgaskatastrophe auf dem Gelände der Hamburger Firma Stoltzenberg detailliert nachgegangen, insbesondere der illegalen Zusammenarbeit der Reichswehr mit der Sowjetunion, die von 1923 bis 1926 währte. Stoltzenberg hatte in der Sowjetunion eine Phosgenfabrik bauen sollen. «Stoltzenbergs Giftgas», von dem im Mai 1928 allenthalben in der deutschen Presse die Rede war, blieb noch 50 Jahre später bis in die jüngste Vergangenheit hinein ein vertrauter Begriff. Am 6. September 1979 starb ein kleiner Junge an Chemikalien, die er auf dem Gelände der Hamburger Firma Stoltzenberg gefunden hatte. In der dadurch ausgelösten Untersuchung wurde öffentlich aufgedeckt, was den Behörden längst bekannt war, daß dort – nach wie vor, müssen wir heute wohl hinzufügen – einige der schlimmsten Giftgase aus dem 1. und 2. Weltkrieg gelagert waren. Wie unvermindert brisant und aktuell Ossietzkys Artikel «Gasangriff auf Hamburg» aus dem Jahr 1928 geblieben war, dokumentierte auch Alexander Kluge im Dezember 1979, als er Ossietzkys Text kommentarlos unter der Rubrik «Rohstoff, Nachrichten» seiner Textmontage «Die Patriotin» abdruckte.

Revanche

Im Haag hat in vergangener Woche eine öffentliche Diskussion über die Abrüstung stattgefunden zwischen einem pazifistischen Demokraten und dem früheren Oberbefehlshaber der holländischen Armee. Der General hat nicht gut abgeschnitten, hat im wesentlichen Generalsargumentationen ausgespielt, also... Aber wir wollen nicht über holländische Generale splitterrichtern. Sie sind uns räumlich fern und eben auch nur Generale. Aber ein Ruhmeskranz für sich gebührt doch diesem Herrn Snyders, der sich einem ganz gewöhnlichen pazifistischen Gelehrten zur öffentlichen Auseinandersetzung stellte, der mit ihm auf offenem Markte stritt, ganz so, als wäre das ein Mensch. Man denke sich bei uns etwa ein Rededuell zwischen Herrn von Seeckt und Quidde oder Gerlach. Herr von Seeckt zieht es einstweilen vor, den Verkehr mit genannten Herren durch Herrn Ebermeier besorgen zu lassen.

So freundlich sich also in einer Hinsicht der holländische General von seinen deutschen Kollegen abhebt, in einem hat er in dieselbe Kerbe gehauen. Er ist ungemein zufrieden mit den sich immer erweiternden Möglichkeiten des chemischen Krieges. Er sieht darin eine Humanisierung. Je härter, desto kürzer, desto besser. Wir kennen das Lied. Auch der gute, alte Hindenburg hat es häufig genug Interviewern vorgesungen. Es muß ohne Zweifel angenehmer sein, erstickt als durchlöchert zu werden.

Auch in Deutschland hat der technische Krieg seine Bewunderer. Alte Generale, die in ihrer Kadettenzeit noch mit Steinschloßpistolen hantiert haben, predigen begeistert die frohe Botschaft des Bromazeton oder Chlorpikrin. Wir sind doch modern. Wir machen spielend den Übergang von der schimmernden zur stinkenden Wehr. Und wenn die französische Revanche von 1914 noch in roten Hosen vor Mülhausen erschien, die deutsche Revanche von 19?? wird im schlichten Kittel des Kammerjägers aufs Blachfeld treten und als Standarte das Plakat einer Insektenpulver-Fabrik führen.

In einer Philippika gegen Deimling schrieb vor ein paar Monaten in der «Kreuzzeitung» ein tapferer alter Heerführer die beherzigenswerte Mahnung: Nur keine Aufregung von wegen

Gas! Zugleich mit den Angriffswaffen schafft die Technik auch Abwehrmittel. Wenn die Giftgase erst so hübsch populär geworden sind, dann wird auch die Gasmaske so allgemein geworden sein wie heute der Regenschirm.

Das ist Gehirnschwund, wenn auch mit mildernden Umständen. Diese martialischen Greise treiben die Eisenfresserei, richtiger Gasschluckerei, in einer Weise, die einen Schimmer versöhnender Komik auf die traurige Profession wirft. Die französische Revanche war eine üble Petroleumhexe, eine rothaarige, hysterische Metze mit frech entblößten Brüsten. Die deutsche Revanche ist eine hochgeschlossene, spinöse Stiftsdame, der der Regenschirm besser steht als die Tricolore. Sie mag sich noch so sehr ereifern, mit dem Regenschirm erhitzt man keine Männer.

Nachts um die zwölfte Stunde verläßt der Tambour sein Grab. Aber er denkt nicht daran zu trommeln, beileibe nicht. Ein Blick auf die Rachegöttin, und er kriecht mit scheppernden Knochen in den Hades zurück.

Das Tage-Buch, 11. Oktober 1924

Gasangriff auf Hamburg

In der ‹Weltbühne› vom 6. September 1927 (Nummer 36) nannte Oliver unter den Herren, die 1923 an den rechtsradikalen Umtrieben der Marinestation Ostsee teilhatten, auch einen ehemaligen Leutnant v. Borries. Dieser Herr v. Borries betrieb mit seinem Bruder in Holstein eine Milchkonservenfabrik, die eines üblen Tages in Konkurs geriet. Mit Hilfe der jungen Männer einer bekannten republikanischen Organisation rettete der eine der Brüder nächtlich seine Möbel über die dänische Grenze, indessen der zweite im Lande verblieb und die Milchkonserven mit einem andern Volksernährungsmittel vertauschte. Er wurde auf dem Wege über den Landbund Handelsbevollmächtigter jener «Gefu», die sich dann «Wiko» nannte und in Berlin W. 62, Kleiststraße 11 das historische Waffengeschäft mit Rotrußland betrieb, während im gleichen Hause die «Mologa» der Herren Joseph Wirth und Ludwig Haas sich vergebens abmühte, mit etwas zivilern Waren auf den grünen Zweig zu kommen. Das war damals die große Zeit der östlichen Orientierung. Heute taucht der ehemalige Büchsenmilchfabrikant wieder als Vertreter einer «Müggenburg G.m.b.H.» auf, die im hamburger Hafen eine Quantität Phosgen zu stehen hat, die nach Meinung Sachverständiger hinreicht, um ganz Norddeutschland auszuräuchern. Zwar liegt ihm jetzt nicht viel an seinem Besitzerrecht – da spielt noch ein Kriegschemiker Doktor Stoltzenberg mit, der unter Geschäftsaufsicht steht –, aber die Besitzverhältnisse sind überhaupt noch dunkel, und ziemlich klar ist nur, daß von dieser neuen Gesellschaft des Herrn v. Borries die Spuren zurück zur «Gefu» führen, jener berüchtigten Reichswehrzentrale. Leider bleibt die große Presse wieder die Zusammenhänge schuldig. Man liest lamentable Erzählungen des Herrn Doktor Stoltzenberg, der bejammert, daß man ihn um sein kostbares Gut betrogen habe. Man vergißt darüber, daß das in der Nachbarschaft menschlicher Wohnungen lagernde Teufelszeug seit Jahr und Tag ständige Todesgefahr über die zweitgrößte deutsche Stadt brachte – was die Zeitungen präsentieren, ist «Ein deutsches Erfinderschicksal», Ballade mit Leiermusik.

Wieder müssen die außenpolitischen Rücksichten herhalten, um eine radikale innere Entseuchung zu verhindern. Gewiß ist die Erregung draußen nicht gering. Besonders in Amerika schlägt man harte Register an. Verklungen ist Herrn Schurmanns «Old Heidelberg, dear city», vergessen das Verbrüderungskarmen beim Fliegerempfang – wären sie am vergangenen Montag angekommen, es hätte eine selbst Hünefelds Monokel erschütternde Szene gegeben –, und in den new yorker Blättern findet man bedenkliche Reminiszenzen an die Zeit des «Lafayette, wir kommen!» Eine eindringliche Demonstration gegen die neuerdings beliebte Überbewertung von gesellschaftlichen Ereignissen internationalen Charakters. Die neue Internationale der Festessen wird auch nicht schaffen, was die der Darbenden versäumte.

Wenn aber jetzt drüben gleich nach Völkerbundskontrolle verlangt wird – mit Verlaub, meine Herren, woher bezöge der Völkerbund die moralische Legitimation, dies Richteramt auszuüben? Und sind nicht auch amerikanische Firmen als Abnehmer dieser Handelsware benannt worden? Es bleibt nur der Appell an den Völkerbund, das allgemeine Verbot zur Herstellung von Kampfgasen endlich auszusprechen. Deutschland aber hat die Pflicht, unabhängig von dem, was die Andern tun und sagen, den letzten Ursachen der hamburger Katastrophe nachzugehen. Kein Zufall, daß die grade in diesem Hafen eintrat, denn hier ist seit geraumer Zeit ein Hauptstapelplatz des internationalen Waffenschmuggels. Und auch die glücklichen Inhaber dieser Gastanks wußten wohl, warum sie sich nach Hamburg wandten, wo ihnen die hanseatische Munificenz nicht nur einen Lagerplatz zur Verfügung stellte, sondern auch weiterzige Aufsicht zukommen ließ. Wenn man bestimmten Gerüchten Glauben schenken darf, hat das Gas wiederholt den Besitzer gewechselt, und einer davon soll ein bekannter Inflationsmagnat gewesen sein, dessen politischer Ehrgeiz ihn in sehr hohe Regionen brachte. Dieser Gute soll einmal in Freundeskreisen das Rätselwort fallen gelassen haben: «Gestern habe ich 40 Kühe bezahlen müssen…», und erst viel später dämmerte den Hörern der Sinn auf, als sie erfuhren, daß er ein jüngst aufgekauftes militärisches Lager wieder abgestoßen habe.

Von kompetenter Seite sind Zweifel ausgesprochen worden, ob man es hier überhaupt mit Phosgen zu tun, das eine gelbliche Färbung aufweise, während das ausgeströmte Gas ganz farblos gewesen sei, es sich hier also um einen noch unbekannt gebliebenen wissenschaftlichen Fortschritt handle. Man wird richtig tun, sich nicht von amtlichen Beschwichtigungen einnebeln zu lassen. Stellen doch zurzeit auch militärisch geschulte Köpfe Erwägungen an, ob nicht zum Beispiel auch das Raketenauto sich etwa für Kampfzwecke verwenden lasse. Zur Ehre des Herrn Fritz von Opel sei gesagt, daß er sich mit den Leuten nicht eingelassen hat. Jedenfalls hat diese Giftgasattacke auf die große Stadt Hamburg, herbeigeführt durch die unverantwortliche Dummheit von Behörden und die verbrecherische Geschäftemacherei kommerzbegabter Exmilitärs eine Note schrecklich einleuchtender Pädagogik: – So wird der nächste Krieg sein! So wird es sein! Was sich da an der Grenze trister Arbeitervororte abspielte, das war gewiß viel weniger als eine Generalprobe, aber wer nicht von Gott geschlagen ist, wird den Sinn verstehen. Friedliche Menschen werden plötzlich mit verzerrten Gesichtern hinsinken, andre, die sich durch Flucht zu retten suchen, sich durch die eilende Bewegung nur schneller erschöpfen und mit giftgedunsenen Lungen fallen. Die freiheitlichen Jugendverbände Hamburgs rüsten zu einer großen Agitation. Möchten sie gehört werden! Die Kommunisten sind nicht dabei. Für sie hat ihr Redner in der hamburger Bürgerschaft diese markante Erklärung abgegeben: «Wir geben ohne weiteres zu, daß die Erzeugung der Giftgase notwendig ist zur Verteidigung Sowjet-Rußlands gegen die imperialistischen Mächte. Es ist außerdem selbstverständlich, daß die Sowjetregierung mit den kapitalistischen Staaten Wirtschaftsbeziehungen anknüpfen muß, um Phosgen für medizinische und industrielle Zwecke zu erhalten.» Man sollte nicht zu hart sein mit diesem armen Schlucker, den mißverstandene Treue zu Moskau im Schlingkraut so jämmerlicher Rabulistik verstrickt. Nur darf man nicht fragen, was der Mann dazu sagen würde, der der Gründer seiner Partei war und als Erster in Europa mitten in einem siegesrasenden Land die Faust erhoben hat gegen den Krieg, gegen den Krieg.

Die Weltbühne, 29. Mai 1928

«*Der einstige Elan ist fort*»

Wer kämpft noch gegen den Kapitalismus?

Ossietzky war kein Sozialist im Sinne einer der theoretischen Richtungen der Arbeiterbewegung wie etwa des Marxismus oder des Lassalleanismus. Sozialismus war für ihn die weitestgehende Bestimmung für einen sozialen Fortschritt, ohne den eine demokratische Republik nicht ihrer Idee entspricht und nicht von Dauer sein kann. Daß die Entfaltung der Demokratie in einer kapitalistischen Gesellschaft an strukturelle Grenzen stößt, war ihm ebenso bewußt wie der Widerspruch zu demokratischen Prinzipien, in den ein auf Parteiherrschaft und Staatsbürokratie gegründeter Sozialismus geraten muß. Anfang der 20er Jahre glaubte Ossietzky noch, zur politischen Kraft für die Verwirklichung der politischen und sozialen Demokratie könne sich ein Linksblock von sozialistischen und linksliberalen Republikanern entwickeln; diese Hoffnung zerschlug sich jedoch bald, als nach den Wahlen im Dezember 1924 sich eine bürgerlich-konservative Regierungskoalition bildete und im folgenden Jahr der ehemalige kaiserliche Generalfeldmarschall Hindenburg zum Reichspräsidenten gewählt wurde. Bereits im Jahre 1920 hatte Ossietzky konstatiert, daß ein Zusammengehen der Arbeiterparteien nicht in Aussicht stand, so daß ihm nach 1924 nur die Hoffnung blieb, die nach wie vor organisatorisch mächtige und an Mitgliedern starke SPD werde sich in der Opposition zur Aufbaukraft der Demokratie regenerieren. Daß dies nicht geschehen war, bestätigte ihm der Verlauf des Kieler Parteitags von 1927.

Sein Vergleich der Partei von 1927 mit derjenigen vor dem «Sündenfall» im August 1914, als die SPD den Kriegskrediten zustimmte, stellt die Differenz von offensiver Opposition damals und defensiver seit 1924 heraus. Der Vergleich ist verbunden mit persönlicher Reminiszenz: Ossietzky hatte als junger Mann an einer Großveranstaltung in Hamburg mit dem greisen

*August Bebel teilgenommen, und seine Sympathie für die Sache
der Arbeiterbewegung gründete nicht zuletzt in diesem Erlebnis.
Die kraftvolle und offensive Opposition der alten SPD war durch
eine starke Autoritätsstellung der Parteiführung einerseits und
offenen Austrag der Gegensätze zwischen den Flügeln andererseits
nicht behindert worden. Demgegenüber ersetzte die Parteiführung der 20er Jahre ihr mangelndes geistiges Profil durch ständige Disziplinierungsbestrebungen gegenüber den Linken und
der Jugend sowie durch ein Übermaß an Abgrenzung gegenüber
den Kommunisten.*

*Ossietzky hat seine Kritik an der SPD nach deren Wiedereintritt
in die Regierung 1928 noch verschärft, weil sie seiner Auffassung
nach nicht einmal ihrer Minimalrolle als Verteidigerin der bedrohten Republik gerecht wurde: «Die Sozialdemokratie kann nicht
von heute auf morgen den Sozialismus verwirklichen. Das verlangt niemand von ihr. Der Spielraum rein sozialistischer Aktivität
ist sehr eng. Noch bestimmt der Hochkapitalismus alleinherr-
schend die Wirtschaft, und selbst der proletarische Klassenkampf
bedeutet keine aggressive, sondern nur eine defensive Maßnahme.
Hat aber die Sozialdemokratie schon den Verzicht auf den Kampf
um sozialistische Ziele für diese Gegenwart ausgesprochen, so hat
sie damit in um so stärkerem Maße die Verpflichtung, für die
Eroberung und Verteidigung des demokratischen Staates zu sorgen. Dogmatisch, unerbittlich, kompromißlos und zähe muß sie
für die Realisierung jener Verfassung kämpfen, die sie so stolz für
die freieste der Welt erklärt. Und hier liegt ihr unverzeihliches
Vergehen an der Republik.» (WB, 1929) Die schon anläßlich des
Kieler Parteitags ausgesprochene Mahnung an die SPD, das Vertrauen der Millionen sie wählender Arbeiter nicht in Koalitionen
mit bürgerlichen Parteien aufs Spiel zu setzen, sondern durch An-
strengungen für einen großen Arbeiterkampfbund zu rechtfertigen, wird zum Ende der Weimarer Republik von Jahr zu Jahr
dringlicher. Ossietzky wußte um die ideologische und organisato-
rische Verhärtung des Gegensatzes zwischen SPD und KPD,
aber dennoch gab er bis zuletzt die Hoffnung nicht auf, das Gemeinsame der Arbeiterinteressen und der drohenden Gefahr
der Vernichtung werde die beiden Parteien zur Einsicht in die
Notwendigkeit eines Zweckbündnisses bringen.*

In dem Artikel «Sklaven-Export» zeigt Ossietzky an einem Beispiel, wie von der politischen Rechten die Leiden am kapitalistischen System nationalistisch ausgebeutet werden. Hitler, der Pressezar und Parteiführer der Nationalkonservativen Hugenberg und der Führer des «Stahlhelm» Seldte vereinigen sich in einer großen propagandistischen Aktion, die den Deutschen als Verursacher ihrer alltäglichen Leiden das raffgierige kapitalistische Ausland hinstellt. Die geringe Plausibilität der Propaganda ließ die Akteure, genau wie in der nach gleichem Muster verfahrenden Propaganda gegen das sog. jüdische Kapital, zu den plattesten Fälschungen greifen.

Anlaß für die Aktion der Hitler, Hugenberg, Seldte waren Verhandlungen über die Höhe und den Zahlungsmodus der deutschen Reparationen, wie sie im Dawes-Plan 1924 festgelegt worden waren. Das Ergebnis der Verhandlungen war der sog. Young-Plan, der für die Deutschen deutliche Verbesserungen im Hinblick auf die Reparationszahlungen brachte und außerdem die Räumung des Rheinlandes durch die Besatzungsmacht einschloß. Noch bevor der Young-Plan am 21.8.1929 in Den Haag beschlossen wurde, gründeten Hitler, Hugenberg und Seldte einen gegen den Plan gerichteten «Reichsausschuß für das deutsche Volksbegehren», und im September 1929 brachten sie das «Gesetz gegen die Versklavung des deutschen Volkes» ein, das die Strafverfolgung der deutschen Unterzeichner des Abkommens vorsah. Da diese Androhung auch den Reichspräsidenten Hindenburg, den Mann eigener Couleur, hätte treffen können, wurde der Gesetzentwurf nachträglich so modifiziert, daß die Androhung nur noch für den Reichskanzler und die Reichsminister galt.

Der Kieler Parteitag

Am Rande der Stadt, wo auf kümmerlichem Grün die kleinen Leute ihre Sommerhäuschen errichtet haben, sieht man ein rotes Fähnchen nach dem andern. Das Fahnentuch sagt nicht aus, ob Kommunist oder Sozialdemokrat; Rot ist die Farbe Beider. Und wollte man in die Lauben gehen und mit den Leuten reden, man würde das Gleiche hören: Klagen über schlechte Zeiten, Hungerlöhne, Unternehmerwillkür, – über Ohnmacht der Partei und schwache Führung.

Die gleichen Klagen überall. Denn überall die gleichen politischen und sozialen Tatsachen. Man muß in die Zeitungen sehen, die auf dem Tisch herumliegen, um zu wissen, welche Partei gemeint ist.

Ja, man muß in die Zeitungen sehen, um zu wissen, welche Partei gemeint ist.

*

Sozialistenkongreß in Kiel. Gerüchte, von bürgerlichen Blättern in großen Überschriften festgehalten, flatterten vorauf: Große Auseinandersetzung zwischen Parteileitung und Opposition bevorstehend. Oder: Absage an den Koalitionsgedanken? Oder: Wird die Sozialdemokratie wieder reine Agitationspartei? Schon der Auftakt belehrte, daß Fama wieder zu eifrig gewesen war. Was sich in Kiel entwickelte, war nicht eine Geistesschlacht oder auch nur ein grimmiges Gerauf zwischen rechter und linker Seite, sondern die obligate Reichsbanner-Festivität mit Musik, Tombola und Republikrettung. Warum fehlen hier Ludwig Haas und Josef Wirth? Warum darf zwischen Otto Braun und Friedrich Stampfer nicht Erich Koch sprechen, um den radikalen Charakter der Assemblée sichtbarer zu machen? Die Berichterstatter der bürgerlichen Blätter wissen bald, was los ist; immer magerer werden die Telegramme, schon vom zweiten Tag an muß man in den tiefsten Kamin der verstecktesten Beilage hinabsteigen, um zu erfahren, daß Die in Kiel noch immer beisammen sind. Welch ein aufregendes Ereignis waren nicht früher die sozialdemokratischen Parteitage. Über viele Spalten zogen sich die Berichte hin. «Rededuell Bebel-Vollmar» – «Kautsky gegen David» – «Ledebour gegen die Revisionisten». Wer hat nicht noch solche Überschriften in Erinnerung, die immer wie Alarmrufe durch die Behäbigkeit der wilhelminischen Ära schrillten? Heute ist der Jahreskongreß der größten Partei eine Begebenheit untergeordneten Grades. Über den preußischen Zentrumstag kürzlich wurde eingehender berichtet; selbst über den Parteitag der Kommunisten. In dieser drittrangigen Behandlung liegt ein tiefes Verstehen. Denn was besagen Reden und Beschlüsse, etwaige Plattformen zur Herstellung der reinen Lehre, Absagen an diese oder jene Koalition? Schließlich macht der Sanhedrin in der Linden-Straße doch, was er will. Aufsässigkeit mehr linksgestimmter Gruppen? Für diese Eventualität ist Hörsings Hauptquartier da, das Gestellungsbefehle versendet; die Malcontenten werden an die Reichsbannerfront geschickt, Windjacke und Gleichschritt verwischen Gesinnungsdifferenzen; zwischen den Schlachten bimsen die Magdeburger Unterrichtsoffiziere mißvergnügte Rekruten auch politisch. Wie im Kriege ist die Führung anfechtbar, aber der Apparat ausgezeichnet.

Die Gedanken fliegen um fast zwei Jahrzehnte zurück. Ein großer verräucherter Versammlungssaal. Viel tausend Menschen dicht zusammengedrängt. Arbeiter, Arbeiter. Es ist schon heldenhaft, hier in diesem stickigen Pferch stundenlang auszuhalten. Und plötzlich bricht ein Orkan von Begeisterung aus. An der Rampe ist ein kleines gelblich-graues Männchen erschienen, ein gebücktes, kränkliches Männchen mit mächtigem schneeweißem Haarschopf. Der Alte ist schon schwerkrank. Die Ärzte haben ihm Schonung auferlegt; er soll nach Möglichkeit nicht mehr öffentlich reden. Doch wie er zu sprechen beginnt, weicht dieser Eindruck von Hinfälligkeit. Breite ausholende Gesten, helle, jugendlich timbrierende Stimme. Kommandostimme, gewohnt, Hunderttausende in Gleichtakt zu bringen, und die mächtige weiße Tolle weht dazu wie ein Helmbusch. Aber der Alte ist mehr als ein effektsicherer Sprecher, nicht Beredsamkeit trägt ihn: er reitet auf einer Woge von Vertrauen, August Bebel, mehr als ein Abgeordneter und Parteiführer von diktatorischem Gehaben, nein, der eigentliche Erwählte des Volkes, der Präsident einer unsichtbaren deutschen Republik, der Gegenkaiser der Massen gegen Den mit der Bartbinde. Einen Volksdichter hat ihn Friedrich Naumann in einem Nachruf genannt. In der Tat, er spielt auf dem Volk wie auf einem edlen Instrument; er bringt es zum Klingen, er entlockt ihm Liebe und Haß, bittre Seufzer und sternklare Sehnsucht. Plötzlich senkt er die Stimme, sein Gesicht wird ganz böse, er schwingt den Zeigefinger wie einen Bakel: «Man hat euch das Wahlrecht verschlechtert, und ihr habt euch das gefallen lassen!» Und diese dreitausend Männer werden plötzlich zu heruntergeputzten Schulbuben: sie senken die Köpfe, sie schämen sich. Schweigen. Doch da wirft der Alte das Haupt in den Nacken, Jubel bricht fanfarenhaft aus der Stimme: «Das ist eine Scharte, die muß ausgewetzt werden, kann ausgewetzt werden! Ich habe Vertrauen zu euch, daß ihr es tut. Wenn ich wieder in eure Stadt komme, wird alles wieder in Ordnung sein – das weiß ich.» Ein einziges leidenschaftliches Ja braust auf wie ein vieltausendstimmiger Fahneneid für die heilige Sache.

Das ist lange her, und historisch betrachtet wirkt es nicht so rauschhaft wie damals als Erlebnis. Einschränkungen melden sich. Auch die Heroenzeit zeigt nachträglich ihre Schwächen. Doch die Erinnerung ist schön. Was vergangen, kehrt nicht wieder, aber ging es leuchtend nieder...

Es ist im August 1914 niedergegangen.

*

Für die Beurteilung der heutigen Sozialdemokratie muß eine Erkenntnis maßgebend sein, wenn man sich nicht in vage Spekulationen verlaufen will: diese Partei ist durch irgend welche radikalere Konkurrenz nicht zu schmeißen. Der einstige Elan ist fort, die Struktur geblieben. Ihre Leute sind unzufrieden, aber sie hat sie fest in der Hand. Sie knurren, aber sie fügen sich. Genug ist von der mystischen Aura von einst geblieben, um aktuelle Sünden vergessen zu machen. Über allen Zweifel obsiegt die Hoffnung, daß die Partei einmal wieder wird, was sie war. So behauptet sie sich nicht nur zahlenmäßig, sondern kann auch noch, wie jetzt in Mecklenburg, Fortschritte machen. Der kommunistische Anprall hat sich erschöpft, von dieser Seite droht keine Gefahr mehr. Keine zweite sozialistische Partei wird die Sozialdemokratie mehr ängstigen, nicht von außen her wird sie getrieben werden, der veränderten Zeit entsprechend neue und weiter links gelegene Positionen aufzusuchen. Sie muß den Stachel dazu in sich selber fühlen. Die Mehrzahl der organisierten Genossen sieht wohl, daß die Proprietärsphilosophie der zentralen Leitung, die gute und zweifelhafte Errungenschaften mit gleichem Eifer behütet, hierzu am ungeeignetsten ist, aber diese Mißstimmung verdichtet sich nicht zu Handlungen und verqualmt in ziellosem Ärger.

Man hatte für dies Mal beträchtliche Temperamentsausbrüche in der linken Ecke erwartet. Der Verlauf zeigt, daß es zwar oppositionell gerichtete Gruppen und Personen gibt, aber keine Opposition. In der alten Partei gewann jeder Widerstand von Rechts oder Links sofort ein Gesicht. Bernstein, David, Eisner, Rosa Luxemburg, Karl Liebknecht, Vollmar – es wäre müßig, weiter aufzuzählen – aber welch eine Fülle von scharfen Profilen! Doch die oppositionellen Regungen von Heute bleiben eben nur Regungen, die gestaltlos herumgeistern und nicht ein tönendes Mundstück finden. Der alleräußerste aller in der Partei nur denkbaren Radikalismen wird von Kurt Rosenfeld vertreten, dem warmherzigen Advokaten und unglücklichen Debatter, der sich in der Erhitzung allemal verheddert und was Andres sagt, als er meint. Da haben es die Genossen Otto Braun und Wels leicht. Keine konkrete, keine zentrale Forderung hat der linke Flügel; niemand kommt über Bekrittelung von Einzelheiten hinaus, und die Weitestlinken versteifen sich nur auf «mehr Marxismus!» oder «mehr Klassenkampf!», ohne zu bedenken, daß man mit so angenehm flexibel gewordenen Begriffen ebenso gut auf die Barrikade steigen wie mit Stresemann frühstücken kann. Dennoch hatte der Parteivorstand mit einem kleinen Sturm gerechnet, umsomehr als ..., nein, deshalb erschien kurz vor dem Kongreß, pünktlich wie die Grippe bei Temperatursturz, der von kundigen Thebanern lange mit Spannung erwartete Artikel des Genossen Löbe, in dem der bewährte Spezialist für proletarische Gemütstöne sich plötzlich die Kritik der Opposition zu eigen machte und Rückkehr zu den alten Grundsätzen forderte. Man kennt diesen Vorgang nun allmählich: indem Paul Löbe an die Spitze einer Opposition tritt, legalisiert er sie; der Intimus der Zentrale als Fürsprech der Opponenten macht sie hoffähig. Und still versickert die Bewegung irgendwo ... Mag dieser starre republikanisch-sozialistische Verrina noch so schrecklich dräuen: im Ernstfall wird er eher selbst ins Wasser springen als den Herzog hineinwerfen.

So bleibt der Opposition sogar versagt, eine Tür aufzustoßen, um einen frischen Luftzug ins Haus zu bringen. Es wird genörgelt, nicht Fraktur gesprochen. Tadel fällt auf den ‹Vorwärts›; niemand sagt, daß der seit langem weder mit Demokratie noch mit Sozialismus etwas zu schaffen hat, sondern das Privatvergnügen des Genossen Stampfer geworden ist, der mit wiener Suffisance über die Tadler hinwegnäselt. «Wir tragen deshalb Tatsachenangaben aus Baldwins Rede nach. Aus ihr erhellt, mit welchem frivolen Leichtsinn die Sowjetunion um ihrer Umsturzpropaganda willen ihre Beziehungen mit England aufs Spiel gesetzt hat und ihrem erklärten imperialistischen Gegner Blößen gegeben hat.» Solches ist zu lesen in dem Blatt, das laut Titelkopf Zentralorgan der Sozialdemokratischen Partei Deutschlands ist. Vergebens fahndet man in der ganzen deutschen Presse nach einer zweiten brüllenden Bêtise dieser Art; überall wird in Erkenntnis einer gefahrvoll dunklen Zukunft Neutralität geübt oder wenigstens versucht, die Schuldanteile der beiden streitenden Mächte gerecht abzuwägen; dem sozialdemokratischen Zentralorgan bleibt es vorbehalten, in sturer Parteiverblendung zu den Zelten der britischen Diehards zu laufen.

Solches geschieht im offiziellen Parteimoniteur, während in Kiel noch immer diskutiert wird. «Halten zu Gnaden, das ist zu stark», sagt die Opposition. Sie rügt, sie krittelt, reicht devotest Besserungsvorschläge ein. Niemand ist da, der in spontaner Empörung den Willen von Hunderttausenden exekutiert und dem Genossen Chefredakteur sein Jammerpapier rechts und links um die Ohren schlägt.

*

Nein, diese Partei ist durch nichts zu erschüttern. Jede andre würde bei solchen Anlässen in lichterlohen Brand geraten. Selbst für Stresemanns Nationalliberale bedeuten Bündnis mit den Deutschnationalen und Konkordatsfrage ernste Erregungen. Wenn die Genossen vom Vorstand ihre Leutchen aber so fest am Band halten, daß sie jeden Schritt vom Wege mit der Drohung der Exkommunikation verfolgen, dann möchte man auch wissen: wofür diese Kraftanstrengung, auf einer Linie zu bleiben, die sich seit geraumer Zeit als bedenklich krumm erweist. Denn klar ist doch, daß diese Millionenpartei von keiner Seite die ihrer

Stärke zukommende Würdigung erfährt. Sie regiert zwar in Preußen mit, muß dafür aber im Reich in mühevoller Zwiespältigkeit aushalten: sie darf Herrn v. Keudell bekämpfen, muß aber die Außenpolitik des Herrn Stresemann gegen dessen selbstgewählte Bundesbrüder retten. Schlägt sie etwa auf den Tisch, so droht nicht nur das Zentrum mit Kündigung in Preußen, sondern auch Stresemann verkündet feierlichst die Pflicht, den Geist von Locarno vor den brutalen Hufen seiner Alliierten zu schützen. Das ist keine sehr imponierende Haltung für die stärkste Partei: sie ist von der Reichsregierung ausgeschlossen, andrerseits aber mit einem Teil der Verantwortung bepackt. Die Führer haben das Prekäre dieses Zustandes wohl erkannt und streben deshalb wieder in die Reichsregierung hinein. So wäre sehr wohl Anstoß zu Debatten über Zweck und Nutzen von Koalitionen gegeben und ob sich solche mit den alten Grundsätzen vertragen, und das geschieht ja auch reichlich; aber diese Auseinandersetzungen über die Koalition bleiben akademisch, weil sich gegen früher etwas geändert hat: die Andern wollen nämlich nicht. Sehr blamabel für die stärkste Partei, aber man muß den Tatsachen ins Gesicht sehen. Das Zentrum will nicht, weil es sein Konkordat und seine Schulgesetze endlich haben will; Stresemann darf nicht, weil sonst mindestens die Hälfte seiner Partei davonläuft; die Demokraten aber werden heute schon so angesehen, wie sie nach den nächsten Wahlen höchst wahrscheinlich aussehen werden: man zählt sie nicht mehr mit. Die Unterhaltung über die Eventualitäten kommender Bündnisse mit andern Parteien ist gewiß sehr interessant, aber wozu eigentlich die Umstände? Die Möglichkeit liegt ja gar nicht vor. Doch. Und das ist sehr bedenklich. Wenn das Zentrum erst seine Herzenswünsche verwirklicht hat, kann es sehr leicht wieder seine republikanischen Ideale entdecken und, müde der Strapazen, Herrn Hergt zu domptieren, die unangenehmen Weggenossen wieder nach Hinterpommern und Olympia schicken. O, wenn das Konkordat erst unter Dach ist, wird Josef Wirths Weizen wieder blühen. Der Republikanischen Union steht noch eine große Zukunft bevor. Wenn das Zentrum nichts mehr zu wünschen übrig hat, wird es auch die vergessenen Reize von Weimar wieder entdecken.

Die sozialdemokratischen Führer wehren sich gegen einen Zustand unfruchtbarer Opposition. So nennen sie es. Muß gesagt werden, daß der Begriff deutschen Ursprungs ist? Nur in Deutschland kann wohl Opposition unfruchtbar sein. Die Partei, so verkünden die Führer, darf sich nicht auf Agitation und Verneinung beschränken, sie muß wieder mitregieren. – Das ist nicht neu, und wir kennen es seit einigen Jahren als geläufige Phrase. Die Partei hat sehr oft Glück gehabt, und ganz besonders aber durch die Erkenntnis der Andern, daß man sie eigentlich gar nicht braucht. Sie wäre sonst mit verantwortlich geworden für Alles, was unter den letzten Kabinetten geschehen ist. Oder zweifelt man etwa nach allen Erfahrungen, daß sich nicht auch ein sozialdemokratischer Marx, Köhler oder Külz gefunden hätte?

Die Sozialdemokratie hat unerhörtes Glück gehabt. Wenn es nach ihren Hilferdingen gegangen wäre, läge jetzt ein beträchtlicher Schuldanteil auf ihr. Die Isolierung hat sie davor bewahrt und ihre Zugkraft für die Massen wieder wachsen lassen. Wenn sie Pech hat, wird ein breites, gesättigtes Zentrum im Herbst von neuem finden, daß «die Arbeiterschaft wieder zur Mitverantwortung im Staat herangezogen werden müsse», wie die schöne offizielle Formel bekanntlich lautet. Und wenn die Partei dann Ja sagt, denn der ganze Ehrgeiz der Führer geht doch darauf, sich wieder heranziehen zu lassen – was dann? Soll die größte Partei ihr Wahrzeichen setzen auf den von der klügsten Partei geschaffenen Zustand, einen Zustand, den sie nicht mehr ändern kann? Eine ärgere Zumutung an ihr Selbstbewußtsein wäre nicht vorstellbar. Mit den Andern regieren zu dürfen, bedeutet noch gar keine Macht. Die beginnt erst da, wo eigner Wille sich gestaltend durchsetzt.

Die Zukunft der Sozialdemokratie liegt nicht in den Koalitionen, sondern in einer fruchtbaren Isolierung, die nur ein Ziel kennt: die Einigung der Arbeiterschaft in einer großen, fest geschlossenen Partei.

※

In Kiel ist davon nicht die Rede gewesen, und auch die Kommunisten taumeln ahnungslos und lärmend durch die deutsche Landschaft, und wenn sie Einheitsfront sagen, meinen sie Spaltung. Die triste Wirklichkeit von Heute ist die unerbittliche Rivalerie von zwei Arbeiterparteien. Jawohl: Arbeiterparteien! Ihre Kämpfe bedeuten die Ohnmacht der Republik, ihre Zänkereien die Omnipotenz der Unternehmerschaft, den Verfall der Sozialpolitik. Bei den Kommunisten ist ungeachtet aller Verbohrtheit und Dogmenseligkeit viel Wirbel und Jugend, bei den Sozialdemokraten noch immer der Kern der Arbeitermassen. Kindlich wäre es, wieder und wieder zu versuchen, die Partei von Außen her zu erschüttern. Die Arbeiter verzweifeln fast an ihr, aber sie bleiben. Die Partei hat sie um einen pfiffigen Fraktionskalkul hundert Mal verkauft. Sie hat Noske, hat die Bürgerkriegsgenerale auf sie losgelassen. Breit und gewichtig wie ein pompöser vollgestopfter Wollsack liegt die Partei mitten im politischen Leben herum. Und doch halten die Massen zu ihr und glauben an sie. Dieses Geschehen muß einen Sinn haben. Mag der Spiritus verflogen sein, die selbstlose Hingebung der Massen hat den Parteikörper intakt gehalten.

Die Zukunft wird lehren: wofür. Denn der heutige Zustand, daß die Partei das Unterfutter für den republikrettenden Mischmasch Reichsbanner liefert, kann nicht Entscheidung und Ausgang sein. Noch sind solche Gedankengänge neu, und eine Propaganda dafür würde bei dem ungeheuren gegenseitigen Mißtrauen eher schädlich als nützlich sein. Aber in beiden Lagern sollte man doch erwägen, ob eine Fortführung des Bruderkriegs in den bisherigen Formen bei der immer wachsenden Wirtschaftsnot und der immer offensiver werdenden Reaktion noch lange möglich ist. Sozialdemokrat und Kommunist führen beide das rote Fahnentuch. Wenn du mit ihnen sprichst, hörst du die gleichen Klagen über Proletarierelend, über die schwache Partei und ihre Führung. Aber du mußt in ihre Zeitungen sehen, um zu wissen, welche Partei gemeint ist.

※

Ein Spottvogel pfeift, daß bei der Kieler Eröffnungszeremonie das Niederländische Dankgebet mit einem neuen Text von Kurt Eisner gesungen werden sollte. Da aber niemand die neuen Worte kannte, so standen sie Alle da, alterprobte Sturmgesellen, und sangen, wie die Stahlhelmer: Wir treten zum Beten... Es muß über die Maßen erhebend gewesen sein.

Diesen altniederländischen Charakter werden sich die Genossen in Zukunft abgewöhnen müssen.

Die Weltbühne, 31. Mai 1927

Sklaven-Export

Niemand wird in diesen Tagen in ärgrer Verlegenheit sein als Herr Doktor Werner, der Oberreichsanwalt. Während er sich sonst seine Landesverräter aus einer linken Ecke holte wird ihm jetzt von Herrn J. Goebbeles, dem Oberrabbiner der berliner Teutonen, der Herr Reichspräsident in Person präsentiert. Wird Herr Doktor Werner dieser Verlockung, die alle Jägerinstinkte in ihm wachkitzeln muß, widerstehen? Der Herr Reichspräsident täte gut, sich schon jetzt mit Paul Levi in Verbindung zu setzen, denn bei Herrn Lütgebrune wird er wohl kein Glück mehr haben...

Dieses Volksbegehren hugenbergscher Formung ist ein Akt jener politischen Hysterie, die nach oberflächlicher Meinung Heimat und Blüte nur in Frankreich hat. Aber seit Paul Déroulède und Fort Chabrol haben sich die Franzosen durchweg recht vernünftig gezeigt, der politische Wahnwitz hat dagegen in Deutschland tief Wurzel gefaßt. Was will Herr Hugenberg? Wogegen protestiert er? Gegen einen unbestreitbaren außenpolitischen Erfolg. Gegen die Befreiung einer deutschen Provinz von fremder Besatzung. Wo und in welchem Lande wurde je ein solcher Irrsinn so planmäßig zelebriert?

Aber zwischen all den Narreteien, die das Komitee Hitler-Hugenberg-Seldte in die Welt setzt, befindet sich doch eine vergiftete Waffe. Das ist die Geschichte von dem im Youngplan angeblich vorgesehenen deutschen Sklavenexport in die Kolonien der Andern. Eine horndumme Erfindung zwar, aber trotzdem perfide ausgedacht, und die amtlichen Richtigstellungen haben nichts genützt. Seit der Dolchstoßlegende und den Weisen von Zion ist nichts Bösartigeres ausgebrütet worden. Der Pfeil ist gewiß aus schlechtem Holz geschnitzt aber mit Curare getränkt. Denn es gibt eine große Schicht, die für solche Sensationen aufnahmefähig ist. Es gibt eine politische Unterwelt, wo keine Tatsachen, keine Augenscheinlichkeiten, keine Sachargumente verfangen. Kein Lichtstrahl aus der deutschen Wirklichkeit ist dorthin gedrungen, nur der dümmste Schwindel. Die sogenannte Volksbewegung wird bald erledigt sein. Auch Herr Hugenberg ist nur eine flüchtige Erscheinung. Aber der Flurschaden, den er angerichtet hat, wird nicht so bald behoben sein. Die von ihm ausgesäte Lüge wird die Republik noch durch viele, viele Jahre verfolgen.

Sklaverei –? Wen kann man damit eigentlich in Panik jagen? Ein tönerner Begriff, ein klapperndes Schlagwort. Mit oder ohne Youngplan – die breite Masse lebte vorher und wird weiter in einer Lohnsklaverei leben. Sie rechnet sich mühsam durch die Woche, mit Eisenklammern an den ihr von den Gesetzen der Wirtschaft diktierten Lebensstandard gefesselt. Dann kommt das Heer von Arbeitslosen, das nichts sehnlicher wünscht als baldmöglichst aus der enervierenden Untätigkeit in die Trupps der Lohnsklaven zu rücken. Dann kommt das Rentenproletariat, zerknitterte, verprügelte Existenzen, immer mit einem Auge am Gashahn, dann das absinkende Kleinbürgertum, auf den Trümmern seines einstigen Besitztums noch immer die Bettelfahne seiner traditionellen «Selbständigkeit» schwingend. Die Ängstlichen, die sich in ihren Albträumen schon unter dem Bambusstock eines Virginiapflanzers ächzen sehen, mögen ruhig sein. Das kapitalistische System von heute braucht nicht die Fürsten des achtzehnten Jahrhunderts nachzuahmen, braucht nicht die Untertanen zu Tausenden nach Amerika zu verkaufen. Die moderne Leibeigenschaft ist bodenständig, sie stößt niemanden aus, sie kettet ans Land. Sie stößt nicht einmal die Arbeitslosen aus, denen in ihrem Hungerdasein noch immer die wichtige Funktion zufällt, als industrielle Reservearmee im Hintergrunde zu bleiben und die Löhne zu drücken.

Es ist der ewige spießbürgerliche Schwachsinn, zu glauben, es gäbe keine Sklaverei mehr, nur weil man seinen Passepartout in der Tasche hat, ohne Erlaubnis des Bezirksamtmanns von Berlin nach Brandenburg reisen und ohne Zustimmung seines Arbeit-

gebers heiraten darf. Das Helotentum des kapitalistischen Zeit-
alters ist heimatwüchsig, es war vor dem Dawes- und Young-
Komitee da. Es wird bleiben, auch wenn die Gläubigermächte
plötzlich vor Herrn Hugenbergs schöner patriotischer Haltung
plötzlich Furcht bekommen und ihre Shylockkontrakte zerreißen sollten.

Weil sich aber die Tatsachen ökonomischer Zwangsläufigkei-
ten doch nicht so ohne weiteres fortzaubern lassen, deshalb hat
man für den deutschen Hausgebrauch ein schreckliches Gebilde
herbeigezaubert, an dem man auch die Empörung abreagieren
kann. Das ist der «Weltkapitalismus», ein vages Kompromiß-
produkt, das man in der Arbeiterkate mit gleicher Ungefährlich-
keit wie im Industriekontor verwünschen kann. Radikale Revolutionen gegen das Bankhaus Morgan stören das Ausbeutertum
hierzulande nicht.

Dennoch gestattet sich Herr Hugenberg damit ein bitterböses
Spiel, dessen Folgen einmal, wenn nicht noch auf ihn, so doch
auf die Erben seiner Macht fallen werden. Einmal muß die nationalistische Radikalisierung Deutschlands ins Sozialistische um-
schlagen. Man kann nicht Hungerleidern dauernd vorlügen, der
Feind stehe jenseits der Grenzen. Für die Gegenwart bleibt nur
zu beklagen, daß ein größenwahnsinniger Industriedespot noch
immer wagen darf, eine solche Giftgasattacke des Chauvinismus
auf Deutschland loszulassen. Damit das Haus Hugenberg ge-
deiht, muß das Land wieder in Not und Zerrüttung geschleudert
werden wie anno Stinnes. Gewissenlose Hetzmäuler sausen
durch die Provinz und fanatisieren die Ewigdummen, in edler
Konkurrenz mit den Blättern aus der Zimmerstraße. Keine
Lüge, keine Niedertracht bleibt unverwendet. Der Cherusker
Hugenberg braucht, wie sein sagenhafter Vorgänger, den Mo-
rast, um zu siegen.

*

Aber das alles wäre viel einfacher, wenn die Republik nicht durch
eigne Schuld so viel Kredit verloren hätte.

Die Weltbühne, 22. Oktober 1929

«Nur auf russischem Boden?»

Deutsche Arbeiterbewegung
und Sowjetunion

«Rußland hat bisher zwei Revolutionen verpfuscht: die deutsche
und die chinesische», erklärt Ossietzky in seinem Artikel «Rache
für Hankau» (WB, 1927) und erneuert damit seinen seit 1920
immer wieder erhobenen Vorwurf an die sowjetischen Führer
und die von ihnen beherrschte Kommunistische Internationale:
Sie mißbrauche die westeuropäischen Kommunistischen Parteien
für ihre changierenden internationalen Interessen und versperre
ihnen damit die Entwicklungsmöglichkeiten einer den jeweiligen
nationalen notwendigen Gegebenheiten entsprechenden Politik.
   Die sogenannte Diktatur des Proletariats in ihrer bolschewisti-
schen Ausprägung als Herrschaft der Avantgarde-Partei sieht er
als Rückfall hinter demokratische Errungenschaften der Aufklä-
rung und der – seien sie auch noch so unvollendet – bürgerlichen
Revolutionen in Westeuropa. Dort habe die Arbeiterklasse im
Kampf um demokratische und soziale Rechte bereits eine Aufge-
klärtheit und damit eine Fähigkeit zur Freiheit erreicht, an der
gemessen die dumpfe Heilslehre des Bolschewismus reaktionär
ist. Der Bolschewismus sei ein so «ausgeprägt russisches Ge-
wächs», schreibt Ossietzky in «Moskau und Potsdam» – fast in
den gleichen Worten wie vor ihm der USPD-Intellektuelle Hein-
rich Ströbel in dem Weltbühnen-Leitartikel «Tartarischer Sozia-
lismus». (WB, 1920) Er könne nur auf dem Boden des zaristisch-
bürokratischen Gewaltregimes gedeihen, setze es gewissermaßen
fort. In einer Rezension zu Heinrich Ströbels Werk «Die Deut-
sche Revolution» (1920) referiert Ossietzky zustimmend Ströbels
Vorstellungen von Sozialismus und dessen Einstellung zu Sowjet-
rußland: Der Sozialismus müsse getragen werden von der «über-
wiegenden Majorität des Volkes», seine Basis sei die Demokra-
tie. Nein, die russische Revolution sei nicht übertragbar auf die
Weimarer Republik, aus deren Wirrnis könne nur eines her-

ausführen: «das... ehrliche und schrankenlose Bekenntnis zur Demokratie, zum Prinzip der Evolution. Denn Revolution in Permanenz, wovon die deutschen Trotzki-Jünger träumen, führt zum Kampf aller gegen alle und macht den glücklichen Endsieger schließlich zum Herrn eines Beinhauses». (BVZ, 1920)

Über den Zusammenhang von Demokratie und Sozialismus schreibt Ossietzky in jener Rezension: Die deutsche Arbeiterschaft müsse einen demokratischen Weg zum Sozialismus erst lernen. Die verfassungsmäßig gesicherte Weimarer Republik sei die Basis dafür und der Raum, in dem sich der Sozialismus nach dem Prinzip der Evolution entfalten könne.

Dieser Weg drohte aus Ossietzkys Sicht durch den Anschluß seiner politischen Hoffnungsträgerin, der USPD, an Lenins 3. Kommunistische Internationale versperrt zu werden. Denn die Mitgliedschaft in der Komintern war mit der einschränkungslosen Übernahme des russischen Revolutionsrezeptes verbunden. Kernstück von insgesamt 21 Aufnahmebedingungen in die Internationale war die Neuorganisation der aufnahmewilligen Parteien nach den bolschewistisch-zentralistischen Prinzipien, dazu gehörte die Ausgrenzung jedweder innerparteilichen Opposition. Gegen die Übertragung des russischen Musters auf die deutsche Politik schreibt Ossietzky in «Moskau und Potsdam», auch wenn er die USPD nur indirekt in Gestalt ihres Führers Ernst Däumig erwähnt. Das Schreckensbild von der absolutistisch regierenden Bürokratie im ehemaligen Zarenreich, das Ossietzky in dem Artikel zeichnet, ist wie eine Vorwegnahme von Rosa Luxemburgs Kritik am Bolschewismus von 1918: Diktatur des Proletariats als Parteidiktatur statt als Herrschaft der proletarischen Majorität über die Ausbeuterklasse bedeute die Zerstörung der Demokratie. Alles politische Leben müsse mit der Zeit ersterben, wo keine Meinungsfreiheit herrsche, statt ihrer ein allmächtiger Apparat, getragen von einer neuen Herrschaftsschicht, den Bürokraten. Lenin selbst bestätigte noch 1923 solche Kritik, als er vor den fortbestehenden Herrschaftsstrukturen des Zarismus warnte.

Der Mehrheitsbeschluß des USPD-Parteitages in Leipzig Ende 1919, in dem der Eintritt in die Komintern und das politische Prinzip «Diktatur des Proletariats» grundsätzlich befürwortet werden, ist für Ossietzky Anlaß, in seinem Artikel «Der Adler-knopf» (BVZ, 1920) über die Zauberkraft des Wortes Diktatur in Deutschland als Land der gescheiterten Revolutionen nach-zudenken. In jedem Deutschen, sei er nun Sozialist oder Mon-archist, stecke der preußische Untertan, der immer nur für eine neue Diktatur revoltieren könne, und sei es eine proletarische. Ossietzky interpretiert damit den Begriff «Diktatur des Proleta-riats» ausdrücklich von einem pazifistisch-demokratischen Standpunkt aus, nämlich als eine Form der Unterdrückung und des Terrors.

Als sich im Sommer 1920 breiter Widerstand innerhalb der USPD gegen die 21 Aufnahmebedingungen der Komintern regt, schöpft Ossietzky neue Hoffnung für die Möglichkeit eines Zu-sammengehens von sozialistischen und bürgerlichen Demokra-ten in Deutschland. «Und deshalb ist dieser Kampf in der Unab-hängigen Sozialdemokratie mehr als der übliche Parteizwist», schreibt er in seinem Artikel «Gegen die Balkanisierung Deutsch-lands» (BVZ, 1920). «Da wird sich in den nächsten Monaten ein Stück deutscher Zukunft entscheiden. Das ist die Frage: Werden sich wesentliche Teile der Arbeiterschaft einem finsteren, fa-natischen und durch und durch uneuropäischen Glaubenssatz verschreiben und damit eine erneute Ära von Bürgerkriegen ein-leiten, die die Barbarisierung Deutschlands vollenden und den letzten Rest von Kultur fortfegen wird, oder wird durch eine Ab-sage an die Doktrin Lenins unserer Demokratie wieder eine statt-liche Kämpferschar zugeführt, die sie gerade im letzten Jahre oft bitter entbehren mußte? Es ist natürlich klar, daß das allein noch keine Harmonie bedeutet zwischen den Vertretern sozialistischer und bürgerlicher Demokratie, aber zurückgedämmt wäre zu-nächst einmal die Welle des Rechtsradikalismus und zugleich ein gemeinsamer Boden geschaffen für künftige Auseinandersetzun-gen zwischen den beiden großen Flügeln des modernen Demokra-tismus.»

Doch nach einem monatelangen Agitationsfeldzug der lenin-treuen «Linken» um Ernst Däumig und Stoecker, der in einem vierstündigen Auftritt des wortgewaltigen Sowjet-Ideologen Si-nowjew auf dem Oktober-Parteitag der USPD in Halle gipfelt, beschließt eine Mehrheit von 237 gegen 156 Delegierte den Anschluß an die Komintern und den Zusammenschluß mit der KPD. Seine Enttäuschung, aber auch seine Ablehnung jedweder Gewalt, also auch der revolutionären, die Ossietzky vor dem Hintergrund noch frischer Kriegseindrücke mit vielen bürgerlichen Pazifisten teilt, artikuliert er in seinem Artikel «Arbeiterschaft und Gewaltpolitik» (BVZ, 1920). Unbegreiflich sei, «daß Menschen, die doch selbst vier schreckliche Jahre hindurch die Wahrheit des Krieges durchlebten und schließlich von Grauen gepackt die Waffen fortwarfen, so leichtherzig einer Parole nachlaufen, die mit aller Deutlichkeit zum Krieg nach außen und innen auffordert. Daß Menschen, die Leichenhügel gesehen haben und Kugeln in den Knochen stecken hatten, sich düpieren lassen von der neomilitaristischen Phraseologie eines Sinowjew... Man hat den Moskauer Kommunismus eine Religion genannt. Wenn das wahr ist, so ist er eine Religion des Blutes. Und deshalb wird er niemals Bleibendes schaffen, wird er zwar Menschen fanatisieren, aber niemals glücklich machen können. Weil er nur das Schwert kennt und auf das Menschenleben pfeift, ist er, bei aller revolutionärer Gebärde, doch etwas, was einer versinkenden Zeit angehört. Unsere Sehnsucht aber ahnt eine neue Zeit, die nicht mehr mit dem Schwert spielt und nicht die tote Idee, sondern den Menschen selbst zum Mittelpunkt macht.»

1927 sieht Ossietzky die Sowjetunion in einem anderen Licht als in der Zeit der Wegsuche und des Scheiterns der deutschen Revolution. Er bemißt sie nicht mehr an der Utopie der Verbindung von Demokratie und Sozialismus, sondern an den realen innen- und außenpolitischen Verhältnissen dieses Landes; die Sowjetunion ist für ihn nun doch das erste sozialistische Land der Welt, das den nationalen Befreiungsbewegungen gegen den westlichen Imperialismus ein Aufbruchsignal geben könnte. Ossietzky erkennt im zeitlichen Abstand auch an, daß mit der russischen Revolution und der neuen Regierung der Krieg beendet wurde sowie die Abrüstungsvorschläge, die von sowjetischer Seite vorgebracht wurden. Es bleibt Ossietzkys Kritik an der Parteidiktatur und dem übermächtigen Verwaltungsapparat und immer wieder an der politischen Verfolgung oppositioneller Intellektueller. Verhängnisvoll ist für Ossietzky der Dirigismus ge-

genüber den westeuropäischen Parteien. Deren kritiklose Über-
nahme alldessen, was der «moskauer Heilige Stuhl jeweils als
Dogma» verkünde, das sei auch das Dilemma der deutschen
Kommunisten, schreibt Ossietzky in seinem Artikel «Gibt es noch
eine Opposition?» (WB, 1930). Im Konflikt zwischen Stalin und
Trotzki über die Möglichkeit des Aufbaus des Sozialismus in
einem Lande nimmt der Pazifist Ossietzky eindeutig Stellung für
Stalin, den er für einen Realpolitiker hält. Dieser bewahre mit
einer vernünftigen, kompromißbereiten Außenpolitik seinem
Land und der Welt den Frieden. Trotzki mit seiner Idee von der
permanenten Revolution und seinem Sendungseifer, die Revolution in die Welt hinaus tragen zu wollen, sei ein gefährlicher
Romantiker.

In den Jahren nach seiner Vertreibung findet Trotzki dennoch
immer wieder Raum in der «Weltbühne», etwa wenn Ossietzky
1931 in dem Leitartikel «Trotzki spricht aus Prinkipo» die trotz-
kische Faschismusanalyse wiedergibt oder wenn er im Januar
1933 in einer Antwort gegen die politische Verfolgung der Familie
Trotzkis protestiert: «Kein Vernünftiger wird Stalins Recht bezweifeln, sich seines genialen Kritikers so zu erwehren, wie er
kann. Aber die Kampfmittel müssen dem Geiste der sozialistischen Revolution entsprechen, sie dürfen nicht dem schlechtesten
Arsenal des bürgerlichen Polizeistaats entnommen werden. Die
ungezählten nichtkommunistischen Verteidiger der Sowjetunion
in der ganzen Welt, die Jahr für Jahr gegen idiotische Kommuni-
stenhetzen aufgetreten sind, die sich bemühen, ihren Regierungen die roten Opfer einzeln abzuringen, haben ein Recht auf
Antwort.»

Moskau und Potsdam

In London verhandelt Leonid *Krassin*, der sozialistische Wirt-
schaftsdiktator Rußlands, mit den Vertretern der inniggehaßten
englischen Bourgeoisie. Frankreich blickt scheel dazu. Aber
auch Frankreich wird kommen. Wenn irgendetwas bezeichnend
ist für die krisenhafte Zerfahrenheit der Außenpolitik der En-

tenteländer, so ist es diese Konferenz mit dem Unterhändler einer Regierung, die man offiziell nicht anerkennt, gegen die man mehr als einen Brand geschürt hat, und der man lieber heute als morgen die seidene Schnur reichen möchte. Ziemlich dürftig ist die verschleiernde Erklärung, man gedenke nicht mit dem Staat Rußland in Verbindung zu treten, sondern nur mit den privaten Genossenschaften. Ob Krassin ehrlich friedeheischend und treu berichtend nach London gekommen ist oder mit der Absicht, die geriebenen Kaufleute und Diplomaten an der Themse mit Potemkinschen Kulissen anzuführen, ist an und für sich gleichgültig und verblaßt neben der Bizarrerie dieser Situation.

Es ist auch durchaus nicht schwerwiegend, ob etwaige Handelsvergünstigungen für Rußland geeignet sind oder nicht, die Herrschaft der Bolschewiki zu festigen. Wie vor einigen Tagen der ehemalige Kadettenführer Hessen im *Berliner Tageblatt* ausführte, ist deren Herrschaft reine Parteiherrschaft. Die Opposition kann sich deshalb auch nicht gegen den einen oder anderen Mißstand richten und kann auch nicht entwaffnet werden durch die Schaffung etwas besserer wirtschaftlicher Verhältnisse. Der Bolschewismus ist isoliert und muß es bleiben. Jede Duldung Andersdenkender schon ist eine Aufgabe seiner selbst. Deshalb kann er auch nicht seine Basis erweitern, etwa durch Heranziehen von Nachbarparteien zur Regierung. Seine gewollte und bewußte Enge ist seine Kraft. Wir wissen nicht, wie kurze oder lange Zeit noch diese Isolierung aufrechterhalten werden kann.

Die bolschewistische Lehre ist ein so *ausgeprägt russisches Gewächs*, daß sie nur auf russischem Boden partei- und schließlich staatbildend wirken konnte. Aus diesem Grunde wird der Bolschewismus auch, allen Ligen zur Rettung der deutschen Kultur zum Trotz, seinen Eingang finden in das Abendland. Er wird ganz gewiß den bisherigen Klassenkampfformen neue und nicht gerade ansprechende Noten hinzufügen, er wird eine gewaltige Drohung bleiben, aber nicht Tatsache werden. In Ländern mit einem dumpfen, rückständigen Industrieproletariat, vegetierend unter der Knute eines übermächtigen Industriefeudalismus, wird er mächtig das Tempo der Arbeiteremanzipation beschleunigen. Geknebelten Minderheiten, Klassen oder Nationen wird er als Morgenstern, als Lichtbringer erscheinen. Die Völker Asiens, die durch Europas Weisheit im vergangenen Jahrhundert lediglich die Rolle von «Interessensphären» spielten, spitzen die Ohren und blicken auf. Englands Kunst, ungeduldig werdende Völker zu beschwichtigen, wird in den kommenden Jahren vielleicht die härteste Probe zu bestehen haben. Und vielleicht werden die Missionare der russischen Heilsbotschaft, wenn es ihnen schon nicht gelingt, die alten Staaten im Innern umzumodeln, doch dem kolonialpolitischen Zeitalter die Leichenrede halten.

Für alle die Völker, die seit langer Zeit ausschließlich Objekt sind, die wirtschaftlich und politisch Selbständigkeit und Befreiung vom Joch der Fremdherrschaft erstreben, ist der Bolschewismus Fackelträger, Vorläufer des Erlösers. Seine günstigsten Voraussetzungen bieten Länder mit zahlreichem bäuerlichen Proletariat, verarmendem Kleinbürgertum, das langsam sich zum Lohnarbeitertum entwickelt und noch nicht die ersten Kämpfe absolviert hat; darüber eine dünne Schicht von Kapitalisten und Intellektuellen, denen aber nationale Unselbständigkeit peinigende ökonomische und geistige Schranken zieht. Deshalb findet der Bolschewismus in Afghanistan einen günstigeren Boden vor als etwa in Dänemark, und deshalb ist die Weltrevolution im Heugabelsinne etwas so absolut Ausgeschlossenes. Denn wo solche Voraussetzungen wie die eben genannten fehlen, wo die Arbeiterklasse in sozialen Kämpfen zu Selbstbewußtsein erstarkt ist, Einblick gewonnen hat in den unendlich komplizierten Apparat der modernen Produktionsprozesse und sich bereits bestimmte Organisationsformen geschaffen hat, in denen ihre ganze Kraft sich konzentriert, da kann sie sich nicht gewaltsam verurteilen zur Primitivität eines Proletariats, das noch ohne Erfahrung und Leitung wie im Dämmerschlaf nach Heilmitteln sucht. Da wird die an sich revolutionäre Sendung des Bolschewismus zu einer höchst reaktionären und die Propaganda dieser Theorie zu einer gefährlichen, geisterverwirrenden Spielerei. Und es ist daher auch kein Wunder, daß der Bolschewismus eine besondere Bedeutung erlangen mußte in Deutschland, dieser klassischen Ablagerungsstätte für die Ideen von aller Herren Ländern.

Man mißverstehe uns nicht. So richtige Leninisten mit allen

Schikanen sind bei uns *herzlich dünn gesät*. Den Kern der K.P.D. bilden letzten Endes *mißvergnügte Sozialdemokraten alten Schlages*, aufgewachsen in der Oppositionsstimmung der neunziger Jahre, über denen noch die Schatten von Ausnahmegesetz und Zuchthausvorlage breit und schwer lagerten. Wenn man so einem deutschen Moskowiter dieser Art die Bärenmütze beiseite schiebt, blicken einen allemal August Bebels ehrliche Kämpferaugen an. (Selbst unser unabhängiger Bürgerschreck *Ernst Däumig* wird von *Lenin* als «Sozialpazifist» belächelt.) Die K.P.D. ist nicht stark. Die gute Hälfte ihrer Anhängerschaft aber verdankt sie der fürsorglichen *«Ordnungspolitik» Noskes* und dem verteufelt schlauen Zickzackkurs der Unabhängigen. Wirklich gefährlich unter den Aposteln des Bolschewismus sind nur jene Allzuvielen, die ausgerechnet am 9. November 1918 ihr sozialistisches Herz entdeckten. Hier fehlt jegliche politische Schulung, fehlt auch der gediegene wissenschaftliche Unterbau der älteren Marxisten, den man manchmal als zopfig empfand, der jedoch sehr glücklich oft Exzentrizitäten verhinderte. Hier fehlt vor allem die Güte, die Menschenliebe, die alle großen Sozialisten bisher ausgezeichnet hat. Aufgewachsen in reaktionären Anschauungen, von militaristischen Instinkten reichlich durchsetzt, gewohnt, auf die Masse des arbeitenden Volkes als auf das «Pack» herabzusehen, so vorbereitet gehen die lieben Herrchen unter die Arbeiter und predigen die rote Botschaft des Gewaltsozialismus. Nicht die Entkapitalisierung der Gesellschaft, nicht die Hoffnung auf ein freies und frohes Geschlecht beflügelt sie; nur die sozialistische Praxis der Lenin und Trotzki wirkt auf sie so ungeheuer anziehend, der Zwang, der Blutdunst, die Atmosphäre von Despotismus und Brutalität.

So ist es ganz selbstverständlich, daß hier bald eine Brücke geschlagen werden mußte zum anderen Ufer, auf dem die Zelte der *Ludendorff-Leute* sich befinden. Diese unechten Spartacus-Jünger mag in ihren Zielen vieles oder alles von den Lehrlingen der Keim und Bernhardy trennen, gemeinsam ist die Grundstimmung: der Haß gegen die Demokratie, die Unmöglichkeit, ein freies Staatswesen zu ertragen. Das imponiert, daß Rußland zwar offiziell sich Räterepublik nennt, aber in Wahrheit von einem Direktorium absolutistisch regiert wird. Das imponiert,

daß die Revolutionäre von einst, die in Sibiriens Kerkern ge-
schmachtet haben, landflüchtig sind oder niedergebüttelt werden wie zu Zeiten des Zarentums, dafür aber der Schlächter
Brussilow wieder in Amt und Würden lebt. Das erfreut die ver-
wandte Gesinnung, daß die persönliche Freiheit unterdrückt ist
und in den Fabriken das seelenmordende *Taylorsystem* herrscht,
wie nur im kapitalistischen Blütenlande Amerika. Da findet der
Geist *Potsdams* alles wieder, was er liebt: den Militarismus, die
allmächtige Bureaukratie, den Drill, den Organisationsfimmel.
Kurzum: den Krückstock Friedrich Wilhelms, der frühmorgens
dem Torschreiber die Prügelsuppe ins Brett brachte und auf dem
Rücken säumiger Untertanen die Wachparade spielte.

Moskau und Potsdam. *Nationalbolschewismus!* Eine Vogel-
scheuche mit Ballonmütze und Generalstäblerhosen. Ob das
eine Zukunft hat? Die damals am 13. März in Herrn Kapps Vor-
zimmer herumlungerten, mögen sich ja sehr wichtig vorgekom-
men sein, wirken aber doch nur wie Figurinen zu einem Fast-
nachtsspiel. Über der Lächerlichkeit dieser «Idealisten» aber
sollte nicht übersehen werden, *daß beständig Verbindungsoffi-
ziere unterwegs sind zwischen den Extremen rechts und links.* Sie
erhoffen alles von der nächsten Entwicklung. Sie rechnen mit
dem Wachsen der wirtschaftlichen Notlage, mit der gewaltig
steigenden Unzufriedenheit, die zu einer rapiden Abnutzung
von Personen und Parteien führen muß. Wenn der neue Parlamentarismus ebenso versagt wie der alte, wenn die Demokratie
nicht, um im Potsdamer Deutsch zu reden, zum *rocher de bronce*
wird, dann ist der Erntetag der Desperados gekommen, dann
wird der sieche deutsche Volkskörper in die Pferdekur Luden-
dorff-Lenin genommen.

Wenn wir diese vollständige Barbarisierung Deutschlands verhindern wollen, müssen wir es sehr gründlich von den leider
noch recht beträchtlichen vornovemberischen Schlacken reini-
gen. Wir müssen es von *Autoritätsdusel* zu *Selbstgefühl* führen.
Von *militaristischer* und *nationalistischer Verranntheit* zu *Völ-
kerbundsgefühl.* Gewiß, die *Entente* könnte uns das sehr erleichtern, wenn sie endlich abginge von der törichten Politik der
Drohung, Erpressung und Gewalttätigkeit. Täuschen wir uns
aber nicht: *die Hauptarbeit ist bei uns zu Hause zu leisten!* Säße

heute an Herrn Millerands Stelle ein lichter Geist der Versöhnung, den Palmenzweig in der Hand, der allpreußische Michel würde ärger toben denn jemals. Die noch immer starke Suggestionskraft ausstrahlenden Reste einer Tradition, die der Vergangenheit angehört, endgültig zu beseitigen, das ist die Aufgabe eines jeden ehrlichen Demokraten, eines jeden, der die Freiheit liebt. *Erst die Entmilitarisierung der deutschen Denkungsart bedeutet die Demokratisierung des deutschen Volkes.*

Berliner Volks-Zeitung, 24. Juni 1920

Stalin und Trotzki

«Auch Sowjetrußland hat dem Proletariat nicht das gehalten, was es versprochen hatte. Die schwerste Enttäuschung, die es ihm zugefügt hat, ist die Haltung der regierenden Partei gegen seine frühern mit ihr verbündeten Freunde und revolutionären Mitkämpfer... Für sie hat sich wenig geändert, seit der Zarismus gestürzt wurde... Mit welchem Recht fordert Ihr von den kapitalistischen Regierungen Freilassung aller proletarischen politischen Gefangenen, solange bei Euch, wo der Wille des Proletariats den Zarismus beseitigte, noch proletarische Brüder... hinter Zuchthausmauern festgehalten werden...»

Das steht nicht irgendwo in einem verlästerten sozialistisch-demokratischen Zeitungsblatt, sondern in einer Manifestation freier, nicht parteigebundener Sozialisten, die großenteils dem anarcho-syndikalistischen Gedankenkreis angehören. Wir nennen hier nur Henriette Roland-Holst, Rudolf Rocker und Erich Mühsam. Störend wirkt nur, daß man sich auch hier Frau Karin Michaelis als Anstandsdame zugelegt hat. Warum?

Aber die Manifestation ist ein schneidender Klageruf – ‹J'accuse› von Ultralinks. Der hochoffizielle Parteikommunismus, der gern etwas bramsig auftritt, muß sich daran gewöhnen, daß er heute nicht mehr die äußersten Linksplätze frequentiert. Die Gruppen von Ausgestoßenen und grollend Geschiedenen stehen ihm im Rücken. Vielleicht sind diese Sezessionen ziffernmäßig gar nicht stark, die Tatsache, daß linkerhand noch etwas da ist, drängt sacht und kaum wahrnehmbar nach rechts. Wo die kommunistischen Häupter heut auftreten, schreit ein erregter Chorus: «Verräter, Verräter!» So schrie einst Spartakus gegen USP, vorher USP gegen SPD, und, vor grauen Zeiten die Sozialdemokratie gegen die bürgerliche Demokratie. Dieser Tage hat in Berlin eine Versammlung von Opponenten den redlichen Pieck, der ausgeschickt war, sie zu belehren, rauh angefaßt. Wie lange wird es dauern und Höllein wird reden wie Otto Wels...

Der Mann, der diesen nützlichen Klärungsprozeß verhindert, ist der Herr Oberreichsanwalt Doktor Werner. Wenn die unsinnigen Verfolgungen endlich aufhören, wird man sehen, daß Spartakus schon lange ein gestärktes Vorhemd trägt.

*

Diese Kämpfe sind aber nur Reflexe innerrussischer Auseinandersetzungen. Da die moskauer Diktatur die Redefreiheit rationiert, werden die Gegensätze unglücklicherweise erst im Ausland richtig ausgetragen. So kommt es, daß Köln-Nippes plötzlich «für Trotzki» ist, während Köln-Kalk treu «zu Stalin hält» und den bedingungslosen Hinauswurf von Köln-Nippes fordert. Die Kommunisten in Deutschland und überall hätten besseres zu tun als das zu Ende zu pauken, was in Rußland nur halb gesagt wird. Denn die Fragen, die die russische Partei spalten, gibt es anderswo überhaupt nicht; sie hängen nur mit der jetzt ein Jahrzehnt bestehenden und lebendig wirkenden Herrschaft zusammen. Moskau, das ungemein geschickt operiert hat bei der Behandlung kolonialer und halbkolonialer Völker, versagte stets bei der Leitung der europäischen Bruderparteien. Anstatt die Parteien auf eignem Boden selbständig wachsen zu lassen, hat es sich willenlose Trabanten ziehen wollen, stumme Diener; und es ist kein Wunder, daß viele davon, die jetzt endlich die Zunge gefunden haben, sie zunächst benutzen, um den Meister zu verfluchen, dem sie ihre Golemexistenz verdanken. Wenn die Russen, die für die Wiedererrichtung ihrer Wirtschaft so viel Vivazität und saftvolle Energie einzusetzen hatten, nur endlich darauf verzichten wollten, die für die Praxis nicht brauchbaren Parteigrößen als Priester und Tempelhüter der reinen Lehre anzustellen! Als Präpositus der Dritten Internationale ist auf den unsagbaren Sinowjew zwar der bedeutendere Bucharin gefolgt. Aber im Grunde ist da kein größerer Unterschied, als daß Bucharin durch die linke Tür bugsieren läßt, während sein Vorgänger die rechte bevorzugte. Diese Theoretiker ruinieren das Proletariat, sie treiben es in die Eisfelder der Abstraktion; ihr motu proprio hetzt die Arbeiter gegeneinander und läßt sie endlich glaubenslos und politikmüde liegen.

                            *

Was in der deutschen Kommunistenpartei nur wie ein Gespensterkrieg aufgenötigter oder kopierter Parolen wirkt, das ist in Rußland allerdings kein Duell von kalten Theoremen, sondern ein sehr lebendiger Gegensatz, der von zwei überragenden Gestalten verkörpert wird – von Stalin und Trotzki. Man behandelt auch außerhalb der kommunistischen Reihen diese Dinge ohne Bemühung zur Realität. Man spricht entweder von persönlichen Rivalitäten beider, von Trotzkis brennendem Ehrgeiz – grade als sollte hier schon ein Muster zu einem künftigen zeitgeschichtlichen Drama von Alexej Tolstoj zurechtgeschnitten werden – oder spielt die angeblichen Programme beider gegeneinander aus. In Wahrheit ist das, was beide Teile sagen, gar nicht wägbar. Denn beide suchen sich an Radikalität zu übertrumpfen: einer wirft dem andern vor, revolutionäre Orthodoxie durch Reformismus ablösen zu wollen. Kommt hinzu, daß die Opponenten nur ein Katakombendasein führen, andrerseits aber die revolutionäre Terminologie der Stalingruppe, der herrschenden Mehrheit also, nur demagogische Bemäntelung einer faktisch opportunistischen Politik zu sein braucht. Das ist hier ganz unübersichtlich und kann darum nicht untersucht werden. Zudem ist der außenpolitische Druck auf Rußland ungeheuer. In solcher Bedrängnis klingt alles laut und schrill. Weltpolitisch betrachtet spielt die englische Regierung die gleiche Rolle wie bei uns der Herr Oberreichsanwalt: sie verhindert die klare Sicht. Wir sehen nur ein gehetztes Land, wie bei uns eine gehetzte Partei.

Nein, es wäre sinnlos, die Ideologien beider Richtungen zu untersuchen. Zweck hat nur zu betrachten, was die herrschende Gruppe darstellt und was diese und jede andre Opposition erreichen könnte. Diese Frage stellen, führt aber zu dem unbedingten Wunsch, Stalin möchte sich behaupten. Denn Stalin ist die Bestätigung, daß eine Revolution auch nur ein einmaliges Ereignis ist und deshalb nicht streckbar; und daß sie Konstruktion werden muß, wenn nicht alles wieder verloren gehen soll, was ihr Elan errang. Dabei büßt sie selbstverständlich ihren Glanz ein und gewöhnlich auch noch mehr als den Glanz. Das Rußland, wie es heut ist, das mit Eisenfaust Hunger und Anarchie niederringt und trotz der englischen Verrufserklärung, trotz den Fehlschlägen in China lebt und arbeitet, das ist Stalin. Seine Zukunft liegt beim Typus Stalin.

Denn Leo Trotzki, der Carnot der Sowjets, ist heute schon eine glorreiche Reminiszenz. Einer, den das Sentiment bestimmt, der über die große Epoche seiner Vergangenheit nicht hinwegkommt und das gleiche Lied immer spielen will. Was könnte er mit seinem buntgemischten Anhang erreichen? Wenn man seinen deutschen Anbetern glauben will, verlangt er die Wiederherstellung der «reinen Lehre» Lenins: Streichung der Konzessionen an die kapitalistischen Mächte, neue Propaganda der Weltrevolution im Stil von 1920 – kurzum, alle Rigorositäten der ersten Epoche, jener Epoche, die auch seine Glanzzeit einschließt, Rückgang auf eine Linie, die Lenin selbst in der Not der Zeit verlassen hat. Kann man zweifeln, daß dies das Ende wäre? In Westeuropa würden längst begrabene Kreuzzugspläne effektvoll wiedererstehen; kein größerer Glücksfall wäre denkbar für Churchill, den Regisseur Denikins und Wrangels. Bleibt noch die andre Möglichkeit: – Trotzki müßte sich nach Bundesgenossen umsehen, Anlehnung suchen an die Menschewiki und den Emigranten aller Art die Grenzen wieder öffnen. Ein solcher Umschwung aber würde Bürgerkrieg, mindestens bürgerkriegsähnliche Zustände bedeuten, womit aber alles wieder in Frage gestellt und der rückläufigen Bewegung der Weg freigemacht wäre: von Trotzki zurück zu einem neuen Kerenski, von dem zu Miljukoff, von da, nach Putschen, ausländischen Interventionen, gewährten und zurückgezogenen amerikanischen Anleihen... zu einem neuen Zaren. Moskaus Feinde wittern das sehr wohl: obgleich Trotzki sehr radikal spricht, setzen sie überall auf ihn und am höchsten in England, dem er vor ein paar Jahren erst in einem großartigen Pamphlet die blutigste soziale Revolution vorausgesagt hat.

Trotzki verkörpert die revolutionäre Romantik, Stalin die

nüchterne und keineswegs schöne Realität. Der Kontrast ist da, und daß er so böse Formen annimmt, liegt großenteils daran, daß in Rotrußlands Vokabularium das Wort Freiheit nicht gelitten ist. Die Tscheka, die sich bisher nur mit wirklicher oder angeblicher Konterrevolution befaßte, rückt jetzt den Gurgeln der verstoßenen Oberpriester bedenklich nahe. Jetzt entdeckt selbst ein Sinowjew plötzlich das ewige menschliche Recht auf freie Rede. Der nächste Schritt wird wohl der berühmte feurige Appell an das Gewissen der Welt sein. Es gibt keine heißern Demokraten als abgestürzte Diktatoren.

Die Weltbühne, 15. November 1927

«Die Sehnsucht nach dem Diktator»

Faschismus

Ossietzky flieht nach dem Reichstagsbrand Ende Februar 1933, obwohl vorgewarnt, nicht aus Deutschland. Zu fragen ist: War er ein falscher Prophet, der das kommende Unheil – nicht einmal für sich selbst – nicht voraussehen konnte? Hatte er eine unzulängliche Analyse des deutschen Faschismus? Mußte er durch Haltung ersetzen, was ihm an Erkenntnis versagt war?

Zunächst gilt: Die europäischen faschistischen Bewegungen – in Ossietzkys Schreibweise immer: Fascismus – sind für Ossietzky seit dem Weltkrieg ein Dauerthema. Alle Gebiete: Politik, Gesellschaft, Kultur, in die der Faschismus schleichend oder gewaltsam eindrang, hat Ossietzky beobachtet und kommentierend analysiert. Der Suggestion einer schicksalsmächtigen Zwangsläufigkeit ist er dabei nicht erlegen, im Gegenteil, stets hat er die Gegenkräfte gesehen und ermutigt.

Die ausgewählten Artikel sind typische Dokumente aus unterschiedlichen Entwicklungsphasen: Faschismus im Entstehen («Weltreaktion» BVZ, 1923), Faschismus in der sogenannten Kampfzeit («Wer gegen wen?» WB, 1931) und Faschismus an der Macht («Kavaliere und Rundköpfe» WB, 1933). Sie zeigen, daß Ossietzky seine theoretischen Grundannahmen nicht zu ändern brauchte, aber auch, wie schwierig eine stimmige Prognose sein mußte.

Der erste Artikel «Weltreaktion. Ihr Unsinn und ihr Sinn» aus der «Berliner Volkszeitung» vom 3.5.1923 zeigt, daß Ossietzky schon sehr früh den internationalen Charakter der faschistischen Bewegung erkennt. Er erwähnt außer Deutschland namentlich Italien, Ungarn und Österreich und behält Recht: Bis 1939 werden darüber hinaus Spanien, Portugal, Griechenland, Türkei, Polen, Estland und Litauen Regierungen erhalten, die mehr oder weniger als offen faschistische Diktaturen zu bezeichnen sind. In weiteren Ländern, wie etwa den von Ossietzky schon genannten

Frankreich und Schweiz, gibt es zumindest starke faschistische bzw. starke national-konservative Bewegungen. Die Bezeichnung «Weltreaktion» ist genau und weitsichtig.

Was Ossietzky die «ironische Folie des Fascismus» nennt, die vordergründige Deklamation gegen den «Großkapitalismus» bei gleichzeitiger Durchführung seiner imperialen Logik, wird sich in voller Wucht später als richtig erweisen. Die ökonomische und sozialen Frage des «Cui bono?» wird Ossietzky in allen Analysen gleichermaßen stellen und ähnlich beantworten, die Theatralik und die Rhetorik mögen noch so dagegen stehen.

Die Herrschaftsform, die Diktatur, sieht er in Italien schon etabliert. In Mussolini nimmt eine alte Form neue Gestalt an. Ossietzky erinnert an Cola di Rienzi (1313–1354); andere ziehen Linien zu Cäsar, Cromwell oder Napoleon I. oder III. Für Ossietzky beunruhigend ist jedenfalls die «Sehnsucht nach dem Diktator», eine Heilserwartung und Empfindungslage, die tendenziell republikzerstörend wirken muß.

Und ein weiterer Widerspruch innerhalb der faschistischen Bewegungen wird so früh schon überdeutlich: Mittel und Zweck divergieren. Mit den «Waffen der Anarchie» soll «Ordnung» geschaffen werden. Ganz ähnlich formuliert Antonio Gramsci zur selben Zeit, wenn er der kleinen und mittleren Bourgeoisie vorhält, sie versuche «die gigantischen Probleme mit Maschinengewehren und Revolvern zu lösen». Was in Italien und Spanien so vorgebildet ist, sieht Ossietzky auf Deutschland zukommen.

Der zweite Artikel «Wer gegen wen?» aus der «Weltbühne» vom 24. November 1931 ist typisch für eine spätere Phase: eine der zahlreichen Wahlsiege der Nationalsozialisten in den 30er Jahren. Der Tenor für die gesamte Epoche des Faschismus vor der Machtausübung lautet für Ossietzky: «Hitler regiert nicht, aber er herrscht». Auffallend aber auch jetzt noch: Ossietzky schreibt gegen die Stimmung eines zwangsläufigen Fatalismus an. Er sucht nach Spuren der Zuversicht, auf daß der Faschismus seinen «letzten Gang» verlieren möge.

Ähnlich wie Bertolt Brecht oder Ernst Bloch zerlegt Ossietzky das ideologische Amalgam der faschistischen Bewegung in seine einfachen Bestandteile. Nichts dabei erweist sich als originär. Alles ist Nachahmung oder Plagiat. Als Sprengkraft, so hofft er,

wird sich der Raub der «sozialen Revolution» von ganz links erweisen oder auch: Die sozialen Widersprüche werden von innen
heraus eine faschistische Herrschaft sprengen. Hitlers Taktik, sein
Attentismus und sein Legalismus, werden von Ossietzky wie von
wenigen durchschaut und in ihrer Gefährlichkeit richtig eingeschätzt. Der als «Adolphe legalité» verspottete Hitler weiß sehr
genau, wer in welchem Ausmaß ihm vorarbeitet. Diese Wegbereiter, zu denen Ossietzky auch Brüning zählt, unterzieht der
Publizist einer vernichtenden Kritik.

Als Gegenwehr propagiert Ossietzky ein «taktisches Notprogramm». Es wäre dies die Einigung aller sozialistischen Kräfte,
nicht umstandslos die Einheitsfront von SPD und KPD, die Ossietzky als Utopie in weiter Ferne sieht. Seine Vorschläge zu dieser
Einigung nehmen sich sehr nüchtern, überaus pragmatisch und
allein deshalb als halbwegs realistisch aus. Rätselhaft erscheint
aus heutiger Sicht, warum gerade diese völlig illusionslose Sichtweise so wirkungslos blieb.

Der dritte Artikel «Kavaliere und Rundköpfe» vom 7. Februar
1933 aus der «Weltbühne» ist Ossietzkys vorletzte direkte Auseinandersetzung mit der nationalsozialistischen Bewegung. Hitler ist seit Tagen Reichskanzler. Von einer «Krise der Nazis» wie
noch in dem Artikel «Wintermärchen» vom 3. Januar 1933 ist
nicht mehr die Rede; die Hoffnung zurück auf den «Weg zur
Verfassung», die Ossietzky noch in «Kamarilla» vom 31. Januar
1933 suggeriert, ist jetzt auch verflogen. Das Reichskabinett Hitlers ist etabliert, in einer Zusammensetzung allerdings, die selbst
konservative Kommentatoren ernüchtert. Ossietzky läßt mit
Fritz Klein und Hans Zehrer zwei solche Stimmen zu Wort kommen. Dem Schein einer konservativen Einbettung und Stillstellung Hitlers erliegt Ossietzky nicht.

Es erfüllt sich hiermit, was Ossietzky zehn Jahre zuvor diagnostiziert hatte: Der Antikapitalismus ist bloße Propaganda, Faschismus an der Macht heißt Konsolidierung von Großgrundbesitz und Großindustrie, nicht aber soziale Revolution. Ossietzky
spricht von «Kavalieren» und «Rundköpfen», also zwei Faktionen, die aus der englischen Parlamentsgeschichte bekannt geworden sind. Dort sind unter Karl I. (1625–1649) die «Kavaliere»
(später Tories) die Vertreter der alten Grundaristokratie, die

«Rundköpfe» (später Whigs) die Verfechter der modernen Wirt-
schaft und des Überseehandels. Den politischen Gehalt dieser
zweiten Fraktion verschiebt Ossietzky in Richtung eines nationa-
listischen Rigorismus. Dadurch erhält die Fraktionierung insge-
samt aber eine andere Bedeutung: Es gibt Nutznießer und
Handlanger, nicht also die Balance zwischen unterschiedlichen
Wirtschaftsinteressen.

Über die Erfolgsaussichten ist vorerst auch für Ossietzky noch
nichts auszumachen. Schnelles Scheitern wie lange Dauer: Bei-
des erscheint möglich. Insgesamt ist aber die Niederlage zu-
nächst perfekt. Die «Gegenrevolution» hat die Höhen besetzt.
Daß sie es «kampflos» tun konnte, registriert Ossietzky mit
Zorn. Zumindest er hatte gewarnt und den «hohen Funktionä-
ren» der geschlagenen Parteien rechtzeitig die Leviten gelesen.
Ein Neubeginn ist, so zieht er Bilanz, wohl nur ohne sie mög-
lich.

Weltreaktion
Ihr Unsinn und ihr Sinn

Am Himmelfahrtstage wurde in Toulouse Joseph Caillaux von
einigen aufgeregten Mitbürgern tätlich angegriffen und schwer
mißhandelt. Das war am gleichen Tage, da in Lausanne der russische Delegierte einem terroristischen Attentat zum Opfer fiel.

Caillaux' Angreifer zählen zu den «Camelots du roi», dieser
oft widerwärtig zur Erscheinung gekommenen Kampftruppe
der französischen Reaktion. Der Mörder Worowskys ist ein rus-
sifizierter Schweizer oder ein helvetisierter Russe, ganz klar ist
das im Augenblick noch nicht festgestellt und auch für die politische Bewertung der Tat ziemlich belanglos. Worauf es ankommt,
ist, daß die Kugeln dem Vertreter eines sozialistischen Staates
galten.

Es preßt sich ein breiter schwarzer Gürtel enger und enger um
die alten und neuen Demokratien Europas. Es liegt allerorten ein
dumpfes Mißbehagen in der Luft, unsichtbar, ungreifbar und

dennoch da. Die Formeln des historisch gewordenen demokratischen Parlamentarismus attrahieren nicht mehr recht; die Parlamente weisen mehr oder minder Zeichen von Altersschwäche auf, die nicht an bestimmte Personen gebunden, sondern irgendwie dem System als solchem immanent sind. Und die Hoffnung von 1919, die Idee der Sowjets? Noch wehen zwar auf dem Kreml Rotrußlands Fahnen, noch muß der Bolschewik in der ganzen Welt als Kinderschreck herhalten. Aber der Leninismus liegt auf dem Krankenbett, siech und der Sprache beraubt wie sein Meister. Durch Hintertüren und verbotene Eingänge kehren die Sendboten des mit vieler Mühe ausgerotteten kapitalistischen Industrialismus wieder zurück.

Die alten Quellen sind versiegt, die neuen hat ein gewaltiger Steinschlag verschüttet. Wohin soll die Menschheit hoffend und glaubend ihre Blicke richten?

Kein Land gibt es, das nicht unter den wirtschaftlichen Erscheinungen der Nachkriegszeit litte. Durch den Friedensvertrag sind alte Reiche ökonomisch und territorial depossediert worden. Sie bilden in ihrem kläglichen Zerfall eine immer tätige Keimzelle von Fäulnis und Unruhen. Dagegen sind junge Staaten entstanden, die in territorialer Überfütterung sich kindlichkraftmeierisch gebärden; ihre Machtansprüche sind groß, ihr Fundus an Gut und Arbeitskraft ist gering. Ihr jugendfrisches Freiheitsgefühl lebt sich im wesentlichen in Versuchen aus, andere zu unterdrücken. Sie sind stärker im Erobern, denn im Produzieren, jedenfalls kein stabiles Element im Gefüge Europas.

Die Völker fühlen sich als Spielbälle von Kräften, die sie nicht verstehen. Sie fürchten die kommunistische Drohung, sie erschauern unter dem gigantischen Anschwellen des Großkapitalismus. Der Standard der allgemeinen Lebenshaltung sinkt immer tiefer unter das von altersher gewohnte Niveau. Die Heilkundigen der Politik, welcher Schule sie auch angehören mögen, genießen kein Vertrauen mehr. Es ist eine stehende Erfahrung: wo der Arzt in Mißkredit gekommen ist, schleicht der *Scharlatan* ins Haus. Und die moderne politische Scharlatanerie kristallisiert sich in dem vielfarbigen, vieldeutigen Begriff: *Fascismus*.

Was ist Fascismus? Zunächst ein Ausverkauf kleinbürgerlicher Ideologien und Illusionen von vorgestern. Gedankenspäne, die längst vom Wirbel der Zeit in alle vier Winde zerstreut schienen und die sich heute von neuem zu einer gefährlichen Masse zusammengefunden haben. Der Fascismus ist die *machtgewordene Furcht* des von kapitalistischen und sozialistischen Extremen in seiner Existenz bedrohten und durch die Schieberepochen seit 1914 materiell und moralisch geschwächten Bürgertums.

Diese Stimmung ist eine internationale. In Italien, wo die Gefahr am geringsten war, die Kommunisten sich aber am großmäuligsten gebärdeten, hat sie zuerst zum Siege geführt. Sie hat ihren Niederschlag gefunden im ungarischen Horthy-Regime, sie durchdringt mählich das verelendete Österreich, nationalistisch, antisemitisch und monarchistisch aufgemacht, wiegelt sie in Deutschland die Opfer der sozialen Umschichtung gegen die Republik als Statthalterin der «goldenen Internationale» zu einem grobdrähtigen Aktivismus der geballten Faust auf. Sie hat als militaristisch-imperialistische Wahnvorstellung Frankreich okkupiert und hat selbst die kleine friedliche Schweiz in eine krankhafte Sozialistenangst hineingehetzt, die bereits seit längerem die Grundlage dieser ehrwürdigsten und urtümlichsten aller Demokratien unterhöhlt.

Wo die Männer versagen, da ruft man nach *dem* Mann. Der Fascismus, der überall anders, überall in neuer nationaler Vermummung auftritt, weist in allen Ländern diesen einen gemeinsamen Wesenszug auf: die *Sehnsucht nach dem Diktator.* Die erschlafften Völker suchen nach einem Hirn, das für sie denkt, nach einem Rücken, der für sie trägt.

Soweit die Bestandsaufnahme. Etwas anders aber sieht es aus, wenn man fragt: Cui bono? Denn soziale Revolutionen und Evolutionen lassen sich nicht einfach ungeschehen machen. Die Zeit läßt sich nicht wie in der genialen Phantasie des Henry George Wells beliebig vor- und zurückstellen. Man kann Probleme nicht dadurch lösen, daß man sie ignoriert. Daran scheitert auch die fascistische Weltreaktion. Sie trägt ihren Richter in sich in ihrer Kritiklosigkeit, in ihrer ungebundenen Hoffnung auf «*den*» Mann.

Herr Mussolini, der neue Rienzi, hat bisher zwar mit pompösen Schaugepfrängen die Augen seines Volkes zufriedengestellt, aber nicht den Magen. Er hat die schüchternen Sozialisten geduckt, aber nichts gegen den Kapitalismus unternommen. An dem Tage, wo er es versuchen wollte, würde er wie seine antiken Vorbilder vom tarpejischen Felsen gestürzt werden. Das ist die ironische Folie des Fascismus, daß er bei aller Deklamation gegen den Großkapitalismus gegen diesen nicht nur völlig ohnmächtig ist, sondern sogar als dessen Kreatur wirkt. Er macht ihm erst recht die Bahn frei. Das fascistische Wirtschaftsprogramm erweist sich vor den rauhen Tatsachen als Seifenblase. Das Schwarzhemd, das Hakenkreuz und alle die anderen Insignien der alt-neuen Ideologie, wem nützen sie? Niemandem als dem werdenden Industriefeudalismus, der an die Stelle der zermürbten Staatsautorität tritt, die «Diktatoren» gelassen beiseite schiebt und die enttäuschten, führerlos gewordenen Massen endgültig unter sein Joch bringt. *Der Fascismus kämpft für das, was er Ordnung nennt, mit den Waffen der Anarchie.* An diesem Widerspruch in sich muß er zugrunde gehen.

Sein Sinn wird offenbar in den kolossalen sozialen Umformungen unserer Tage. Sein Unsinn in der Wahl seiner Mittel und seinem Mangel an realen Zielen.

Berliner Volks-Zeitung, 13. Mai 1923

Wer gegen wen?

Die Nationalsozialisten haben nun auch in Hessen die bürgerlichen Parteien überrannt und die Sozialdemokratie stark ins Hintertreffen gebracht. Die Kommunisten haben viel erobert, und die neue Sozialistische Arbeiterpartei hat trotz ungünstigsten Verhältnissen ein Mandat gewinnen können. Von den alten Bürgerparteien hat sich nur das Zentrum mit bestem Anstand behauptet. Die Gruppen Hugenberg, Dingeldey, Dietrich und einige andre liegen zerschlagen da. Die Massen der enteigneten Bürger flüchten hinter die Palisaden der Nationalsozialistischen Partei. Angesichts des ungeheuren Anwachsens dieser Partei, die noch vor ein paar Jahren eine etwas zweifelhafte Sekte war, verliert die Frage fast an Bedeutung, ob und wann sie regieren wird.

Schon lange kommt die Regierung Brüning ihr auf allen Wegen entgegen. Die Notverordnungen, die Militarisierung des Innenministeriums, alles das sind Maßnahmen, die den Zustand von morgen oder übermorgen vorwegnehmen. Hitler regiert nicht, aber er herrscht.

Das deutsche Bürgertum schwindet politisch in dem Maße, wie es sozial an Boden verliert. Es begreift nicht das über seine Klasse hereingebrochene wirtschaftliche Schicksal. Es steht einer Revolution gegenüber, die es mit unbarmherziger Schnelle aus seinen Vorrechten jagt, und die doch weder Gestalt noch Gesicht trägt. Die französischen Adligen sahen doch die rote Mütze ihrer Gegner, die Spottverse der Ohnehosen heulten ihnen in die Ohren. Ça ira, ça ira, les aristocrats on les pendra. Die deutsche Besitzerschicht hat es nicht mit Bürger Samson zu tun, ihr Nachrichter ist der höchst korrekte Gerichtsvollzieher. Was Generationen erworben haben, wandert eines Morgens auf den kleinen klapprigen Wagen vor der Tür, der nachher so melancholisch durch die Straßen rumpelt wie Wilhelm Raabes Schüdderump. Ça ira, ça ira, celui qui s'élève, on l'abaissera.

Dieses Millionenheer, das sich dem Fascismus in die Arme wirft, fragt nicht, weil ihm nichts mehr zu fragen übrig geblieben ist. Desperat und kritiklos folgt es einer bunten und lärmenden Jahrmarktsgaukelei, weil nichts schlimmer werden kann als es bereits ist, so wie ein von den besten Ärzten aufgegebener Patient schließlich den Weg zum Kurpfuscher findet, der dem Krebskranken empfiehlt, eine Walnuß in der Tasche zu tragen. Jeder hofft, niemand fragt. Darin liegt das Glück des Nationalsozialismus, das Geheimnis seiner Siege, darin liegt aber auch seine Ohnmacht. Seine verschiedenartigen Bestandteile wachsen nicht zusammen, die Partei bleibt und bleibt eine kolossale Anschwemmung gebrochener Existenzen, leidlich gebunden nur durch den Glauben, daß der Heilige aus Braunau im Ernstfalle doch funktionieren wird. Aber der Heilige denkt nicht ans Funktionieren, dieser Prophet der German Science – man muß seinen Mumpitz so nennen – macht sich im Braunen Haus wichtig; kein Gestalter, jeder Zoll ein Dekorateur, heute Wilhelm II., morgen vielleicht schon Ludwig II. Zweimal hätte die Partei marschieren können. Am 14. September 1930 und am Abend von Harzburg war Deutschland sturmreif. Aber Hitler marschiert nicht; denn wenn er auch nicht viel weiß, so doch eines: daß er nur ein paar seiner Mobilgarden ausschwärmen lassen kann, daß aber das Gros keine Bewegung verträgt. Und im Grunde kalkuliert er nicht so unrichtig. Denn was Brüning und Groener für ihn tun, braucht er selbst nicht zu leisten. Nochmals: er regiert nicht, aber er herrscht. Er tut nichts, aber andre laufen für ihn.

Auf die Dauer kann es sich aber eine noch immer wachsende Partei nicht so bequem machen. An dieser Partei ist nichts originell, nichts schöpferisch, es ist alles entlehnt. Sie hat kein eignes geistiges Inventar, keine Idee; ihr Programm ist in aller Welt zusammengestoppelter Unsinn. Ihr äußerer Habitus und ihr Wortschatz stammt teils von den Linksradikalen, teils von Mussolini, teils von dem Erwachenden Ungarn. Nur die Vereinsparole «Juda verrecke!» ist wohl in eigner Kultur gezogen. Diese Millionenpartei mit den fetten Industriegeldern hat bei ihren Ausflügen in den Geist immer nur die ärgsten und ältesten Klamotten aufgekauft. Was ihre Theoretiker Feder und Rosenberg angeht, so ist jede Unterhaltung mit ihnen unmöglich, während man mit einem vifen Praktiker wie Goebbels immerhin noch mit den Stiefelspitzen diskutieren kann. Alles an dieser Partei ist Nachahmung, alles was sie unternimmt schlechtes Plagiat. Selbst ihre Zeitungen sind im Format und in der graphischen Aufmachung aufs engste an eingeführte Blätter angelehnt, ihnen zum Verwechseln ähnlich gemacht. Alles in und an der Nationalsozialistischen Partei ist zusammengeklaut, alles Diebesgut, alles Sore; Material für stupide Köpfe aber fertige Finger. Dennoch waltet auch hier so etwas wie eine metaphysische Gerechtigkeit: die Herren Führer haben sich ein Stück zu viel gelangt. Sie haben sich von ganz links her auch die soziale Revolution geholt und unter ihre Leute geworfen. Damit hantieren sie nun wie der Affe mit dem Rasiermesser, und damit werden sie sich am Ende selbst die Gurgel abschneiden.

Hugenberg hat bekanntlich gesagt, wir müßten alle Proletarier werden, ehe es wieder besser wird, und im Grunde hat auch Karl Marx dasselbe gesagt. Heute ist dieser Tatbestand so ziemlich erreicht, es kommt nur darauf an, was für Schlüsse man daraus zieht. Die soziale Differenzierung wird schwächer und schwächer, man kann es sich beinahe ausrechnen, wann Deutschland von einer einzigen verelendeten Masse bewohnt wird. Bald wird es nur noch eine einzige proletarische Klasse geben, und selbst wer heute noch arbeitet, sich heute noch mit Vermögensresten in etwas Wohlhäbigkeit sonnt, tut es mit schlechtem Gewissen, fühlt sich im Innern doch nur als einstweilen zurückgestellte Reserve der großen Armee unter der einen grauen Fahne. Damit werden aber auch die innern Fraktionszwiste schattenhaft, die historischen Parteien selbst gespenstisch, weil sie nicht der wirklichen Sachlage entsprechen, weil dahinter nicht mehr die natürlichen Gruppeninteressen stehen, weil Deutschland anfängt, eine einzige Klasse zu werden. Die Parteien raufen sich wie sonst. Warum? Sie sind leer gewordene Hülsen. Die verschiedenen Kokarden fallen auf der Straße übereinander her und zerschlagen sich die dahinter befindlichen Stirnen. Warum? Wer steht gegen wen? Prolet gegen Prolet. Habenichts gegen Habenichts. Deutschland gegen Deutschland.

*

Es ist also eine Situation zum Handeln wie geschaffen. Selten stellt das Schicksal der Völker das Bild einer Nation so einheitlich. Die bürgerlichen Mittelparteien sind erledigt, das zwar immer noch intakte Zentrum ist nur eine Partei der taktischen Defensive, die vor jedem Entscheidungskampf einschwenkt und sich mit dem wahrscheinlichen Sieger zu vertragen sucht. Seine Leute gehn nur in die Wahlzelle, nicht auf die Straße. Die Entscheidung kann nur von den Fascisten kommen oder von den Sozialisten.

Unter diesen Umständen liegt der Gedanke der sozialistischen Einigung wieder in der Luft. Die Gewerkschaften schrumpfen in der allgemeinen Pauperisierung. Die Sozialdemokratie verliert überall, wo gewählt wird. Die Kommunisten gewinnen zwar, aber zugleich geraten sie mehr und mehr in Isolierung; ihre Radikalität geht auf zu viel und muß im tiefsten Defaitismus enden. Ihr Wachstum zwingt ihnen Aufgaben und Entschlüsse auf, die ihnen nicht nur aus innern Gründen gefährlich werden können. Eine so große Partei, die ständig unter dem Schwerte des Verbots lebt, kann leicht unsicher werden. Außerdem ist die KPD durch

Programm und Doktrin an eine starre Linientreue gefesselt, die sie an der Entfaltung ihrer wahren Kraft hindert; sie kann davon nicht abweichen, ohne in schweren innern Zwiespalt zu kommen. Es ist mir einmal bei der Partei bitter vermerkt worden, daß ich mich über Heinz Neumanns chinesische Vergangenheit mokierte. Heute will ich mich gern rektifizieren. Es wäre ein namenloser Segen für die ganze KPD, wenn der moskauer Großherr, der für Herrn Neumann viel übrig haben soll, ihm möglichst bald eine neue ehrenvolle Mission in China übertragen möchte. Auch unter den deutschen Kommunisten gibt es zahllose, die die Auffassung vertreten, daß Herrn Neumanns nicht unbeträchtliche Begabung für chinesische Verhältnisse wie geschaffen ist.

Der Bürgerkrieg der deutschen Sozialisten untereinander wird immer naturwidriger. Der Fundus, um den sie sich schlagen, wird immer kleiner. Dieser Fundus ist die deutsche Republik. Hat der Fascismus einmal gesiegt, so werden die Sozialdemokraten ebenso wenig zu melden haben wie die Kommunisten. Auch hier lautet die Frage: Wer gegen wen? Proletarier gegen Proletarier. Arbeiter gegen Arbeiter. Dabei werden die Anhänger beider Parteien immer ähnlicher im Denken. Die kommunistischen Arbeiter verlieren die Geduld, auf eine Weltrevolution zu warten, die nicht kommt, obgleich die ökonomischen Zustände dafür reif zu sein scheinen. Die sozialdemokratischen Arbeiter dagegen verlieren den Glauben an den Opportunismus ihrer Führer.

Die Sozialdemokratie hat durch Rudolf Breitscheid die Möglichkeit operativen Zusammengehens mit den Kommunisten zur Erörterung gestellt. Das war vernünftig, aber das schlechte Echo bei der ‹Roten Fahne› dürfte sich wohl auch durch die Wahl dieses Friedensbotens etwas erklären lassen. Es gibt noch genug Sozialdemokraten, die dafür besser geeignet sind. Herr Breitscheid ist eine Bettschönheit, er verliert, wenn er aufsteht. Es heißt auch, eine Diskussion schon im Anfang abdrosseln, wenn der ‹Vorwärts› schreibt, die Kommunisten müßten es sich abgewöhnen, Brüning-Groener gleich Hugenberg-Hitler zu setzen. Es kommt nicht auf die besondere politisch-moralische Einschätzung dieser Herren an, nicht auf ihre Absichten sondern auf ihre Wirkung. Und hier muß man die Unterschiede schon mit dem Mikroskop suchen.

Es wäre eine Utopie und würde der Sache nur schaden, heute bereits die gemeinsame revolutionäre Front aller sozialistischen Parteien und ihrer Sezessionen zu fordern. Das ist ein Wunschbild, das augenblicklich an den sachlichen und personalen Differenzen zerbricht. Wenn zunächst nur ein taktisches Notprogramm fruchtbar gemacht werden könnte, so wäre das schon ungeheuer viel. Ein Programm der produktiven Abwehr: Verteidung der sozialen Arbeiterrechte und der politischen Bürgerrechte gegen das System der Notverordnungen und den Fascismus, gegen Brüning und Groener, Hugenberg und Hitler. Was aber für alle Fälle verhindert werden muß, das ist die gleiche abscheuliche Gruppierung wie beim preußischen Volksentscheid. Dieses traurige Schauspiel darf sich nicht wiederholen, sonst erhalten wir im nächsten Frühjahr mit linksradikaler Hilfe einen Reichspräsidenten Hitler. Es ist ein Unglück, daß den sozialistischen Parteien wirkliche Mittler fehlen, daß die Bureaugenerale der Zentralen selbst Tuchfühlung suchen müssen und daß sie dabei leicht an Widerständen scheitern können, die sie selbst geschaffen haben. Wie viele Minuten oder Sekunden vor zwölf es schon ist, läßt sich nicht sagen. Periculum in mora. Die Herrschaften müssen sich beeilen.

Bei alledem ist es dennoch ein Fortschritt, daß heute wieder über Derartiges laut gesprochen werden kann, ohne daß die Ketzerrichter solche Stimmen gleich mit dicken Wollknebeln zu ersticken trachten. Möglich, daß wenig dabei herauskommt, aber die Zuversicht wird doch wieder rege, daß der Fascismus den letzten Gang verlieren wird. Er mag Deutschland überrumpeln, er wird es niemals besitzen. Er wird vielleicht noch höher steigen, aber zu keinem andern Zweck, als um so tiefer zu fallen.

Die Weltbühne, 24. November 1931

Kavaliere und Rundköpfe

Wenn irgend etwas die Meinung über die neue Reichsregierung zu verwirren geeignet ist, so sind das die ersten Äußerungen von Zeitungen, die seit Jahren die Übertragung der Macht an die geeinte Rechte gefordert haben. In der ‹DAZ›, die sich doch immer für die Hinzuziehung der Nationalsozialisten eingesetzt hatte, schreibt Herr Doktor Fritz Klein:

«Eine gewagte und kühne Entscheidung ist es in jedem Fall, und kein verantwortungsbewußter Politiker wird zum Jubeln geneigt sein.»

Was ist los? Warum bleibt Herrn Klein der Triller in der liederreichen Kehle stecken?

Noch viel melancholischer wird Herr Hans Zehrer in der ‹Täglichen Rundschau›, der doch wie kein Andrer den Nationalsozialismus salonfähig gemacht hat:

«Wie steht es mit dem nationalen Sozialismus, der das Volk erfaßte und der es in die Reihen der nationalsozialistischen Partei trieb? Wer wird denn in diesem Kabinett den nationalen Sozialismus in die Wirklichkeit umsetzen? Wird ihn etwa Herr Hugenberg, der jetzt seine Diktatur aufgerichtet und die Herrschaft über die zukünftige Wirtschaftsgestaltung in Deutschland erlangt hat, durchführen? Derselbe Hugenberg, der seit Jahren einen erbitterten Kampf gegen den Sozialismus der NSDAP führte? Oder wird ihn Herr von Papen plötzlich unterstützen? Derselbe Herr von Papen, der als Reichskanzler eine verzweifelte Restauration des Privatkapitalismus durchzuführen versuchte und nach sechs Monaten an seiner eignen Erfolglosigkeit und dem geschlossenen Willen des ganzen Volkes scheiterte? Oder soll er etwa vom Arbeitsministerium aus verwirklicht werden, das dem Führer des Stahlhelms zugefallen ist?»

Und Zehrer resümiert mit Bitterkeit:

«Ist das alles also ein Sieg Adolf Hitlers? Sieht so die Frucht aus, die ihm nach zwölfjährigem Ringen reif in den Schoß fällt? Ist das die Führung, die er erstrebte?»

Wenn die Leute, die eigentlich begeistert sein müßten, schon so niedergeschlagen gratulieren, wenn sich bei ihnen der Katzenjammer schon vor dem Gelage einstellt, die Ermattung schon vor der Lust, so enthebt das die Gegner des neuen Regimes der unfreundlichen Pflicht, sich um eigne Formulierungen zu bemühen.

Die Stellung des Reichskanzlers innerhalb seines Aufgabenkreises zeichnet Herr Klein mit schonungsloser Offenheit:

«Vielleicht werden sich seine Gegner über seine Regierungshandlungen wundern und darunter leiden. Seinen Anhängern aber werden die Augen übergehen, und diese Enttäuschung ist wahrscheinlich vom gesamtnationalen Standpunkt aus noch mehr zu fürchten.»

Diese Darlegung ist nicht ohne Zynismus. Sie, Herr Reichskanzler, so muß man das lesen, sind der Führer einer Partei, die durch rücksichtslose antikapitalistische Propaganda in die Höhe gekommen ist. Jetzt, wo Sie oben angelangt sind, gibt es das nicht mehr. Jetzt haben Sie den Restbestand des deutschen Kapitalismus zu konsolidieren, den Großgrundbesitz zu retten, die Ansätze zur Gemeinwirtschaft wieder rückgängig zu machen. Jetzt stehen Sie auf der andern Seite der Barrikade, und das werden auch Ihre braunen Truppen spüren müssen!

Der Vorgang ist interessant aber nicht neu. Er wiederholt sich immer wieder in der Weltgeschichte, wo Volkstribunen endlich im Triumphmarsch in den Staat einziehen. Nicht viel anders mögen vor vierzehn Jahren Stinnes und Duisberg zu Fritz Ebert und den Sozialdemokraten gesprochen haben, und ihre Argumente sind gehört worden. Es entbehrt nicht der tragischen Ironie, daß die revolutionären Retter des Kapitalismus von 1933 ihren gestürzten Vorgängern in ihrem ersten Regierungsmanifest das völlige Versagen attestieren: «In vierzehn Jahren haben die November-Parteien den deutschen Bauernstand ruiniert. In vierzehn Jahren haben sie eine Armee von Millionen Arbeitslosen geschaffen.»

Starke Worte für eine Regierung, die selbst auf einer labilen Übereinkunft beruht. Die Nationalsozialisten erhalten die politischen Posten, die Exekutive. Finanzen und Äußeres bleiben bei bewährten und durchaus selbständigen Beamten. Die nahrhaften Ressorts dagegen sind von Herrn Hugenberg okkupiert, dem letzten Manne in Deutschland, der noch so richtig an den massiven Kapitalismus von 1910 glaubt. Die schwersten Aufgaben dieser wirtschaftlichen Nachkriegskrisen liegen bei dem ausgeprägtesten Vorkriegsmenschen, der sich denken läßt. In seinem Gefolge amtiert im Arbeitsministerium der Stahlhelmführer, der in seinen sozialen Anschauungen nirgends über die Enge des kleinen Fabrikanten hinauskommt und eine höchst unzeitgemäße Gewerkschaftsfeindlichkeit verkörpert.

Diese Regierung ist das Produkt eifriger Vermittlungen, überraschender Improvisationen, verborgener Kulissenspiele. Ihre Zusammensetzung verrät deutlich ihren Ursprung. Die «Kavaliere», wenn wir die Vertreter der «hauchdünnen Schicht» so nennen wollen, haben die wirtschaftlichen ·Schlüsselstellungen besetzt; die Andern, die «Rundköpfe», die Verfechter eines nationalistischen Rigorismus, die Männer, die aus dem Volke kommen, haben die politischen Instrumente in der Hand, die notfalls in Bewegung gesetzt werden müssen, um die Maßnahmen der «Kavaliere» durchzuführen und zu verteidigen. Die Deutschnationalen werden zunächst für ihre Leute ernten, die Nationalsozialisten ernten nichts als das Odium.

Der erste Regierungsaufruf ist nur aus dieser innern sozialen Diskrepanz heraus zu verstehen. Er vertuscht die eignen Widersprüche mit anklägerischem Pathos gegen Republikaner und Kommunisten. Er ist als Plattform dürftig, als agitatorische Leistung dagegen beträchtlich. Die Propaganda war immer die schwache Seite der weimarer Kabinette. Die NSDAP macht ihre agitatorische Sprache unbedenklich zum amtlichen Stil. So arbeitet Moskau, so Mussolini, so der sattelfeste Demokrat Daladier. Nur der deutschen Republik bammelte, wenn sie für sich Stimmung machen wollte, der amtliche Zopf um die Nase herum. Auch die Verlautbarungen moderner Regierungen erfordern eine einprägsame, allen verständliche Ausdrucksweise. Die Verheißung zweier Vierjahrespläne muß dem Kritischen nebelhaft erscheinen. Wer Sinn für Humor selbst heute noch bewahrt hat, mag darüber lächeln, daß die gleiche Regierung, die den Kommunismus verdonnert, Anleihen bei Stalin macht. Jedoch die Wirkung auf die Bauern, überhaupt auf alle kleinbürgerlichen Elemente, die noch immer gern hoffen, kann groß sein. Denn die Regierung sagt damit offen, daß sie nicht hexen kann, sondern Zeit braucht, aber sie stellt sich zunächst selbst eine Frist.

Der erste große Verlierer des Umschwunges wird der Herr Reichspräsident sein. Unter ungeklärten Verhältnissen, zwischen absterbendem Parlamentarismus und aufgehender Diktatur, konnte er eine autoritäre Mittlerrolle einnehmen. Diese wichtige Stellung schwindet, je mehr sich der klare Rechtskurs festigt. Die Autorität wird sich künftig im Reichskabinett verkörpern, der Reichspräsident selbst wieder zu einer ausschließlich repräsentativen Gestalt werden.

Eine Frage wird in diesen Tagen immer wieder gestellt: Welche Chance hat diese Regierung der geeinten Rechten? Bedeutet sie den Übergang zu einer Dauerherrschaft oder nur eine dramatische Episode?

Die gegenwärtige Regierung ist bis zum Zerspringen mit sozialen Disharmonien geladen. Der ärgste Zündstoff ist in den SA enthalten, die erwarten, jetzt, nach der Machtergreifung durch ihren Führer, in irgend einer Form dem Staate einverleibt zu werden. Gelingt das nicht, gelingt es auch nicht, Hugenberg zu verhindern, die gesamte Wirtschaft gegen sich aufzubringen und überhaupt eine halbwegs volkstümliche mittlere Linie zu finden, so wird diese Regierung so schnell und schattenhaft vorübergehen wie das Kabinett Schleicher.

Gelingt es ihr dagegen, die deutsche Misere auf einem eben noch erträglichen Niveau zu stabilisieren, verzichtet sie darauf, den sozialpolitischen Fundus allzusehr anzutasten, verzichtet sie überhaupt auf manche der mitgebrachten Konfliktsgelüste, so hat sie jede Möglichkeit für sich, ein System zu schaffen, das für ein gutes Menschenalter vorhält.

Die Rechtsparteien sind unsern Freunden von links in manchem unterlegen. Aber den kalten, harten Machtwillen, das Fingerspitzengefühl für die wirklich entscheidende Position, das haben sie ihnen voraus. Die Republik hat diese Bataille verloren, nicht weil sie sich des «Novemberverrats» und andrer Schandtaten schuldig gemacht haben soll, sondern weil es ihr an dem notwendigen Lebenswillen fehlte, über den die Rechte in hohem Maß verfügt. Das Volk hat eine gute Witterung dafür, und deshalb ging es zu den Extremen rechts und links.

Die Gegenrevolution hat kampflos die Höhen besetzt. Sie beherrscht das Tal, und wir leben im Tal. Minister a.D. laufen mit verdattertem Gesicht herum und schwelgen in Radikalität. Hohe Funktionäre schwärmen plötzlich für die «rote Einheit», die sie sonst mit Maßregelungen prämiiert haben. Es ist schwer, ihre späte Erleuchtung hinzunehmen, ohne grob zu reagieren. Es ist schwer, daran zu glauben, daß sie einmal bessere Kämpfer werden können. Wir werden wohl mit neuen Menschen wieder beginnen müssen.

Die Weltbühne, 7. Februar 1933

«Metropole Berlin?»

Facetten der Alltagskultur einer «Weltstadt»

Die Entwicklung von der Provinzialität zu einer Metropole internationalen Zuschnitts vollzog sich in Berlin während der 20er Jahre mit geradezu sprunghafter Dynamik, oder genauer: Berlin wurde von innen wie von außen erstmals als Weltstadt öffentlich wahrgenommen, als eine Stadt, die sich den Metropolen Paris und London, New York und Chicago an die Seite stellen konnte. Das war nun nicht mehr das Berlin Theodor Fontanes, sondern das der Massen, der Hektik, des Verkehrs. Die Moderne, die in den anderen Metropolen bereits seit mehr als einem halben Jahrhundert heimisch war, hielt verspäteten Einzug in Berlin. Diesen Entwicklungssprung begleitete Ossietzky mit skeptisch fragendem Zweifel, den er in dem Fragezeichen hinter der vermeintlichen «Metropole Berlin» zum Ausdruck brachte; er suchte in den kleinen Dingen der Berliner Alltagskultur nach den Spuren rückständiger Traditionen, nach dem Muff der Provinz, der der Großstadt anhaftete und den wirklichen Schritt zum liberalen Internationalismus lähmte. Es ist dabei weniger eine Spießermentalität, die Ossietzky kritisch aufs Korn nahm, es sind eher die Zwänge und Beengtheiten des Kleineleutemilieus, die er aufsuchte, ein Dasein, das «dem Begriff ‹Kontor› rückhaltlos versklavt» ist, wie er es in dem Artikel «Erna Anthony» formulierte. Es ist die Welt der «kleinen Ladenmädchen», die Siegfried Kracauer beobachtete, oder darunter die der Franz Biberköpfe, in der Alfred Döblin seinen «Weltstadt»-Roman «Berlin Alexanderplatz» angesiedelt hatte.

Ob schon zu einer «Weltstadt», mag man mit Ossietzky in Zweifel ziehen, unbestreitbar war Berlin indessen zu einer Kultur- und Kunstmetropole internationalen Ranges in den 20er Jahren geworden, woran die Zeitungs- und Zeitschriftenkultur der Pressestadt Berlin nicht unerheblichen Anteil hatte. Was Wunder also, daß die in der großen Stadt lebenden Künstler und Schriftsteller sie selbst, die große Stadt, zum Thema ihrer Arbeiten machten. Von Fritz Langs «Metropolis» über Ruttmanns «Symphonie einer Großstadt» bis zu Bert Brechts Affinität für die großen Städte London und Chicago, stets war das Thema virulent. In den Artikeln Ossietzkys, keineswegs nur in den wenigen, hier beispielhaft verkürzend zusammengestellten, begegnet immer wieder der Rekurs auf die Frage nach dem Zustand Berlins; hier sei stellvertretend nur auf den Artikel «Die Kaufleute von Berlin» mit seinen theater- und kulturkritischen Dimensionen erwiesen.

Der Artikel «Das Ärgernis» (TB, 1925) gehört zu den Impressionen, die Ossietzky meist unter dem Pseudonym «Lucius Schierling» in der Wochenschrift «Das Tage-Buch» veröffentlichte. Der kleine Vorfall an der Potsdamer Brücke, von dem Ossietzky erzählt, mag sich so ereignet haben oder frei von ihm erfunden worden sein – es ist unerheblich für die Qualität und Wirkungskraft des Textes. «Erna Anthony» (WB, 1928) hat es gegeben, ihr Fall ist 1928 vor dem Schwurgericht in Moabit verhandelt worden. Doch auch hier kann man darauf verzichten, die Prozeßakten und die Zeitungsberichte über ihren Fall vor dem heutigen Leser auszubreiten, Ossietzky hat das, was ihm am Schicksal der Erna Anthony wesentlich schien, selbst aus den Berichten herausgezogen und dargelegt. Er setzt kein Hintergrundwissen beim Leser voraus. Und er hat mehr getan: Er hat ihr, Erna Anthony, die er im Titel nennt, ein Denkmal gesetzt, damit nicht bloß «in irgend einem kriminologischen Archiv ein verstaubter Aktenfaszikel mit der Etikette: Nr...., Fall Erna Anthony» zurückbleibe.

Der Artikel «Gottes Stimme in Berlin» (WB, 1930) ist die Besprechung eines der bedeutendsten Bücher über die Architekturgeschichte Berlins: «Das steinerne Berlin» von Werner Hegemann, das 1930 in Berlin bei Kiepenheuer erschienen war. Und doch ist es keine Buchrezension im klassischen Sinn; fast durchweg nahm Ossietzky in seiner «Weltbühnen»-Zeit wichtige Neuerscheinungen, die er dem Publikum anzeigen wollte, doch eher zum Anlaß für weitergreifende Reflexionen – wie hier über die architektonischen Sünden, die mit den Berliner Mietskasernen begangen worden waren. Der Vergleich zu einer Rezension im eigentlichen Sinn ist dem interessierten Leser in diesem Fall leicht möglich: Walter Benjamin hat Hegemanns Buch ebenfalls 1930 unter dem Titel «Ein Jakobiner von heute» für die «Frankfurter Zeitung» besprochen. Beide, Benjamin wie Ossietzky, heben in ihren Artikeln dieselben Zitate aus dem «Steinernen Berlin» hervor: jenen Satz Heinrich von Treitschkes aus dessen Schrift «Der Sozialismus und seine Gönner» (1874), den Ossietzky zum Titel seiner Besprechung abwandelte und der, wie er mit seinem Hang zu Anglizismen schrieb, vom englischen «Cant», also von scheinheiliger Heuchelei, nur so strotze. Und am Ende greifen beide auf das Zitat des Berliner «Baurats» James Hobrecht zurück, das Hegemann dessen Schrift «Über die öffentliche Gesundheitspflege» (Stettin 1868) entlehnt hatte. Werner Hegemann, der vor allem durch seine dialogische Darstellung «Friedericus oder das Königsopfer» (Hellerau 1926) bekannt geworden war und die «Monatshefte für Baukunst und Städtebau» herausgab, war zugleich regelmäßiger Mitarbeiter an der «Weltbühne». Dort waren 1929 bereits zwei Kapitel seines «Steinernen Berlins» im Vorabdruck erschienen, Ossietzky weist seine Leser auf das 14. über den «Berliner Bodenwucher» hin, der – so Hegemann – von Friedrich dem ‹Großen› begründet worden sei.

Die Architekturgeschichte der Stadt, ein Mordprozeß, ein sonntäglicher Vorfall an der Potsdamer Brücke: mehr als vereinzelte Facetten der Alltagskultur einer «Weltstadt», die nach ihrem Status befragt wird, können und wollen die hier ausgewählten Texte Ossietzkys nicht bilden.

Das Ärgernis

Sonntag nachmittag. Die Potsdamer Straße noch mäßig belebt. Die Berliner sind keine Frühaufsteher. Die Stunde der Bummler hat noch nicht begonnen. Jetzt, um vier Uhr, sieht man nur kreuzbraves Familienpublikum; die Leute flanieren so gravitätisch, so altertümlich ehrenfest, so beruhigend langweilig. Man beginnt wieder an den unverwüstlich guten Kern des vielgelästerten Berlin zu glauben. Es ist schon ein Groß-Leipzig und bildet seine Leute.

An der Potsdamer Brücke ein kleiner Auflauf. («Haben Sie gesehn?» – «Gucken Sie doch bloß mal!») Die Elektrische fährt noch langsamer als fahrplanmäßig, damit die auf der Plattform auch was zu sehen bekommen. Eine würdige alte Dame tanzt vor lauter Aufregung eine Kukirolienne.

Ja, was gibt es denn eigentlich zu gaffen? Was ist der Anlaß zu dem Rumoren? Warum verwandelt sich sonntagnachmittaglich dösende Faulheit der Straße plötzlich in einen exaltierten Taubenschlag?

Alle Aufmerksamkeit konzentriert sich auf einen ungewöhnlich hochgewachsenen Mann, der mit Frau und Kind so friedlich einherspaziert wie die andern.

Es ist ein Neger.

Die Frau an seiner Seite ist groß und blond, das Kindchen kaffeebraun. Es paddelt so unbefangen dahin, wie es Vierjährige tun, die sich noch nicht über ihre Rasse den Kopf zerbrechen.

Der Neger ist auffallend groß und wohlgebaut, breitschultrig, mit vorzüglicher Tournüre, die Beine lang und kerzengrade. Der modefarbene Anzug sitzt wirklich vorzüglich. Aber der Mann versteht auch seine Kleider zu tragen.

Ein blitzsauberer, appetitlicher Bursche. Das Haar wollig und steinkohleschwarz. Das Antlitz dunkelbraun leuchtend, wie mit einer feinen Glasur überzogen. Die Nase nicht breit und platt, sondern leicht geschwungen. Wulstig sind zwar die Lippen, aber es spielt ein sehr anziehendes Lächeln darum, sehr freundlich und ganz nebenher etwas von oben herab.

Dieses Lächeln verrät, äußerst dezent und sicherlich nicht so grob formuliert, wie es hier der unbeholfene Deuter unternimmt: «Ich verstehe schon, daß die Herrschaften sich wundern. Ja, sie wundern sich, weil hier ein schwarzhäutiger Mann mit einer blonden Frau und einem kaffeebraunen Kindchen spazieren geht. Sie glauben nicht an meinen Trauschein, und sie glauben auch nicht an meinen grauen Gabardine-Anzug. Wenn ich jetzt hier daherkäme, nur mit einem Schurz von Palmenblättern bekleidet, das Gesicht mit Ocker beschmiert, einen Ring von

Stachelschweinborsten durch die Nase, das würde innen ganz plausibel erscheinen. Sie denken sich auch den Schwarzen gern als Frauenräuber, aber ich bin wirklich nicht so romantisch. Ich überlasse das Metier gern den verführerischen Weißgesichtern, die sich vom Heiratsschwindel nähren oder kleine Mädel in die Bredouille bringen und dann sitzen lassen. Ich liebe meine schöne blonde Frau und bin ein guter und etwas stolzer Familienvater.»

Ob er sich das wirklich gedacht hat? Aber sein Lächeln schwebte so frei, so unberührt weit über den Dingen. So mag sein pechschwarzer lieber Gott lächeln, wenn er wohlgelaunt auf seine kraushaarigen Kindlein niederblickt....

Aber diese Leute da! Pfui, schämt ihr euch nicht, Berliner des sozusagen zwanzigsten Jahrhunderts? Wie sie da in Gruppen stehen und zischeln und raunzen, wie die Arme agitiert in der Luft herumfliegen. Sie sind tief empört. Man sieht es innen an: Hier müßte die Polizei einschreiten! Wie kommt er dazu, eine blonde Frau zu haben? (Ist das überhaupt eine Ehe? Pfui Deibel!) Wie kann er sich erdreisten, diesen schönen hellen Frühjahrsanzug zu tragen? Eigentlich müßte man ihm die Klunkern vom Leibe reißen! Vielleicht wird das gar nicht bestraft! Denn der Neger ist ja die potenzierte Fremdstämmigkeit. Er ist der Über-Jude, sozusagen.

...vor fünfzehn Jahren etwa gab es in Hamburg einen Prozeß. Ein Duala-Neger, seit langem in Deutschland ansässig, wissenschaftlich gebildet, Assistent am Museum für Völkerkunde, kam in das Bureau einer Schiffahrtsgesellschaft. Man duzte ihn. Er verbat sich das sehr höflich. Die Beamten wurden daraufhin massiv. Er klagte: das Gericht wies ihn ab. Die Gesellschaft habe ihren Angestellten Anweisung gegeben, alle Neger zu duzen. Wo käme man denn sonst hin? Das Gericht fand die Logik zwingend. Damals spektakelte noch der Kolonialverein; es gab auch eine Zeitschrift «Das größere Deutschland».

Mir fällt diese vergessene Geschichte wieder ein, während der Neger durch den Engpaß der kleinen, dummen Gehässigkeiten schreitet. Wie giftig ihn diese Menschen im Sonntagsstaat anblicken! Es braucht nur einer das Signal zu geben und ihn anzurempeln, und sie werden über ihn herfallen und sich akkurat so benehmen, wie man sich eine berauschte Kaffernhorde vorstellt. Aber es bleibt bei bösen Augen und Getuschel, man ist zu vermiekert, zu zerknittert und seelisch verbeult, es fehlt der naturkräftige Instinkt, der Impetus zum offenen Lynchen, man teert, man hängt in Worten und Blicken, bis ein schmutziger Witz schließlich die Spannung in Gelächter auflöst.

Metropole Berlin? Rhythmus der Weltstadt, den naive Poeten schwingen hören, wirklich, wirklich?! Wer Ohren hat zu hören, hört im Gebraus der großen Stadt auf Schritt und Tritt das Geklapper von Kötzschenbroda.

Das Tage-Buch, 18. April 1925

Erna Anthony

Vor dem Schwurgericht in Moabit steht ein schmächtiges junges Mädchen unter der Anklage des Mordes. Es ist leichte Arbeit, denn die angeklagte Kontoristin Erna Anthony war schon bei der Vernehmung im Polizeipräsidium geständig, die Scheuerfrau Schüler ermordet zu haben. Der Fall weckte Sensation, ohne sensationell zu sein. Der Saal war überfüllt, die Zeitungen berichteten spaltenlang und gaben noch Bilder dazu. Die kleine Erna Anthony, eine kärglich bezahlte Angestellte, war verlobt, hatte daneben ein Verhältnis mit ihrem Chef, hatte Furcht, daß dessen Frau etwas davon erfuhr, erlaubte sich hin und wieder Ausgänge, die mit unbeträchtlichen Geschenken endeten, hatte all dieser Dinge wegen ein schlechtes Gewissen, und da ihr Einkommen nicht gestattete, sich bei einem Psychoanalytiker zu erleichtern, beichtete sie der im Kontor beschäftigten Scheuerfrau Schüler, die daraus gelegentlich Nutzen zog und wohl auch gelegentlich Bruch der Diskretion in Aussicht stellte. Man weiß nicht, ob ihre Andeutungen wirklich so erpresserisch gemeint waren, wie sie aufgefaßt worden sind, und bis zu diesem Punkt sehen wir durchaus nur Figuren und Szenarium jener unfreiwilligen Possen, wie sie sich tagtäglich vor den Beleidigungskammern abspielen. Aber Erna Anthony sah ihre ärmliche Welt, die sich auf Notlügen stützte, in Gefahr, sie fühlte einen Vampir, sah sich beim Bräutigam, bei der Frau des Chefs verklatscht, sah sich entlassen, arbeitslos, ihrer bescheidenen Vergnügen beraubt, aus ihrer bürgerlichen Reputation gestoßen, am Rande des sozialen Nichts, und schnitt eines Abends der Scheuerfrau Schüler den Hals durch. Die gerichtlichen Experten behaupten, noch niemals einen so schrecklichen Schnitt gesehen zu haben. Die irrsinnige Angst eines jungen Weibes hatte den magern Arm geführt.

Das Schwurgericht hat trotz alledem versucht, den Besonderheiten des Falles gerecht zu werden und das liebe Publikum enttäuscht, das auf ein Todesurteil und eine haltlos zusammenbrechende, um Erbarmen wimmernde Sünderin wartete. Das Gericht hat keine verworfene Herzensverrohung darin gesehen, daß die Angeklagte am gleichen Abend noch mit ihren am Mordmesser verletzten Fingern Klavier spielte, es hat wegen Totschlages auf fünf Jahre Gefängnis erkannt, obgleich niemand über die Angeklagte viel Gutes ausgesagt hat, dagegen alle des Lobes voll waren über die Ermordete. Die eine Frage drängt sich beherrschend auf: – wie muß sich ein junges unbescholtenes Ding gepeinigt gefühlt haben, um zum Messer zu greifen? Nachher mag sie sich über die nächsten Tage keine Illusionen mehr gemacht haben. Als Erna Anthony an dem verhängnisvollen Abend nach Hause kam, war sie, wie ihre Angehörigen bekunden, noch nervöser und fahler als sonst; sie wollte nicht essen, sie setzte sich nachher ans Klavier – mit den zerschnittenen Händen. Der Vorsitzende fragte, warum sie sich nicht geweigert habe, und sie antwortet ganz apathisch: «Mir war ja alles so egal!» Etwas später legte sie sich hin, und wie sie weiter gefragt wird, was sie sich da für Gedanken gemacht habe, schweigt sie beharrlich. Ist es wichtig, was den zerstörten Kopf gemartert hat? Der Richter hört auf zu inquirieren, und das ist vernünftig, denn dies Schweigen erzählt mehr als ein Ausbruch. Nur zu selten begegnet man einem Richter, der das Schweigen eines Angeklagten ehrt. Nur zu oft begegnet man Richtern, die sich vor den Mördern blamieren. So entscheidet Gottseidank nicht die berühmte «ehrliche Reue», die man bald mit dem Richtbeil ins Museum stellen sollte, es entscheidet auch nicht der racheheischende Schatten des Opfers. Der Ermordeten wurden die besten Zeugnisse ausgestellt, und das ist gewiß keine Unwahrheit. Aber ebenso wahr ist sicherlich auch Erna Anthonys Aussage: «Frau Schüler hat nicht gesagt: ‹ich will Geld haben, dann sage ich nichts›, aber wenn wir in Streit kamen, dann sprach sie immer von ‹der Sache mit dem Chef›, und ich gab ihr daraufhin Geld. Auf diese Art fühlte ich mich erpreßt.» Hier beginnt die schreckliche Tragikomödie der Irrungen. Denn so einer Frau Schüler begegnet jeder in jedem Lebenskreise einmal. Sie ist vertrauenerweckend und ihr wird anvertraut, und wenn sie diese geringen, dummen und doch für eine hilflose Existenz so wichtigen Geheimnisse erfahren hat, dann ändert sich das Wetter plötzlich, aus Wohlwollen wird unbestimmte Drohung, die Erpressung nicht ausgesprochen, aber sie liegt in der Luft; das offenherzige Gemüt sieht sich einer verkniffenen Starrheit gegenüber und glaubt vorbeugen zu müssen, um sich Schweigsamkeit zu sichern. Diese Tribute erschüttern den proletarischen Etat der Kontoristin Anthony, und die Drohung besteht weiter. Vielleicht war es der Frau gar nicht so ernst, und vielleicht wollte auch sie sich nur wichtig machen und sich an der Gewalt über eine jüngere, hübschere Schwester laben. Es sind schließlich nur läßliche Sünden gewesen, die sie angehört, und auch ihre eigne Schuld ist nur läßlich. Es wird viel geklatscht, viel gedankenlos gedroht, aber selten nur so teuer dafür bezahlt. Und das ist wohl das grausamste: daß diese beiden Frauen, beide unter dem gleichen Druck leidend, beide dem Begriff «Kontor» rückhaltlos versklavt, beide immer am Rande des gräßlichen sozialen Nichts, sich blind ineinander verkrampfen; die Eine, weil sie sich durch das Wissen um ihre Geheimnisse ausgesogen und ins Leere gezerrt fühlt, die Andre durch das gleiche Wissen innerlich erhoben und äußerlich überlegen geworden, bis schließlich das Messer das gespenstische Duell zweier konkurrierender Geltungstriebe entscheidet.

Vor Gericht erscheint Erna Anthony laut und exaltiert, sie macht erregte Zwischenrufe, ihr Auftreten wirkt manchmal theatralisch und wie für die Öffentlichkeit pointiert. Der letzte Akt des Dramas ist da, und dieser Akt bringt nach dem Geständnis die Exhibition. Es sind viele neugierige Menschen da, der Pressetisch ist voll von Reportern und Zeichnern. Und sie fühlt, daß dieser Augenblick ihr gibt, was das Schicksal ihr immer vorenthalten hat: sie weiß sich als Mittelpunkt. Sie weiß, es geht nur um sie. Sie weiß auch, daß es um ihren Kopf geht, aber sie spielt um ihren Kopf, um des andern, des wichtigeren Spieles willen. Sie weiß plötzlich, daß sie diesen Gaffern rundum etwas schuldig ist, und sie erfüllt es. Sie erhebt sich zuckend und sinkt wieder zusammen, sie sucht fiebernd nach großen Gesten: «Die Frau des Chefs sollte nichts erfahren, sie tat mir leid...» Der Staatsanwalt fragt, ob es wahr sei, daß die Angeklagte verschiedenen Leuten Unterstützung gegeben habe. Und sie fährt auf und schreit: «Keinen Namen nennen, keinen Namen nennen!» Jetzt, wo alles bald vorüber ist und sie das Ende ihrer Rolle ahnt, soll noch das erregende Aroma letzter Geheimnisse gewahrt bleiben.

Es werden sich wieder Moralisten finden, denen böse Worte wie «Faselei» oder «Lüge» leicht im Munde sitzen und die sich auch sonst noch eingehend verbreiten über die Verderbnis der Jugend und der weiblichen besonders. Aber diese unerbittlichen Puritaner vergessen, daß das heutige gesegnete Wirtschaftssystem die ganze Welt in eine Uniform zwängt und in eine ungeheure Fabrik oder in ein Fabrikkontor verwandelt und damit dem Einzelnen eine tragische Frage auferlegt, die jeder nach seiner Fasson beantworten muß. Die meisten werden dumpf und stumpf und sind zufrieden, wenn sie irgendwo für Augenblicke das Nummernschild abreißen dürfen, das ihr Gesicht verhüllt. Der Eine sucht einen irrsinnigen Rekord zu brechen und bricht den Hals dabei, der Andre nimmt gleich den Umweg über den Hals des Andern. Doch gemeinsam ist das leidenschaftliche Verlangen, herauszubrechen aus dem Einerlei, sich zu zeigen, sein Besonderes aufzuweisen, nicht so zu versacken in der namenlosen, gesichtslosen Menge, nicht wortlos unterzugehen in Fron und Pflichten. Die arme schmächtige Erna Anthony hat, aus dem Alltag springend, vor dem Gericht, das sie aburteilte, das erste und einzige Schaustück ihres Lebens geliefert. Morgen wird sich die Gefängnistür hinter ihr schließen und nach fünf Jahren zu hoffnungsloser Freiheit wieder öffnen. Die Leute, die sie eben anstarrten und furchtbar interessant fanden, verschlingen schon die Berichte aus Dresden, wo eine noch viel aufregendere Affäre begonnen hat, und was mitten im allgemeinen Vergessen übrig bleibt, ist in irgend einem kriminologischen Archiv ein verstaubter Aktenfaszikel mit der Etikette: Nr...., Fall Erna Anthony.

Die Weltbühne, 9. Oktober 1928

Gottes Stimme in Berlin

In den sozialpolitischen Debatten unsrer Tage, namentlich in denen zur Arbeitslosenversicherung, tobt sich viel Blindheit und Rückständigkeit aus. Es gibt Publikationen von Arbeitgeberverbänden, die wenig «Wirtschaftsdemokratisches» an sich haben und an die Urzeiten des finstersten Unternehmerdespotismus erinnern. Und doch würde heute jeder mit höllischem Gelächter heimgeschickt werden, der in einer Diskussion über das großstädtische Wohnungselend sich also auslassen wollte: «Jeder Mensch ist zuerst sich selbst verantwortlich für sein Tun; so elend ist keiner, daß er im engen Kämmerlein die Stimme seines Gottes nicht vernehmen könnte.» Es ist so viel Cant, so viel puritanische Tartüfferie in dieser Auslassung, daß man annehmen möchte, das habe ein Baumwoll-Lord von Lancashire gesagt, und zwar in jener Flegelzeit des Frühkapitalismus, die Friedrich Engels in seiner berühmten Studie über das Elend der englischen Industriearbeiter beschrieben hat. Weit gefehlt, dieser Satz ist vor wenig mehr als einem halben Jahrhundert in Berlin niedergeschrieben worden und soll für berliner Verhältnisse gelten. Sein Autor ist Heinrich von Treitschke, der Tambourmajor des großpreußischen Gedankens und Vater jenes Geistes, der das kaiserliche Deutschland ruiniert hat.

Dies denkwürdige Treitschkezitat und noch einige mehr sind zu finden in dem soeben erschienenen umfangreichen Werk von Werner Hegemann «Das steinerne Berlin» (Kiepenheuer). Es ist ein großes, von Hegner schöngedrucktes, reich mit Bildern versehenes Buch. Es ist kein exklusiv artistisches Buch, keine stilkritische Betrachtung, es enthält keine Fassadenschwelgerei, obgleich viel Kluges und Bedeutsames über die berliner Baumeister von Schlüter bis zu den Modernen darin gesagt wird. Es erfüllt eine viel wichtigere Aufgabe: es ist eine Geschichte der berliner Mietskaserne, die gewissenhafte Chronik jener steinernen, von Schmutz und Elend behausten Trostlosigkeit, die zu überwinden auch unsre Zeit weder Mittel noch Unternehmungsgeist gefunden hat. Zwiefach legitimiert ging Hegemann an seine Arbeit: als Verfasser des «Fridericus», dieser unerbittlichen Zerrupfung eines Jahrhunderts preußischer Geschichtsklitterung, und als Baumeister mit deutscher und amerikanischer Praxis; in Fachkreisen geschätzt als Herausgeber der ‹Zeitschrift für Städtebau›.

Wir kennen alle die berliner Mietskaserne. Wir verwünschen sie und nehmen sie wie eine Schickung hin. Vor ein paar Jahren, in der ärgsten Hungerperiode der Inflation, bildete sich hier ein «Komitee Kinderhölle», das gutmeinende, hilfsbereite Menschen in die Jammerquartiere des Nordens und Ostens sandte, wo unglückliche, in feuchte und verwahrloste Kammern gepferchte Familien die Stimme ihres Gottes zu vernehmen suchen. Damals ging ein Schrei des Entsetzens durch die Stadt, Vergessenes und Übersehenes wurde plötzlich fürchterlich greifbar; die Zeitungen brachten große Bilder. Aber in die journalistische Auswertung spielte bald ein unzulässiges und falsch angebrachtes politisches Moment hinein. Schließlich war an allem der Versailler Vertrag schuld oder der «Feindbund», der nicht mit sich reden lassen wollte.

Nun hat der «Feindbund» zwar einiges auf dem Kerbholz, aber die berliner Mietskaserne gehört nicht dazu. Die ist eine Erfindung der ärgsten Feinde, die das deutsche Volk jemals gehabt hat, nämlich der preußischen Soldatenkönige, die die gesunde Entwicklung ihrer Hauptstadt gehemmt und sie gewissenlos dem schändlichsten Bodenwucher ausgeliefert haben, nur um ihren militärischen Zwecken zu dienen oder um Mittel für ihre martialischen Spielereien zu erhalten. Besonders charakterisierend ist das hier vor einiger Zeit abgedruckte Kapitel über die friderizianische Bodenpolitik. Friedrich hatte den Ehrgeiz, seiner Hauptstadt ein großstädtisches Ansehen zu geben. Er hatte auch hier, wie überall, sein Schema, und alle Fassadenentwürfe bedurften der königlichen Genehmigung. So wurden in den letzten siebzehn Jahren seiner Regierung beinahe vierhundert Häuser mit drei oder vier Geschossen gebaut. Bei alledem folgte der König nur seinen Launen und seinem Geldbedürfnis. Er hatte keine eignen produktiven Einfälle und war auch stets ohne Kenntnis nützlicher Beispiele. Er war jeder Stadterweiterung feind, er preßte die werdende große Stadt eng zusammen, um die Untertanen hübsch in der Reichweite des königlichen Krückstocks zu haben, und führte dazu eine Hypothekenordnung ein, die das Grundstück- und Bau-Wesen den Hyänen auslieferte. Von nun an wird hoch, aber eng gebaut werden, die heutige Innenstadt ohne Licht und Luft entsteht. Die Stadt Berlin hat für Jahrhunderte ihre schmalbrüstige Gestalt erhalten. In den abscheulichen, menschenunwürdigen Mietskasernen hat sich Fridericus Rex sein trauriges Denkmal errichtet.

Hundert Jahre später ist das berliner Bauwesen noch hinter den meisten großen Städten Europas zurück. Noch immer gilt die Bauordnung von 1641, ergänzt 1763. Endlich um 1860 kommt doch der große Bebauungsplan, nachdem der alte Stadtring unter dem Druck ungeheurer Menschenanhäufungen zu springen droht. Es muß also etwas geschehen, und deshalb erhält das Polizeipräsidium den Auftrag, einen Bebauungsplan zu liefern. Zu diesem Zweck engagiert es einen jungen Baubeamten, der sich mit seinem Lineal und scharf gespitzten Bleistiften an den Zeichentisch setzt, eine Anzahl sehr akkurater grader Linien zieht, und seine Arbeit nachher hochbefriedigt abliefert. Dieser «Bebauungsplan» wird ebenso sorgfältig ausgeführt, und es entstehen lange, übermäßig breite boulevardartige Straßen mit hohen, stattlichen Häusern, und damit entstehen auch die dunklen, engen Hinterhöfe, die bald zum Signum Berlins werden und das Wohnungselend stabilisieren. Doch der junge Mann, der so fleißig gezeichnet hat, preist Jahre später, zum Baurat avanciert, seine Erfindung:

«In einer englischen Stadt finden wir im Westend oder irgendwo anders, aber zusammenliegend, die Villen und einzelnen Häuser der wohlhabenden Klasse, in den andern Stadtteilen die Häuser der ärmern Bevölkerung... Wer möchte nun bezweifeln, daß die reservierte Lage der je wohlhabendern Klassen und Häuser Annehmlichkeiten genug bietet, aber – wer kann auch sein Auge der

Tatsache verschließen, daß die ärmere Klasse vieler Wohltaten verlustig geht, die ein Durcheinanderwohnen gewährt. Nicht ‹Abschließung› sondern ‹Durchdringung› scheint mir aus sittlichen und darum aus staatlichen Rücksichten das Gebotene zu sein. In der Mietskaserne gehen die Kinder aus den Kellerwohnungen in die Freischule über denselben Hausflur wie diejenigen des Rats oder Kaufmanns auf dem Wege nach dem Gymnasium. Schusters Wilhelm aus der Mansarde und die alte bettlägerige Frau Schulz im Hinterhause, deren Tochter durch Nähen oder Putzarbeiten den notdürftigen Lebensunterhalt besorgt, werden in dem I. Stockwerk bekannte Persönlichkeiten. Hier ist ein Teller Suppe zur Stärkung bei Krankheit, da ein Kleidungsstück, dort eine wirksame Hilfe zur Erlangung freien Unterrichts oder dergleichen, und alles das, was sich als das Resultat der gemütlichen Beziehungen zwischen den gleichgearteten und wenn auch noch so verschieden situierten Bewohnern herausgestellt, eine Hilfe, welche ihren veredelnden Einfluß auf den Geber ausübt.»

Auch dieser gemütreiche Moralist hat also die Stimme Gottes deutlich gehört. Für Millionen hat sich aber seitdem dieser Gott als Gott der Rache offenbart, der Kind und Kindeskind mit Krankheit und Verkommenheit schlägt – ein Kannibalengott. Werner Hegemann hat mit ungeheurer Quellenkenntnis das kläglichste Kapitel der Geschichte einer Weltstadt geschrieben. Wenn Berlin den Schrecken und die Unkosten der jetzt enthüllten Busch-Kleppereien überwunden hat und endlich wieder Wohnhäuser zu bauen beginnt, dann wird die Stunde für die Wirkung seines Buches da sein. Dann wird es zum tönenden «Ecrasez l'infâme» werden gegen die Mietskaserne, die Verderberin von vielen Generationen.

Die Weltbühne, 20. Mai 1930

«...das ewige Lied von Begehren und Versagen»

Erotik und Sexualität

Die «wilden 20er Jahre» verdankten ihren Ruf nicht zuletzt dem Drängen nach einer Befreiung der Sexualität von den überkommenen Moralzwängen der Wilhelmischen Ära. Kontinuierlich begleitete Ossietzky diesen Prozeß in seinen Schriften – mit eher skeptischen Notizen dort, wo die Aufbruchs- und Fortschrittsphantasien der Zeitgenossen den «wilden» Untergrund des Sexuellen leichthin über «Sexualreformen» zu übergehen drohten. Früh bereits rezensierte er eine Schrift von Magnus Hirschfeld, der seit 1908 die «Zeitschrift für Sexualwissenschaft» herausgab und 1919 in Berlin das berühmte «Institut für Sexualwissenschaft» gegründet hatte (BVZ, 1920). Die Alltagspraxis der «Berliner Liebe», die er einmal ironisch im Schlagwort «Neubabylon» (BVZ, 1921) zusammengefaßt hat, war für Ossietzky stets ein eher schreckendes Beispiel für den Muff, der vom kühlen Wind sexualreformerischer Neuerungen unangetastet blieb, ja diesem selbst oft anhaftete. Hier ist ein Berührungspunkt mit der skeptischen Frage nach der «Metropole Berlin?» gegeben, wie sie Ossietzky im Hinblick auf die Alltagskultur schlechthin stellte. Eine zusammenfassende Glosse über den sterilisierenden Fortschrittskult der zeitgenössischen Sexualliteratur mit dem spottenden Titel «Sexual-Kochbücher» ließ Ossietzky unter dem Pseudonym «Lucius Schierling» 1927 in der «Weltbühne» folgen.

Die sexuelle Befreiung als Exportartikel der jungen, noch revolutionären Sowjetunion war mehrfach Gegenstand kritisch-ironisierender Glossen, etwa über den «Genossen Salkind, den Liebesdiktator» (TB, 1925) oder über das verklemmte Verhältnis deutscher Kommunisten zu Alexandra Kollontai, der bekanntesten Streiterin für Sexualreform und Frauenemanzipation aus der Sowjetunion – wie das Thema ja überhaupt eng mit dem der Frauenemanzipation verquickt war. Juristische Belange waren mit der vehementen Kampagne um die Abschaffung des § 218 berührt – wie auf anderer Ebene mit der Auseinandersetzung um den § 175 –, so daß viele der justizkritischen Schriften Ossietzkys ebenso um Fragen der Sexualmoral kreisen (vgl. z. B. «Maß für Maß in Bremen» und «Zum Falle Friedrich Wolf»).

Die hier ausgewählten Texte entstammen der Wochenschrift «Tage-Buch» der Jahre 1924/25, also einer Phase Mitte der 20er Jahre, in der die Diskussionen um Sexualbefreiung und «reformen» einen Kulminationspunkt fanden. «Die unzivilisierte Sexualität» ist die Antwort Ossietzkys auf einen Artikel von Arnold Hahn mit dem Titel «Die zivilisierte Sexualität» aus dem voraufgegangenen Heft des «Tage-Buchs», der in seiner zerquält philosophierenden wie in seiner fortschrittsoptimistischen Grundhaltung Ossietzkys Widerspruchsgeist herausgefordert haben dürfte. Das zentrale Zitat aus Hahns Artikel vom Kampf «um die Nacktheit der Sexualität» ist Ossietzky indessen nur Anlaß, die sexualwissenschaftlichen Liebesdestruktionen unter der Allerweltsformel «...so natürlich wie Essen und Trinken» erneut in Parallele zur faktisch praktizierten «Berliner Liebe» zu setzen: «Berlin ist eine Stadt ohne Erotik», lautet sein kurzbündiges Resümee.

Der Artikel «Die National-Päderasten» hat einen Vorfall zum Anlaß, der in den ersten Novembertagen des Jahres 1925 unter dem Schlagwort «Frontbannskandal» durch die Berliner Presse ging. Ende Oktober waren 18 Mitglieder des nationalsozialistischen «Frontbanns» verhaftet worden, gegen sechs Führer der Organisation hatte man am 30. Oktober Haftbefehl erlassen – u. a. wegen Verstoßes gegen den § 175. Diesen Vorfall nimmt Ossietzky zum Ausgangspunkt für eine grundsätzliche Reflexion über die «erotische Kultur» Deutschlands, d. h. über die Unkultur, über jene dumpfe Verquickung von nationalistischen und erotischen Männlichkeitsphantasien, die Klaus Theweleit in seinen «Männerphantasien» und George Mosse in seiner Untersuchung «Nationalismus und Sexualität» aus unterschiedlichen Perspektiven analysiert haben.

Einen anderen Typus von Text, wie er sich unter Ossietzkys Schriften nur selten findet, stellt der dritte mit dem Titel «Wie man sich wiedertrifft» (TB, 1925) dar. Es sind weder die großen

*historischen noch die kleinen tagespolitischen Anlässe, die diesen
Text bewegen, sondern Tagträumereien. Tagträumereien über
die Wiederbegegnung mit Frauen, die einer fernen biographi-
schen Phase angehörten, verschwunden waren – nun wieder
auftauchen, um als «Phantom» abermals zu entschwinden. Autobiographische Einfärbungen tragen diese Erinnerungen gewiß, so ist beispielsweise das Fragment einer «Lukrezia Borgia»-
Tragödie von Ossietzkys Hand überliefert, wovon in der ersten
Erinnerung die Rede ist. Doch der autobiographische Anlaß ist
für die Wirkungskraft des Textes so unerheblich, wie historische
Anlässe sonst oft für andere Texte Ossietzkys unverzichtbar
bedeutsam sind. Die Fiktion dieser flüchtigen erotischen Wie-
derbegegnungen heischt nicht nach autobiographischer Verifi-
zierung, die literarischen Namen der vergangenen Geliebten
sprechen selbst von ihrer Fiktionalität, von dem entschwinden-
den Phantom, das der erotischen Phantasie nur vorübergehende
Bleibe läßt.*

Die unzivilisierte Sexualität

Möge mir Arnold Hahn verzeihen, aber es soll keine Attacke
werden auf seine «Zivilisierte Sexualität» im vorigen Heft des
«Tage-Buchs». Ich will auch gar nicht eingehen auf Definitionen
über den Unterschied von Kultur und Zivilisation. Ich folge ihm
nur dahin nicht, wo er von einer möglichen Lösung der Se-
xualleiden in lumpigen fünfzig Jahren spricht. Ich glaube nicht
an die Möglichkeit dieser Lösung auch in lumpigen fünftausend
Jahren. Ich glaube, daß es ein Intimstes im Menschen gibt, was
nicht den Wandlungen der sozialen Struktur unterliegt und infolgedessen auch niemals «gelöst» werden kann. In diesem Sinne
bleibt die Liebe ebenso unlösbar wie der Tod. Mag die gesellschaftliche Erscheinungsform wechselbar sein, die stets flexible
geschlechtliche Moral eine Generation heftiger einengen als
schon die nächste, durch die Jahrtausende dringt dennoch der
gleiche Ruf aus Lust und Jammer gemischt, das ewige sehr pri-
mitive Lied von Begehren und Versagen, übertönend die große

und komplizierte Orchestermusik der Kulturen und Zivilisationen. Und selbst wenn einmal die Menschheit befreit von allen ökonomischen Quälereien in die selige Faulenzerei eines zweiten Paradieses eingehen sollte, es wird immer Jünglinge geben wie Ammon, Davids Sohn, auf einsamem Lager sich nach der Schwester verzehrend, ewig wird Potiphars Weib vergeblich seufzen, hassen und verleumden, und in der realisiertesten aller Idealstaatstheorien werden junge Mädel Lysol nehmen, weil der Eine nichts von ihnen wissen will, und alte Idioten werden sich am Fensterkreuz aufhängen, weil die Eine konstant nach der anderen Seite blickt.

Doch ich möchte mich nicht in weite Perspektiven verlieren, es liegt mir nur daran, von einem Ewigkeitsproblem auf ein Zeitphänomen hinzuführen, von der Sexualität einer möglichen Zivilisation zur Sexualität jener fröhlichen Barbarei, in der wir leben und voraussichtlich auch sterben werden. Nach uns die Sintflut oder der Garten Eden – – des Menschen Blume ist die Gegenwart, und das Signum dieser Gegenwart ist die unzivilisierte Sexualität, deren Merkmale nicht in einem schwarzen Kaffernkraal, sondern in unserm frisch aufblühenden Gemeinwesen Berlin am deutlichsten zu beobachten sind.

«Der zivilisierte Mensch... kämpft um die Nacktheit der Sexualität.» Lieber Doktor Arnold Hahn, dieser Kampf ist in Groß-Berlin längst entschieden und zwar zugunsten der nackten Sexualität, aber die Zivilisation ist dabei untern Wagen gekommen. Die trockene These des Aufkläricht: Befriedigung des Geschlechtstriebes sei ebenso natürlich wie Essen und Trinken, war gut gegen die verstaubten Embleme einer bürgerlich verlogenen Idealität, die mit moralischen Taschenspielerkniffen den Unterleib unterschlagen wollte – – nun, der Unterleib ist inzwischen wieder entdeckt worden, aber es ist wie immer bei großen Entdeckungen: nach Columbus kommen die Conquistadoren, kommen auch die Landmesser und Kartographen, die braven Pedanten, die das Wissen vom neuen Land popularisieren. Und jetzt haben wir, Hand aufs Herz, eigentlich genug entdeckt, die Formel: «...so natürlich wie Essen und Trinken» hat gesiegt und wird gewissenhaft befolgt; der Fortschritt täte wohl daran, die Siebenmeilenstiefel für eine Weile auszuziehen. Die alte Sittlichkeit ist der ungehemmten Sexualität unterlegen; die Kosten dieses Krieges jedoch zahlt unglücklicherweise der gute Geschmack. Wir wollen ganz gewiß nicht eine Renaissance der mit Recht in den Staub gerungenen antiquierten Moralität, aber bei der Verselbständigung des Unterleibes ist die Nase der leidtragende Teil geworden. Wir sollten die Strapazierfähigkeit dieses nützlichen Organs nicht überschätzen.

Die Berliner Liebe, um uns an das frappanteste der Beispiele zu halten, waltet im Genius der Likörstube. Unsere Aphrodite steigt nicht aus dem Meeresschaum, sondern aus einer Bouteille Cherry Brandy. Daß die Weiber sich durch die Bank wie Kokotten tragen und betragen, wäre nicht so schlimm, devastierend bleibt nur, daß sie es ausgerechnet wie Berliner Kokotten tun. Gibt es noch jenen muntern, leicht angewienerten Grisettentyp, der einem früher gelegentlich übern Weg lief? Ach, wie können Mimi und Mussette gedeihen, wo alles auf Barzahlung gestellt ist? Der zahlungsfähige Rüpel bestimmt das Niveau und die Preise und formt alles nach seinem Bild. Und da die Sexualität ein Handel geworden ist wie jeder andere, und der Handel in den Jahren der Kriegswirtschaft der Tendenz zur allgemeinen Verpöbelung restlos unterlegen ist, so werden 125 Pfund Weiberfleisch heute nicht mit jenem Maß von Höflichkeit erworben wie im Schlächterladen zwei Pfund Schweinebauch. Berlin ist die Stadt ohne Erotik. Es gibt nicht mehr die Grazie oder Tölpelei des Werbens, es gibt nicht mehr die prickelnde Frivolität, es gibt überhaupt nichts mehr, was auch nur entfernt an Form erinnert; die Sexualität ist glattes Geschäft und «so natürlich wie Essen und Trinken.» (Nur ißt man wo anders weniger und besser.) Im vergangenen Sommer will man noch in der näheren Umgebung der Metropole ein Pärchen gesehen haben, das träumerisch versunken den Mond anguckte. Hoffentlich findet man die Leutchen und schafft sie ins Märkische Museum.

Muß wirklich die Liebe, um wieder einige Berührungspunkte zur Ästhetik zu gewinnen, von neuem zur Sünde gestempelt werden? Oder müssen wir alle erst durch das Fegefeuer eines Puritanertums hindurch, um den Rausch, das Abenteuerliche des erotischen Fühlens neu zu lernen? Wieder war die Freiheit mitten unter uns. Sie hat den Geschlechtern die Ketten genommen, aber es wäre wirklich nett gewesen, wenn sie ein paar Rosenbänder hinterlassen hätte.

Wir leben in einer fleißigen, geschäftigen Zeit. Die Kommerzialisierung des Liebeslebens bedingt flotte Expedition, harte Tatsächlichkeit.

«Herr Ober, ein Frühstück und zwei Frauen!»

Solches hörte ich im gesegneten Jahr der Inflation 1923 in einem guten Berliner Restaurant. Die anwesenden Damen amüsierten sich königlich darüber. Wissen die lieben Geschöpfe, daß sie, wie die Austern, nur dutzendweis zu schlucken sind?

Das Tage-Buch, 15. November 1924

Die National-Päderasten

Auf ihrer Jagd hinter den geheimen Mordorganisationen hat die Berliner Polizei einen «Frontbann»-Führer mit einigen seiner jungen Trabanten festgenommen. Man fand den Häuptling mit den Seinigen, nicht Juden und Welschen ewige Rache schwörend, sondern... kurzum, in dem Verfahren wird der § 175 eine Rolle spielen. Und deshalb dürfte es den Burschen diesmal schlecht gehen. Denn Themis, die in politischen Prozessen blinzelt und gern über das bißchen Konspiration mit gelegentlichem Mord hinwegsieht, zieht die Augenbinde fester und wird sehr prüde, sehr streng, wenn es sich um Homosexuelles dreht.

Unabhängig aber von den Akteuren dieser Tragikomödie, die mit politischem Trara beginnt und auf dem Lotterbett endet, läßt sich dem Problem schon eine gesonderte Betrachtung widmen. Denn in den meisten militärisch gegliederten Bünden, die angeblich der Erneuerung und Ertüchtigung dienen, die sich so bärenhäuterhaft und männlich-zottig gebärden, wird neben dem Kult der Vaterländerei noch ein anderer betrieben und immer mehr hat man sich an die Figur des «nationalen Führers» gewöhnt, der sich in seinen Mußestunden als Knabenschänder betätigt. Hier in dem Dreivierteldunkel dieser Geheimorganisationen, die es mit der Tradition des alten Deutschland so wichtig haben, wird, da man einstweilen doch nicht alles restituieren kann, wenigstens die der Kadettenanstalten und der Liebenberger Tafelrunde hochgehalten. Es scheint nun einmal das Geschick der Patriotarden zu sein, immer gerade das als Tradition zu pflegen, was schon früher Irrung, Dummheit oder Fäulnis war.

Der Franzose sagt «le vice allemand», und sagt es nicht mit moralischer Überheblichkeit, sondern mit etwas verständnislosem Lächeln. Dieses summarische Urteil der in Liebesdingen begabtesten Nation der Welt sollte stutzig machen. Und doch fragt man verwundert: Deutschland das klassische Land der sokratischen Liebe? So weit wäre die verbreitet, daß ein Nachbarvolk uns alle in diesem Lichte sieht? Sicherlich sind unsere Landsleute, obgleich sie jetzt mit jedem Tag so beängstigend auf dem Wege zu Kraft und Schönheit fortschreiten, keine Griechen. Auch nicht dem Sexualempfinden nach. Sie sind nicht weniger «normal» als andere auch. Die Ursache der Verbreitung des «vice allemand» in der männlichen Jugend muß wohl wo anders zu suchen sein.

Wir haben zwar so entsetzlich viele Traditionen, aber wir sind wahrscheinlich das einzige zivilisierte Volk ohne erotische Überlieferung. Es gibt bei uns keine erotische Kultur, die der Jüngling als selbstverständlich auf die Reise ins Leben mitnimmt. Man bewundert bei uns noch immer ein ständig im Maul geführtes ungekämmtes Flegeltum als Männlichkeit. Wer sich auf Frauen versteht, gilt als verweichlicht, als unmännlich. Es gibt kein von Mund zu Mund weitergegebenes zärtliches Brevier über den Umgang mit Frauen. Der deutsche Junge ist lüstern wie alle andern auch; aber zu klobigsten Renommistereien erzogen, heranwachsend in dem Irrwahn, daß die an der Straßenecke für Talerwert erstandenen Gunstbezeugungen etwas mit dem Liebesleben zu tun haben, erlaubt er sich über die Pyramiden zu lachen, ohne in Ägypten gewesen zu sein, und den Übersättigten zu spielen, ehe er die Vorspeisen sah. Erotisches lernt der junge Mann entweder in der Form der Zote kennen oder ein besonders «aufgeklärter» Erzieher erläutert ihm das Aneinandergeschmiegtsein zweier Körper lieblos sachlich als «Befriedigung des Geschlechtstriebes» oder «Geschlechtsverkehr», furchtbare Worte, wie von einem Eisenbahn-Inspektor erfunden, die alle Anmut mit dürrem Besen aus der Kammer fegen. Der Jüngling lernt das Ritual der Kneipe kennen, wird von älteren Kameraden in die Taxe der Prostitution eingeweiht, aber er kennt nicht die Geliebte. Deshalb verläuft die Konfrontation mit dem Weibe so kläglich. Hier ist das Wesen, um das man jubelt oder zittert, um das man wirbt, um das man sich bekümmern muß auf jeden Fall, an das man sich verlieren kann. Da beginnt für die Pseudo-Männlichkeit die Zone der Unsicherheit. Es fehlt nicht nur an äußeren Manieren, mehr noch an Artigkeit der Seele. Enttäuscht und verkatert flieht der Unbeholfene in seine Männergesellschaft zurück. Innere Unzulänglichkeit wird zur maskulinen Tugend umgeschwindelt. Es wird geprahlt und gezotet und schließlich über das gemeinsame Lager das schäbige Fahnentuch einer verlogenen Ideologie ausgebreitet. Daran ist die gesamte Jugendbewegung verdorben. Sie suchte unter Blühers Irrwisch-Parolen die Retraite in einen imaginären Männerstaat und fetzte auseinander. Nichts blieb als ein paar dicke Wälzer voll mystagogischem Gesumse und die nicht erfreuliche Erfahrung, daß die sexuellen Gepflogenheiten der Kadettenanstalten und Internate aus dumpfen Kasernements ins Freie oder auf den Heuboden verlegt wurden. Für den patriotischen Exerzierverband aber bedeutet die Päderastie vollends die letzte private Konsequenz der dort gezüchteten Vorstellung vom Deutschtum und der alldeutschen Geisteshaltung überhaupt. Wie das krampfige Verschließen vor der Welt, vor dem sogenannten fremdländischen Wesen, nicht Stärke ist, sondern Unsicherheit und Konkurrenzfurcht, so ist die Abkehr vom Weibe nicht Mangel an Appetit, sondern Blödheit und fehlende Kourage zuzugreifen, verkappt unter großspurig ruppiger Geste. Von da ist dann nur ein kurzer Schritt zur Thronerhebung des «deutschen Mannes» aus der Agitationsfibel; die Nationalgottheit trägt männliche Züge. La liberté ist eine Frau; das deutsche Idol ist der «Held» schlechtweg, der in der Praxis allerdings nicht Kriegskamerad wird, sondern Bettgenosse.

Es fällt nicht ganz leicht, heute, wo das Muckertum sich wieder regt, eine Philippika zu schreiben gegen bestimmte Sexualsitten. Aber so sicher es ist, daß keiner, dem die Natur ein gewisses Fühlen mit auf den Weg gab, in das Schlingkraut des Paragraphen-Dickichts gestoßen werden darf, so unbestritten sollte auch jede menschliche Infamierung für den sein, der die moralische und ökonomische Labilität dieser Nachkriegs-Jugend zu seinem Sexualvergnügen ausbeutet. Denn die Entfernung von der Kameradschaft zum Verkauf des männlichen Leibes ist bei der grenzenlosen wirtschaftlichen Unsicherheit nicht groß.

Ein Gutes hat unsere vielbejammerte Demoralisation doch mit sich gebracht: das Mädchen, das schüchtern in die Ecke gekuschelt, der «verlorenen Ehre» nachtrauert, wird zur legendären Gestalt. Mit kurzem Haar und kurzem Rock weht Gretchen durch die Straßen und wird auch ohne Marthe Schwerdtlein mit ihrem sinnlich-übersinnlichen Freier und seinem infernalischen Begleiter fertig. Doch das Problem hat nur das Geschlecht gewechselt: der gefallene Jüngling löst das arme Gretchen ab. Es ist kein schöner Typus, der National-Kokotterich, mit seiner Vereinskokarde, seinen vaterländischen Phrasen in der Likörbude herumlungernd, wartend, daß ihn einer dingt, entweder zu Mord oder zu Buhlschaft. Mit einer beißenden Aktualität klingt aus dem alten «Simplicissimus» von Anno Eulenburg die freundliche Mahnung an die Herren Hofprediger zu uns herüber:

> «Scheuchet jeden argen Zweifel,
> daß er baldigst sich verliere,
> gründet Magdalenenheime
> auch für Gardeoffiziere!»

Auch heute wirken in der nationalen Bewegung ein paar frühere Hofprediger und zahlreiche evangelische Pfarrer mit. Hier ist ein ausgedehntes Feld für Seelsorge, meine Herren...

Das Tage-Buch, 7. November 1925

Wie man sich wiedertrifft

Ich nannte sie Lukrezia, seit sie jung und strahlend bei uns in Leons Atelier erschienen war, wo wir Grünspechte, phantastische Träume in karge Realitäten umsetzten und ich noch in der gleichen Nacht meine Tragödie «Lukrezia Borgia» für sie zu schreiben begann. Seit einigen Monaten war sie am Stadttheater engagiert, rasend ehrgeizig und spielte an Sonntagnachmittagen eine kokette unwahrscheinlich junge Maria Stuart. Meine Borgia-Tragödie zeichnete sich vor minimalen Konkurrenzversuchen durch die neue interessante Nuance aus, daß Lukrezia in der Nacht vor seiner Verbrennung Savonarola in seiner Zelle verführt.

Einmal las ich abends im Atelier aus meinem Drama vor, und sie ließ sich herbei, eine Szene zu sprechen. Nachher brachte ich sie durch eine dunkle Allee nach Hause und faselte immerzu Verse und begann schließlich ganz leise und zag auf ihren Schultern zu skandieren und so weiter. Sie wehrte lachend ab. Sie hat später noch manchmal abgewehrt und einmal setzte es sogar eine Maulschelle, aber ich hatte trotzdem immer das Gefühl, daß wenn ich drei Jahre älter wäre... und ich verwünschte meine Jugend. O Narr, deine Jugend zu verwünschen.

Eines Tages war sie nach New-York ans Irving Place-Theater engagiert. Ihr letztes Wort war, entweder als Charlotte Wolter wiederzukommen oder gar nicht.

Wiedergesehen habe ich sie 17 Jahre später auf dem Podium eines fünfrangigen Kabaretts der Friedrichstadt, entkleideter als ich jemals meine Lukrezia in meinen wildesten Träumen mir vorgestellt hatte. Sie trug ein Kouplet vor, der Text war hanebüchen, entsprechend die Gestikulation.

Nachher im Vorraum stand ich ganz dicht neben ihr. Wie alt mochte sie eigentlich sein? Das goldrote Haar war inzwischen fuchsig brennend geworden, sie hatte das typische grell glänzende, in allen Winkeln ausgetuschte Chansonetten-Gesicht, aber ihr Profil hatte noch etwas von längst vergangener mädchenhafter Lieblichkeit.

Ich begrüße sie. Sie sieht mich ohne Erinnerung an, dann, wie unter Emailleschicht, ein professionelles Lächeln –: sie müsse jetzt noch im «Gelben Affen» auftreten, aber nachher könnte ich sie ja besuchen, das Haus sei die ganze Nacht auf. Und sie sagt mir ihre Adresse.

Dann stand ich an der Friedrichstraße und dachte, daß ich sie vor 17 Jahren geliebt hatte und daß es wohl kaum 10 Jahre her waren, seit dem ich sie vergaß. Und plötzlich wurde ich sehr müde und das Gelärme um mich tat mir weh, und ich hielt mir die Ohren zu. Und für einen Augenblick wurde das Gegröhle Betrunkener, der Ausruf der Zeitungshändler, das Getute der Autos, der ferne Signalpfiff von der Bahnhofsbrücke zu einem einzigen langgezogenen, klagenden Ne - ver - more...

Julia im Hotel

Eines Tages war Julia mitten unter uns. Mitten in einer Gesellschaft recht bedenkenfreier Männer. Sie war sehr jung, unglaublich unschuldig, dazu klein und handlich. Ich wußte sicher: einer von uns wird sie verführen. Und, sagte ich mir, es ist besser, ich verführe sie als einer von den anderen. Denn kettenfolgerte ich weiter, verführe ich sie, so wird ihr dank meiner angeborenen Delikatesse der premier pas erleichtert, und ich werde ihr Seelenleben in geeignete Pflege nehmen, wofür den andern Wüstlingen doch jedes Organ fehlt. Und bald war ich so weit, ihre Seele zu pflegen.

Was nachher kam, war schlimm. Sie weinte herzzerbrechend. Sie jammerte, sie müßte sich zu Tode schämen, sie könnte ihrer alten Großmutter nicht mehr in die Augen blicken usw. So ging es jedesmal. Ich wurde immer nervöser und kam mir im Grunde sehr schlecht vor. Eines Tages war Julia fort und ich erhielt nur noch eine Ansichtskarte mit dem Reichstag und der Siegessäule, ein Schutzmann davor, darunter ein Veilchenstrauß mit Bändchen und die Inschrift: «Dem deutschen Volke!» und darunter ein Abschiedsgruß, gemischt mit den schrecklichsten Selbstanklagen. Ich war sehr konsterniert. Die Wüstlinge aber, die sich schon auf die Nachfolge gespitzt hatten, hielten mir die Faust unter die Nase und sagten: «Du hast das Mädel ruiniert!»

Nach drei Jahren renne ich plötzlich auf der Straße mit Julia zusammen. Sie ist weder ins Wasser gegangen, noch ruiniert, sondern sieht ganz vorzüglich aus. Das bekannte Gespräch: «Wo kommst Du denn her?» – «Warum hast Du denn gar nichts von Dir hören lassen» usw. Wir verabreden uns zum Abendessen.

Irgendwo in der Stadt liegt das kleine Hotel, wo früher die Brüder Freimaurer ihren geheimen Riten oblagen. Die Wandbemalung, Winkelmaß und Kelle, astronomische Figuren, allegorische Frauengestalten, erinnert noch heute daran, wo das Hotel einem ganz anderen Zeremoniell dient. Hier unter den Porträts von Sokrates und Moses Mendelssohn wurde Wiedersehen gefeiert. Julia hatte sich inzwischen die Schreikrämpfe abgewöhnt.

Am andern Morgen wache ich etwas spät, etwas betäubt auf. Ich sehe mich um. Keine Spur von Julia. Sie ist fort. Also noch immer der alte Tick, denke ich, aber sie hat doch sympathischer Weise eine diskretere Form der Zerknirschung gefunden, und ziehe mich seelenruhig an. Etwas später entdeckte ich, daß auch meine Brieftasche fort war. So stand ich unten im Vestibül, von den Wänden schauten mit rüder Neutralität die allegorischen Damen der Brüder Freimaurer auf mich herab, der selbst fast zur Allegorie erstarrt.

Ich mußte an einen Freund um Geld telephonieren, um mich auszulösen. Es dauerte bis Nachmittag.

Ich ging, verhärtet für alle Zukunft. Nie wieder Reue!

Aminta auf dem Autobus

Auf dem Verdeck. Autobus 2. An der Linkstraße steigt der dicke Herr zu meiner Rechten aus und ich rücke einen Platz weiter. Neben eine Dame. Diese Dame ist Aminta. Was für ein toller Zufall! Da neben mir sitzt Aminta, vor acht Jahren die große Passion. Da neben mir sitzt ahnungslos Aminta, ganz wie einst, etwas in sich verloren, die Augen gesenkt. Noch immer dieses feine Profil, die acht Jahre haben keine Umschichtungen an diesem zarten, blassen Gesicht vorgenommen. Jetzt sehe ich ganz deutlich unsern Abschied damals vor mir: Wartesaal II. Klasse in

Altona, völlig verrückte Szene... «Nein, Du, Du darfst nicht...!» Ich weiß nicht mehr, wer damals nicht durfte, aber einer durfte nicht. Dann rennt sie mit hysterischem Lachen in die bitter kalte Nacht hinaus. Ich hinterher. Sie steht händeringend, totenblaß, gerade im häßlichen Kreideglanz des Laternenlichtes. Ich packe ihre Handgelenke, presse sie, rede ihr zu. Eine Unmenge zärtlichen Unsinn. – Jetzt sitzt sie plötzlich neben mir, ungewiß wie eine Erscheinung. Ich erinnere, daß sie immer etwas Gleitendes, Huschendes hatte, daß immer über der glücklichsten Stunde der Schatten jäher Trennung lag, daß ich sie immer das Phantom nannte.

«Aminta», sage ich, und sie wendet sich leicht zur Seite. «Aminta, kennst Du mich noch?» Ein fragender Blick, leichtes Erröten. Sie nickt. Ich fasse ihre Hand. «Aminta», sage ich gerührt, «werd' ich zum zweitenmal Deinen Frieden stören?» Wie entsetzlich geschmacklos, so etwas zu sagen. Gerade so wie vor acht Jahren. Ach, um jede Frau bildet sich ein eigener Jargon.

Und jetzt fange ich an, die Abschiedsszene zu rekapitulieren. Altona, der Wartesaal, das fahle Licht der Laterne. Und drücke ihre Hand. Immerzu.

Eben am Kurfürstendamm sagt sie ganz unvermittelt: «So, jetzt muß ich aussteigen. Was Sie da sagten, war ja ganz nett, aber geht mich nichts an. Ich bin nämlich gar nicht Ihre Aminta.» Und sie zeigt sich mir zum erstenmal en face. Nein, diese klirrende Stimme, dieses weite ironische Auge, das ist nicht Aminta. Ich fühle den Autobus in wahnsinnigen Kurven, bergauf, talab. Die Gedächtniskirche kreist. Dann fasse ich mich schnell. Das Ganze sei ja nicht auf eine bestimmte Person gemünzt, ein nicht alltäglicher Annäherungsversuch, nicht wahr, wir müßten uns auf alle Fälle wiedersehen.

Sie steht schon an der Treppe. «Ich glaube nicht, mein Freund», sagt sie, «entschuldigen Sie, ich rede ohne Spott: Sie haben mir ein zu gutes Gedächtnis. Man fängt nicht genau so an, wie man aufhörte. Und ich bin eigentlich nicht dazu da, Ihrem kleinen Roman die Pointe zu liefern, die Ihnen vor acht Jahren nicht eingefallen ist.»

Sie geht schnell hinunter. Ich sehe sie noch unten im Menschengewühl. Sie geht sehr eilig, wie zu einer Verabredung. In zwei Minuten wird sie wohl nicht mehr allein sein.

Und wenn sie am Ende doch Aminta war? Ja, war es denn damals anders? Phantom, Phantom...

Das Tage-Buch, 31. Oktober 1925

«Eva, kehre zurück!»

Über Frauen

Eine attraktive Frau wie die sowjetische Botschafterin und Frauenrechtlerin Alexandra Kollontai als Politikerin, als Revolutionstheoretikerin gar – das paßt nicht in das männliche Frauenbild der 20er Jahre: auch nicht in das Ossietzkys. Es ist noch ganz und gar bestimmt von der Philosophie der Aufklärung, die den vernunftgeleiteten, autonomen Bürger zum Subjekt des gesellschaftlichen Fortschritts erklärt und dabei nur den Mann meint. Der Frau spricht sie die anthropologische Voraussetzung zur Objektivität, zu jener reflektierenden Urteilskraft ab, die Voraussetzung für Mündigkeit und damit jeglichen politischen Handelns ist.

In diesem Sinne argumentiert Ossietzky, wenn er schreibt, nicht der Intellekt, sondern der weibliche Trieb habe die Kollontai in ihrem Kampf für die russische Revolution geleitet. Oder warum sonst habe sie ihr jüngstes Werk der sexuellen Befreiung der Frau gewidmet? Dies wertet er als Beweis, daß sie wie jede Frau in der Politik stets nur individuelle, geschlechtsspezifische Interessen verfechte, daß nur Männer – aus Erkenntnis – für das allgemeine Recht, «Bürger zu sein», kämpfen könnten.

Die Unfähigkeit zu rationalem Handeln unterstellt Ossietzky auch der Friedenskämpferin Bertha von Suttner, wenn er ihr in dem Artikel «Die Pazifisten» (TB, 1924) bescheinigt, aus «reiner Weiberseele», nur aus einem sentimentalen Gefühl heraus für eine Sache zu kämpfen, die «männliche Spannkraft und ungetrübten Tatsachenblick» erfordere.

Das ist die Sichtweise Arthur Schopenhauers, eines der wegweisenden Philosophen aus der Mitte des 19. Jahrhunderts, der noch prägend für Ossietzky, Tucholsky und viele Intellektuelle der 20er Jahre war. Er nahm den Gedanken von der Irrationalität und Unmündigkeit der Frau auf, steigerte ihn: Das Weib sei «keines rein objektiven Anteils» an irgend etwas fähig, sie erlebe nur indirekt durch den Mann. All ihr geistiges Streben müsse deshalb «bloße Koketterie und Äfferei» bleiben, ein Mittel, zu gefallen. (Über die Weiber, § 369) Daran erinnert Ossietzkys Resümee über die Frauenbewegung in «Miss Sheebo und der Humor davon»: «Die Weiber kopieren uns nur». Die Frauenfrage sei eigentlich eine Männerfrage. Wie das Weib es auch wende, es bleibe stets auf den Mann bezogen, definiere sich über ihn. Sein Resümee über weibliche Emanzipation: «Eva, kehre zurück! Alles normal. Mit Gruß Adam.»

«Neue Männer!» heißt ein Artikel Ossietzkys im radikaldemokratischen «Montag Morgen», den er anläßlich der bevorstehenden Dezemberwahlen 1924 geschrieben hat. Neue Männer brauche die Republik – keine konturlosen Parteibonzen, sondern «Menschen von eigenem Wuchs – Männer, Männer, Männer!».

Für die Einführung des aktiven und passiven Wahlrechts der Frauen in der ersten Republik auf deutschem Boden schrieb er keine anerkennende Zeile. Statt dessen Spott für die ersten weiblichen Parlamentarierinnen, für ihre angeblich fehlende weibliche Anziehungskraft: «Eros wird im Reichstag an der Garderobe abgegeben.»

Mit solchen Ansichten befand Ossietzky sich durchaus im Einklang mit anderen demokratischen Intellektuellen. So macht das linksliberale «Tage-Buch», dessen verantwortlicher Redakteur er war, das Frauenwahlrecht mitverantwortlich für die Wahl Hindenburgs zum Reichspräsidenten. Die Frauen, gefühlsbestimmt und irrational, seien allzu empfänglich für nationalistische Demagogie und deshalb in Massen dem Generalfeldmarschall aufgesessen.

Frauen in der Politik bleiben Ossietzky auch in der Weltbühnenzeit suspekt. So beurteilt er in seinem Artikel «Invictis victi victuri» (WB, 1926) die verstoßene KPD-Führerin Ruth Fischer, eine der wenigen linken Intellektuellen ihrer Zeit, vor allem im Hinblick auf ihre äußere Erscheinung als Frau. Nicht wegen ihrer Differenzen zu einem neuen Kurs Moskaus sei sie aus der Partei verbannt worden, sondern weil sie mit ihrer Schlankheit ihre fraulichen Reize und damit ihre eigentliche Machtquelle verloren habe. Denn wegen ihrer äußeren Erscheinung sei sie

einst von den Genossen emporgehoben worden. «Kreuzbrave
Funktionäre, die niemals auch nur im Traum daran gedacht
hätten, revolutionäre Prinzipien ins Privatleben zu übertragen,
waren wie verhext und setzten die Verführerin ins Führer-
amt.»

Eine andere Sichtweise der Frau zeigt Ossietzky in seinem Ar-
tikel «Die Revolte der deutschen Frauen», der 1928 in einer Serie
der New Yorker Zeitung «The Nation» zum zehnten Jahrestag
der Novemberrevolution erschien. Neu und überraschend ist der
Gedanke, daß die Frauenbewegung als schichtenübergreifende
neue «Klassenbewegung», angeregt von spezifisch weiblichen
Interessen und von den «Möglichkeiten ihres Geschlechts», viel-
leicht mehr revolutionäre Kraft berge, als die sogenannte Real-
politik der Männer.

Die Robe der Frau Kollontai

«St., Yorkstraße. Ihr Gefühl der Empörung über die Aufmachung der Genossin Kollontai als Botschafterin der Sowjetre-
publiken teilen mit Ihnen Tausende von Proletariern Rußlands. Genossin Kollontai hat sich in der Vergangenheit große
Verdienste um die russische Revolution erworben, auch erfüllt
sie ihr jetziges Amt gut, jedoch hat sie bei dem russischen Proletariat gerade durch dieses Gebaren viel an Ansehen einge-
büßt.»
Rote Fahne» vom 17. X. 24.

Diese Aufmachung der Frau Kollontai, die das Mißfallen der
«Roten Fahne» erregt, wurde neulich durch illustrierte Blätter
dem deutschen Publikum vermittelt. Man sieht eine sehr schöne
und elegante Dame, die es sicherlich mit ihren diplomatischen
Pflichten recht ernst nimmt. Der Mann des Kommunistenblat-
tes, der mit St., Yorkstraße, das Gefühl der Empörung teilt, muß
über mehr Gesinnungsbravheit verfügen als über Sinn für weibliche Grazie. Sonst wäre ihm die öde Vokabel «Aufmachung»
verschämt in der Tinte stecken geblieben. Eine Frau von so viel

natürlichem Reiz braucht keine Aufmachung wie irgend ein mittelmäßiges Buch. Diese Kleider gehören zu ihr, sind Teil von ihr.

Wer will es Rußlands Vertreterin in Skandinavien übelnehmen, wenn sie sich hübsch anzieht? Gerade die Sowjets haben ja so viele Vorurteile niederzuringen. Bekanntlich hat in Genua nichts so sehr überrascht wie das Exterieur der russischen Delegation. Man erwartete mit Bangen wüste Gesellen mit ungewaschenen Pfoten und Weichselzopf. Statt dessen erschienen befrackte Herren, die nach allen Seiten hin verbindlich lächelten und im Gegensatz zu den Vertretern der westlichen Zivilisation auf sorgfältige Innehaltung der Mittagspause pochten. So hielt die russische Seele ihren Einzug in Genua.

*

Frau Alexandra hat kürzlich ein Buch erscheinen lassen. Das heißt: «Die Liebe der fleißigen Bienen» und handelt, wie nicht groß hervorgehoben zu werden braucht, nicht von Bienenzucht, sondern von freier Liebe. Und da schämt man sich ein bißchen für die Verfasserin. Nicht daß diese... Gott bewahre. Wenn man Botschafterin ist und dann noch über freie Liebe nachdenken muß und die Resultate dieses Nachdenkens schriftlich fixiert, dann hat man keine Zeit, seine Prinzipien in die Praxis umzusetzen. Aber welche Banalität des Themas! Frau Alexandra rennt offene Schlafzimmertüren ein. Kinder, seid ihr in Moskau rückständig!

In der Hochburg der roten Revolution allerdings hat es um das Buch heftige Fehde gegeben. Eine Genossin verübte eine turbulente Gegenschrift. Die Kollontai, exzentrisch und von bürgerlichen Atavismen besessen, proklamiere das Recht auf ungehemmtes Sinnenleben; ihr öffentliches Auftreten bereite Ärgernis. Das sei nicht sozialistisch.

Die Kollontai wieder hatte behauptet, gerade das sei sozialistisch. Was ist Wahrheit? Wer hat den echten Ring? Alexandra steigt kopfschüttelnd aus dem Frisiermantel und diktiert ein Telegramm an Drecoll.

*

Die Dame in Moskau ist sicherlich als Revolutionärin expert, ebenso wissen die «Rote Fahne» und ihr Leser St., Yorxstraße, was eine Harke ist. Aber was die Frau in der Revolution bedeutet und die Revolution für die Frau, das hat die Kollontai am instinktivsten erfaßt. Denn wie immer die Frau in die Revolution verstrickt sein mag, als Idol, als Bannerträgerin oder Troßdirne, verflochten in den Streit der Männer, kämpfend für die Programme der Männer, deklamierend die Manifeste der Männer, spielt sie doch immer nur ihre eigene Rolle. Während die Männer Verfassungsurkunden zerfetzen oder beschreiben, Tyrannenblut literweis abzapfen und mit jeder großen Revolte das Recht, Bürger zu sein, auf weitere Pariaschichten ausdehnen, kämpft die Frau für ihr eigenes Recht, für ein Recht, das kein Jurist der Welt jemals paragraphieren könnte, für das Recht, den Typus des Weibes zu vollenden, das Geschlecht in den Mittelpunkt aller Dinge zu rücken. Pathetisch verbrämt, parteipolitisch verklausuliert, durch Männerparolen falsifiziert, zwischen Männerhirnen und Männerfäusten, so kämpft die Frau ihre private Revolution durch, nachtwandlerisch sicher vom Trieb geleitet. Und das ist die ironische Marginalnote, zur Geschichte dieser «Emanzipation» gekritzelt, daß die bürgerliche Befreiung des Weibes nur immer neue Bindungen schafft und daß die feierliche Unabhängigkeitserklärung des Sinnenlebens den weiblichen Menschen zwar von der Herrschaft des Einen befreit, aber zur Sklavin Aller macht. Die Frau hat nichts zu gewinnen als neue Ketten, und diese Kettenlast zu vervielfachen, das ist der Sinn ihres Kampfes.

*

Es geht eine große Linie von den gleißenden Königinnen des Altertums zu den Revolutionärinnen unserer Zeit. Die Robe der Kollontai in ihrer provozierenden Eleganz ist die bessere und dauerhaftere Fahne einer Revolution als die gesammelten Papiere des Herrn Sinowjew. Und deshalb sind alle langweilig Gesinnungstüchtigen und alle instinktverlassen drauflospolitisierenden Frauenzimmer so entsetzlich mißtrauisch, wenn eine gutangezogene Dame plötzlich in den Kreis ihres Parteiwesens tritt. Sie wittern das Fremde, verlockend Gefährliche, das Uneingestandene – – das Geschlecht. Und sie schließen von den kostbaren visiblen Teilen der Bekleidung auf die andern nicht dem Auge preisgegebenen. Die Beziehungen aber zwischen saurer Tugend und ungelüfteter Unterwäsche sind zu bekannt, als daß sie nochmals markiert zu werden brauchten. Wenn man alle Fanatiker und Prinzipien-Monomanen veranlassen könnte, etwas häufiger die Wäsche zu wechseln, es würde weniger Unsinn geredet werden auf der Welt.

Das Tage-Buch, 25. Oktober 1924

Miss Sheebo
und der Humor davon

Vor mir liegt eine amerikanische Provinzzeitung, cyklopisch im Format; das Hauptblatt rot, die Beiblätter grün. An der Spitze des Hauptblattes, da, wo bei uns der Pakt abgehandelt wird oder die Zollvorlage, da ist in mächtigen Lettern zu lesen, daß in dieser Nummer Miß Virginia Sheebo ihre «Confessions» fortsetze. Darunter zwei Bilder. A) eine entzückend lächelnde junge Dame, die Wert darauf legt, daß auch andere das anerkennen; B) ein breitschultriger junger Herr, der gleichfalls lächelt, wenn auch männlich-gesammelt. A ist Miß Virginia selber, B Mr. Geo L. Drinkwater, ihr Verlobter. Erläuternd wird gesagt, daß Miß Sheebo die Dame sei, die es sich in den Kopf gesetzt hatte, «ihr eigenes Leben zu leben» und auf Seite 3 in 10. Fortsetzung darüber berichte. Aus weiterem Text ersieht man, daß sie sich zur Durchführung des gewagten Experiments die Hauptstadt des Staates Oklahoma auserkoren hatte.

*

Das was Miß Virginia auf Seite 3 mit sehr viel Sperrungen und Fettdruck erzählt, ist für sie ohne Zweifel aufregender als für uns. Sie stammt aus wohlhabender Familie einer kleinen Stadt in Oklahoma. Man will sie frühzeitig verheiraten, aber sie hat noch keine Lust dazu. Verläßt deshalb kurzerhand das Elternhaus und begibt sich in die Hauptstadt des Staates, um dort nach ihrem Gusto zu leben. Sie arbeitet als Stenotypistin und verdient genug, um sich recht nett zu kleiden. Bald ist ihr allgemeines Wohlgefallen sicher. Sie macht ihre Studien in der Männerwelt, unternimmt unerschrocken Ausflüge zu Zweien, besucht Junggesellenquartiere. Bleibt dabei stets tugendhaft und hinterläßt die freundlichen Gastgeber geohrfeigt und polizeilich angezeigt. Schließlich packt sie ein tiefer Ekel vor der männlichen Verworfenheit; sie verflucht ihren kniefreien Mädchenrock, der sie zur Beute lüsterner Augen macht und beschließt, hinfort Männerkleidung zu tragen, um ein für allemal sicher zu sein. Indem sie ein Herrenmagazin betritt, um einen schlichten blauen Sakkoanzug zu kaufen, und Kragen und Kravatten, schließt die 10. Fortsetzung.

Jetzt kann der Leser mit Recht auf das Kommende gespannt sein, aber damit die Erwartung nicht ins Exzessive wächst, hat Onkel Editor an den Schluß ein Bild gesetzt, das bereits einen Einblick in die Mysterien der 11. Fortsetzung gibt. Wilde Gebirgslandschaft bei furchtbarem Unwetter – weit hinten schlägt der Blitz gar erschröcklich in einen Baum. Im Vordergrund aber sieht man einen jungen Mann, der eine gewisse Ähnlichkeit mit Miß Virginia hat, zitternd und gelöst in die Arme eines anderen jungen Mannes sinken, dessen feste Züge an Geo L. Drinkwater erinnern.

Wenn nicht alles trügt, leitet diese dramatische Szene das Finale von Miß Virginias eigenem Leben ein.

*

La garçonne in Amerika! Wie brüllt das alles vor Harmlosigkeit. Europäische Leser werden vergnüglich schmunzeln, wo das Publikum von Oklahoma um die Unschuld seiner Heldin bibbert.

Sehr richtig bemerken unsere Professoren, daß die Yankees noch ein junges Volk sind und deshalb ohne Geschichte. Wir Europäer fußen auf einer ehrwürdigen Lastertradition von tiefgründiger Gediegenheit. Drüben ereifert man sich noch über die wechselnden Schicksale einer Jungfernschaft, bei uns lamentiert kaum mehr die «Gartenlaube» darüber. Ja, diese Amerikaner sind noch gesund und jugendfrisch und turnen sich ihre Versuchungen weg oder rasen so lange mit dem Ford-Auto auf der Chaussee herum, bis alles wieder im Lot ist. Bei uns wird zwar neuerdings auch tüchtig geturnt, aber der Teufel sitzt wohl zu fest, als daß er mit ein paar Bauchwellen ausgetrieben wäre.

Mißtrauische Gemüter werden sich bei Virginias freiwilliger Maskulinisierung etwas recht Häßliches denken und sagen: Aha! Und obgleich Schreiber dieses auch solcher Ansicht zuneigt, warum psycho-analysierend über Bewußtseins-Schwellen dringen, wenn der Fall noch so glimpflich abgelaufen, daß Oklahomas Hauptorgan, ohne zu erröten, ihn illustriert wiedergeben kann?

Virginia sinkt in Geo L.'s starke Arme und damit ist ihr Problem eben zu Ende. Sie weiß es – – sonst hätte sie mit ihren Memoiren noch etwas gewartet.

Die ganze Frauenfrage – es wird so schrecklich viel Gesums darum gemacht – ist ja immer eine Männerfrage. Wenn seit dem Losbruch der Großen Zeit die Frauen in steigendem Maße darauf verzichteten, sich an der Menschheit Würde mithebend zu beteiligen, wenn sie braven Volkspädagogen Anlaß gegeben haben zu geseufzten Statistiken über Verirrungen usw., so werden sie schon dunkel geahnt haben, weshalb.

Unsere Generation, Freund Mitmann, sieht nicht einladend aus. Die Weiber kopieren uns nur.

Aber eines heiteren Tags wird alles so enden, wie Miß Sheebos Problem. Plakat an den Litfaßsäulen, Lapidarstil:

Eva, kehre zurück! Alles normal.

Mit Gruß   Adam.

Das Tage-Buch, 27. Juni 1925

Die Revolte der deutschen Frauen

Vieles hat sich in Deutschland in den letzten zehn Jahren geändert, aber mehr noch ist ungeachtet neuer Gewänder im Kern dasselbe geblieben. Die Politiker sind nicht viel gescheiter, als sie es vorher waren. Die Geschäftsleute haben eine etwas freiere Gesinnung und fühlen sich verletzt, wenn sie jemand, sei's auch nur im Scherz, der Respektabilität bezichtigt. Sie nehmen eine Pose gepflegter und lockerer Geschäftsmoral an. Sie halten das für international und, verzeihen Sie mir diesen Ausdruck, für: amerikanisch. Aber hinter dieser frivolen Attitüde erhascht man gelegentlich den flüchtigen Anblick eines richtigen altmodischen deutschen Eselsohrs. Dies alles ist nicht neu. Sogar die hohen Militärs sind noch genauso, wie sie einmal waren, und wenn sie nicht so geschwächt wären, würden sie die alten Dummheiten wiederholen. Das Einzige, das sich in Deutschland grundlegend geändert hat, ist die deutsche Frau.

Ich bin mir bewußt, daß eine gewisse Übertreibung in einem derart pauschalen Urteil liegt. Ich weiß, daß es eine breite Schicht der Arbeiterklasse gibt, eine Art von niederer Menschheit, deren Lebensbedingungen sich seit Pharaos Zeiten nicht geändert haben. Dort ist die Frau das traditionelle Lasttier für Männer und Kinder; Weiblichkeit stirbt auf dem endlosen Marsch vom Herd zum Waschtrog. Und ich leugne nicht, daß es in der Bourgeoisie einen Typus gibt, der seine Moral, Vorurteile und Kleider unverändert aus einem untergegangenen Zeitalter bewahrt hat, der das Haar so trägt wie die Kronprinzessin im Jahr 1905, als ein altmodisches Kennzeichen gegen die Verrücktheit der Gegenwart; oder der es zu einem dünnen Nackenknoten bindet als Ausdruck des Protestes der deutschen Gesinnung gegen jene Kräfte, die uns nicht nur den Kaiser weggenommen haben, sondern auch das Heiligtum der Ehe und den sakralen Glanz der Jungfräulichkeit. Demgegenüber denke ich an die riesige Armee der Frauen, die durch den modernen Fortschritt in das industrielle Dasein gezwungen worden sind, die in jedem denkbaren Beruf arbeiten und sogar neue Berufe für sich selbst kreiert haben. Sie prägen das Bild der großen Städte. Sie bestimmen unser außerhäusliches Leben überall in der Industrie, im Geschäftsleben und in der Produktion. Die unabhängige, arbeitende Frau ist heute Repräsentantin ihres Geschlechts in Deutschland, nicht die Frau, deren Aktivität auf den häuslichen Kreis beschränkt ist.

Berliner Reporter sind immer glücklich, wenn ausländische Persönlichkeiten ihnen sagen, daß Berliner Frauen die schicksten und elegantesten sind, die sie auf ihren Reisen gesehen haben. Ich nehme das nicht sehr ernst und bin überzeugt, daß die Herren denselben Kommentar in San Luis Potosi (Mexiko – d. Übers.) oder in Wladiwostok abgeben würden. Aber ich möchte doch hervorheben, daß die berliner Straßen nie charmanter sind als nachmittags zwischen 5 und 8 Uhr, wenn die Frauen von der Arbeit nach *Hause* kommen. Da ist ein Hauch von Gelassenheit, von Freiheit in diesen Armeen von Frauen, von denen einige nicht zur Ruhe oder zum Vergnügen nach Hause gehen, sondern zu weiterer Arbeit und häuslichen Pflichten, wobei fast alle mit finanziellen Sorgen überlastet sind. In einer vergangenen Zeit strahlten die Straßen am hellsten in den Flanierstunden, zur Einkaufszeit, während die Damen der gesitteten Mittelklasse ihre Kleider zur Schau trugen, während ihre Töchter mit ihren Verlobten und die waghalsig-provozierenden Ehefrauen mit ihren Hausfreunden promenierten. Aber das ist alles vergangen.

Der heutige Typus der deutschen Frau ist genau der gleiche wie überall in der Welt – kurzes Haar, kurze Röcke, fleischfarbene Strümpfe. Die aktuellen Richtlinien der Mode werden streng befolgt; Gymnastik bestimmt die Figur, Firma Coty das Parfum und die Farbe. Die Kleidungsstücke, die gewöhnlich nicht sichtbar sind, sind das Herrschaftsreich der neuen Seidenindustrie in Deutschland. Es ist das Gleiche wie überall: Egalisierung, Standardisierung. Klassenunterschiede werden getilgt. Kastencharakteristika verschwinden.

Vielleicht war die Veränderung in Deutschland schärfer und gewaltiger als anderswo. Der Krieg holte die Frauen aus ihren behüteten Heimen und bürdete ihnen eine Last von Verantwortlichkeiten auf. Die Revolution verlieh ihnen die bürgerlichen Rechte, um die sie niemals eine Massenschlacht ausgefochten hatten. Die Hohepriesterinnen der Frauenrechtsbewegung hatten nie besonders kräftige Stimmen. Der Kampf der einzelnen Frau, die sich der Enge ihres bürgerlichen Daseins bewußt geworden war, richtete sich stets eher auf die soziale und menschliche, denn auf die politische Emanzipation. Sie kämpfte um Selbstbestimmung gegen die Dominanz ihrer Familie, für das Recht, ein Auskommen im Leben zu erwerben oder zu verspielen; kurzum, sie kämpfte darum, den Ehemann selbst auszuwählen oder ihr Leben mit dem Mann ihrer Wahl ohne Trauschein zu teilen. Dies ist das klassische Thema der Emanzipationsliteratur seit George Sand. 1914 stand es um die Sache der Frauenemanzipation in Deutschland noch hoffnungslos schlecht. Die Frauen und Mädchen, die sich mit diesen Ideen verheirateten, wurden entweder als Gesetzesbrecherinnen oder als Geisteskranke betrachtet. Zehn Jahre später war der Kampf auf ganzer Linie gewonnen, und heute würde sich jedermann lächerlich machen, der das Recht der Frau auf soziale und erotische Selbständigkeit in Frage stellen wollte. Die Freiheit hat gesiegt.

Wie es oft geschieht, wurde die Schlacht eher zufällig gewonnen – ohne gezielten Kampf oder ein Programm. Keine der alten Apostel der Frauenrechtsbewegung hätte einen so verschlafenbenommenen Siegeszug ihrer Ideale erträumt. Der große Zauberer, der diesen Wechsel vollbrachte, war die Inflation. Die Inflation enteignete die alte Bourgeoisie, die von ihrem Vermögen gelebt hatte, radikaler als irgend ein deutscher Lenin es hätte tun können. Der Krieg zerstörte die konventionelle Sexualmoral, und die Liebe kam zum Vorschein – der importierten Romantik entkleidet als zwingende physische Notwendigkeit. Die öffentliche Liquidation geschah im Winter 1919, als die Männer aus dem Krieg zurückkehrten; in Berlin und später in allen großen Städten kam sie in der Form von Kostümbällen an, in denen all das Begehren einer lange unterdrückten Vitalität mit orgiastischer Vehemenz ausbrach. In jenem Winter wurde die alte Moral von Konfettischlangen unter Begleitung von Geigen und Klarinetten erdrosselt. Die neuen Prinzipien waren einfach genug: wir wollen leben, und das Leben ist kurz… Dann kamen die drei Jahre der Inflation, in denen das Geld seinen Wert verlor. Die Armut stieß mitten ins Herz der Gesellschaft, statt hier und da Scharmützel am oberen und unteren Rand der Gesellschaft auszufechten, sie enteignete die Schicht, die seit einem Jahrhundert der Träger der deutschen Zivilisation gewesen war und ihre ethischen Normen zu Gesetzen kristallisiert hatte. Vermögen zerbarsten zwischen Morgen und Abend. Eigentum, das durch Generationen gehegt und vermehrt worden war, verwandelte sich in nichts mehr als Handvolls von Banknoten, die auf einen Anruf von der Börse hin zu einer Sache von Pfennigswert verfielen. Dann marschierte eine neue, erbärmliche Armee von Parvenüs auf diesem Ruin wie in eine eroberte Stadt und zog die Frauen aus den eroberten Häusern wie Marketenderinnen mit sich. Es gab einen nie dagewesenen Ausverkauf der gesammelten Moralvorstellungen eines Jahrhunderts. Gute, stabil verheiratete Frauen, die die Last tragen mußten, ihre Familie am Leben zu halten, verkauften sich für bare Münze, und ihre Ehemänner schauten weg, sofern sie nicht selbst das Management dieses Geschäftes übernahmen. Wohlbehütete Mädchen, in deren Gegenwart niemals ein unziemliches Wort gesprochen worden war, verkauften sich; ihre Eltern schwiegen, sofern sie nicht zu Kupplern wurden. Die Sexualmoral fällt nicht vom Äther herab auf uns nieder, sondern ist sehr elementarer an die allgemeinen ökonomischen Bedingungen gebunden. Das Jahr 1923 war jenen eine eindrucksvolle Lehre, welche die Moralität von einem angeborenen Instinkt für das Gute und Schöne herleiten wollen.

Heute sind wir in eine Periode der Ruhe zurückgekehrt. Das Bacchanal erreichte sein Ende, und die Mänaden suchten nach Arbeit, und wenn sie welche gefunden hatten, schien es, als ob sie sie immer schon gehabt hätten. Die Manier von Selbstverständlichkeit, mit der sie ins Fegefeuer gingen und wieder herauskamen, ist vielleicht das wichtigste Merkmal jener Jahre. Keine Emotion, kein Pathos. Viele sanken hinab in das verlorene Heer der Straßenprostitution, das in Deutschland wie anderswo sich in Krisenzeiten aus den Arbeitslosen rekrutierte. Heute hat sich der neue Status etabliert. Frauen sind ein inniger Bestandteil des industriellen Lebens und selbst jene, die es nicht nötig hätten, suchen sich einen Beruf. Das gute, nichtstuende Heimchen, das herumgeführt wurde von der heiligen Allianz der Tanten und Verwandten und auf einen Ehemann nach Wahl ihrer Eltern warten mußte, ist gänzlich verschwunden. Die Zahl der Ehefrauen, die so von ihren Ehemännern abhängig sind, daß sie deren üble Launen aushalten müssen, ist deutlich zurückgegangen. Einen außerordentlich großen Zuwachs gab es bei der Zahl der freien Verbindungen, die ohne große äußerliche Schwierigkeiten gelöst werden können. Der Trend zu erotischer Selbstbestimmung hat bei den Frauen den Sieg davongetragen; und somit ist ein neues Element in die Gesellschaft gekommen, das nicht mit traditionellen Ausdrücken beschrieben werden kann. Die Formen der neuen weiblichen Gesellschaft sind noch unbestimmt. Dies wenigstens ist sicher: die Frauen entwickeln sich beständig in Richtung auf eine neue Klasse, die durch die Möglichkeiten ihres Geschlechts prädestiniert wird. Sie haben ein gemeinsames Merkmal: sie haben den Zusammenhalt der alten Klassen gebrochen. Die Ex-Aristokratin ist vom bürgerlichen Leben angezogen, und die Tochter eines einfachen Arbeiters strebt als Verkäuferin oder Stenographin demselben Ziel entgegen. Das Mittel-klasse-Mädchen wirft sich in Kunst und Literatur, vergrößert die Einwohnerschaft der Boheme, und popularisiert die Ideen ihrer Freunde.

Es würde zu lange dauern, auf die Tragödien und Komödien dieser noch unterentwickelten Bewegung einzugehen. Aber ich darf ein paar Worte über die Männer hinzufügen, die letzten Endes nicht ganz unbeteiligt sind. Sie haben ein gewisses Adaptionstalent gezeigt, aber bestimmte, früher gängige Typen haben eine ziemlich umfassende Niederlage erlitten: der Philister und der Don Juan. Der erste hat seinen Marktwert verloren. Seine Tugenden scheinen nicht mehr beeindruckend und seine häusliche Beharrlichkeit widerspricht dem Begehren nach Weite und Tempo. Und was bleibt für Don Juan übrig? Seine schmelzenden Augen scheinen lächerlich, weil sie sich nicht mehr auf Frauen richten, die nie aufschauen, ohne zu erröten. Der Lady-Killer kann keine Subjekte mehr finden, an denen er arbeiten könnte. Wenn Frauen frei über intime Themen reden, offen den Spaß an der Liebe betonen, und sie nicht mehr überlasten mit dem schlechten Gewissen und der dunklen Problematik aus Ibsens Zeiten – was bleibt für den Verführer? Armer Don Juan! Selbst-bestimmung und Selbstkontrolle; Freiheit, aber Verzicht auf ferne und nebulöse Utopien – das ist das ungeschriebene, aber tief empfundene Programm unserer Frauen von heute. Als ein Postskriptum möchte ich ein Dokument hinzufügen, das einst auf meinem Redaktionstisch landete und das zeigt, wie eine kluge Frau, die viel Geist und wenig Geld hat, der Realität entge-gensieht:

«Die ärgerliche Last mit den modernen Männern sind ihre Neu-rosen. Lerne ihre Sorgen verstehen und gaukle vor ihren Augen mit einem Paradies von möglichen Fluchtmethoden. Wenn du selbst schwach bist, wende dich um Himmels Willen nicht an deinen Geliebten sondern geh zu einem schlauen Nervenspezia-listen; er wird dich beraten, wie man mit neurotischen Männern auskommt. Laß dich nicht mit Männern ein, die dich dominie-ren. Sexuelle Fügsamkeit mag eine kurze und stürmische Lust erzeugen, aber du wirst sie auf Kosten deiner eigenen Persönlichkeit erkaufen. Betrüge dich niemals mit dem Traum vom hundertprozentigen Glück. Das ist eine strafbare Spekulation. Gib dich derweilen mit 20 bis 50%-Fällen zufrieden; am Ende werden sie sich zu einer stattlichen Summe addieren, und die Zeit ist kurz. Und denke immer daran, daß es seliger ist zu geben als zu nehmen! Amen.»

Amen.

The Nation, 7. November 1928

(Dieser Text erschien in englischer Sprache unter dem Titel «The Revolt of the German Women». Die englische Fassung läßt deutlich deutsche grammatikalische Satzkonstruktionen erkennen, so daß der Text vermutlich aus einer deutschen Vorlage übersetzt worden ist. Diese Eigentümlichkeit wurde bei der Übersetzung durch möglichst genaue Wahrung der Satzkonstruktionen berücksichtigt. Die Übersetzung wurde von Dirk Grathoff unter Mitwirkung von Robert McLaughlin und Manfred Peters angefertigt.)

«...eine berliner Sehenswürdigkeit»

Streit um Piscators Politisches Theater

Die großen literaturtheoretischen und kulturpolitischen Debatten der Weimarer Republik und des Exils, deren bekannteste heute wohl die zwischen Bertolt Brecht und Georg Lukács ist, nahmen in der Spätphase der Weimarer Republik eine oft gesteigerte Intensität und Schärfe an. Zu den kleineren, bisher kaum beachteten Scharmützeln dieser Art gehört der Streit um das Konzept des Politischen Theaters von Erwin Piscator, der ab 1928 in der «Weltbühne» mit Ossietzky ausgefochten wurde. Es begann mit einem Beschwerdebrief Erwin Piscators, den Ossietzky in der wöchentlichen Rubrik «Antworten» des Heftes 10 vom 6. 3. 1928 abdruckte und in dem sich Piscator über die negativen Kritiken seiner Inszenierungen durch die «Weltbühnen»-Kritiker Arthur Eloesser und Harry Kahn beklagte. Die Zitate von Eloesser und Kahn, die Piscator dort zum Beleg anführt, entstammen alle zwei Kritiken seiner «Schwejk»-Inszenierung, die im Januar (Eloesser) und Februar 1928 (Kahn) erschienen waren. Einleitend erinnert Piscator an den gemeinsamen «Kampf gegen die Verständnislosigkeit einer reaktionären Kunstclique», die Unterstützung «gegen die Bureaukratie der Volksbühne», wie Ossietzky seinerseits anschließend zu Beginn seiner Replik auf die Beschwerde schreibt. Im März 1927 war anläßlich der Piscator-Inszenierung von «Gewitter über Gottland» eine heftige Auseinandersetzung mit der Berliner Volksbühne mit redaktioneller Unterstützung der «Weltbühne» ausgefochten worden, im April zudem zweimal in eben dieser Rubrik «Antworten», in der Ossietzky nun im Jahr darauf mit Piscator im Streit lag. Jenseits der grundsätzlichen konzeptionellen Einwände, die Ossietzky in seiner Replik vortrug, nimmt er gegen Ende noch Piscators Spielplanpolitik aufs Korn, was mindestens dort überzogen wirkt, wo er Differenzen zu Brecht suggerieren will, wenn er Piscator vorwirft, er habe «Brechts eng-

lische Soldatenkomödie», also «Mann ist Mann», der «verspotte-
ten Volksbühne» überlassen. Eine andere Dimension ist mit der
Kritik an den Texteingriffen Piscators erreicht, die sich hier gegen
die Streichung der «Schlußszene» der «Schwejk»-Dramatisie-
rung von Max Brod und Hans Reimann richtet. In der Verteidi-
gung der Autorenrechte gegen derartige Texteingriffe reagierte
Ossietzky wachsam, so hatte er im Februar 1928 in der «Welt-
bühne» bereits «zwei Szenen aus der Schwejk-Dramatisierung»
abgedruckt, die «bei der berliner Uraufführung nicht gespielt»
worden waren. Das Verhältnis zwischen dem Regisseur, der sich
Texteingriffe herausnimmt, und dem Autor, zu dessen Rechts-
wahrung sich Ossietzky aufgerufen fühlt, steht später mit ihm
Zentrum des zweiten Akts vom Piscator-Ossietzky-Streit um
Walter Mehrings Stück «Der Kaufmann von Berlin», der im Jahr
darauf folgt.

Antworten [Erwin Piscator]

ERWIN PISCATOR. Sie schreiben: «Seit einiger Zeit scheint die
‹Weltbühne› ein Sprachrohr für diejenigen geworden zu sein, die
meine Arbeit an der Bühne entweder nur von der technischen
Seite her als interessant, im Grunde genommen aber als belanglos
(Eloesser), oder aber gradezu als schädigend für das Theater
empfinden (Kahn). Nun fühle ich mich durchaus nicht etwa über
Kritik erhaben. Aber die Art, wie hier an meiner Arbeit Kritik
geübt wird und die Bedeutung, welche diese Kritik durch ihren
Platz in der ‹Weltbühne› erhält, zwingt mich zur Auseinandersetzung. Wie stehen wir? Ich habe bisher geglaubt, mit der
‹Weltbühne› in einer gemeinsamen Kampflinie gegen einen gemeinsamen Feind zu marschieren. Ich habe die ‹Weltbühne› für
eines der wenigen Blätter gehalten, denen der Kampf gegen alles
Gestrige nicht nur eine literarische Haltung bedeutete, genau so
wie mir meine Arbeit in erster Linie eine politische scheint, und
nun erheben sich aus eben diesem Blatt gegen mich und unser
Theater wieder dieselben bösartigen Phrasen, die gleichen
nichtssagenden Schlagworte, dieselben platten ästhetischen Ein-

wände, die noch von einer Zeit her, wo ich mit Hilfe der ‹Weltbühne› einen Kampf gegen die Verständnislosigkeit einer reaktionären Kunstclique führte, in peinlicher Erinnerung sind. Es
ist dasselbe stark angeschimmelte Gericht, das mir Herr Hus-
song von Zeit zu Zeit aufwärmt. Es ist der gleiche Hohn auf die
‹konsequente Lebensanschauung› (Eloesser), die Sehnsucht nach
der gedankenlosen Unverbindlichkeit des ästhetischen Vor-
kriegsbetriebes, der ganze literarische Kramladen einer Generation, die sich leider selber überlebt hat, jener Generation, deren
Feigheit und Gedankenlosigkeit uns in die Schützengräben jagen
half. Was sie, scheinbar in Angelegenheiten der Kunst, immer
wieder vorbringt, sind Argumente, die in Wirklichkeit ihre 1914
jämmerlich-grausig bankerott gegangene Welt rechtfertigen sollen. Was hat es mit jener ‹Menschenseele› (Kahn) auf sich, die so
laut gegen mich aufgerufen wird? Vielleicht sehen Sie sich ein
wenig in der Welt um! Was sind die entscheidenden Faktoren
unsrer Entwicklung geworden, Seele oder Petroleum? Wonach
geht die kapitalistische Gesellschaft, nach Menschlichkeit oder
Profit? Wo erdrückt die Maschine die Ihnen so teure Einzelpersönlichkeit? Wo wird die ‹Diktatur des toten Apparates› (Kahn)
proklamiert? In der Fabrik, im Bergwerk, im Zuchthaus, auf
dem Kasernenhof, im Krieg. Das, was jene Kritik für ihre letzte
Forderung an die Kunst hält, das ist unsre erste Forderung ans
Leben gewesen. Ihre Forderungen in allen Ehren, meine Herren,
aber Sie haben sich in der Hausnummer geirrt! Fangen Sie die
Tour bei Herrn Krupp von Bohlen-Halbach an, dann werden
wir uns schneller verständigen. Das, was Sie so schön mit den
‹Blau ins Blaue träumenden, völlig unirdischen Augen› (Kahn)
charakterisiert haben, ist in dieser Gesellschaft eine Angelegenheit der herrschenden Klasse, die Sie irrtümlich mit der ‹Welt›,
mit dem ‹Heute und immerdar› verwechseln. Kein Wunder, daß
nach den ästhetischen Gesetzen, die diese Klasse für ihre Kunst
aufstellen ließ und die Sie begreiflicherweise für ewig halten,
Seele die Substanz der Kunst ‹ist und bleibt›. Irgendwohin müssen wir die Seele ja plazieren. Nehmen wir die Kunst, da kann sie
wenigstens keinen Schaden anrichten. Und so fahren wir wieder
einmal ‹schlittenklingelnd über die schneebedeckte Heimaterde›
(Kahn) den nächsten Massengräbern entgegen. Meine Aufgabe

ist es nicht, diese Art von Kunst den Besitzenden zu liefern. Meine Aufgabe ist es nicht, ihre ästhetischen Gesetze, deren Wert mir fragwürdig erscheint, fortzuentwickeln. Der Gesichtspunkt, unter dem unser Theater arbeitet, ist ein andrer. Wir können begreifen, daß eine im Niedergang begriffene Klasse, der das von ihr angestiftete Unheil langsam über den Kopf wächst, sich gern von dem ‹Allzu-wirklichen› in ein ‹phantastisch Unwirkliches› (Eloesser) entführen lassen möchte. Wir haben dieses Bedürfnis nicht. Unser Ausgangspunkt ist grade dieses Allzuwirkliche, und das zu gestalten ist uns jedes Mittel recht. Was geht uns Film, Aufklappbühne, Maschinerie und Schmieröl an! Sie sind uns nichts als Mittel. Unser Ziel liegt in der Wirklichkeit. Wir kamen aus dem Dreck des Krieges, wir sahen ein halbverhungertes, zu Tode gequältes Volk. Wir sahen, wie man seine Führer meuchlings ermordete, wir sahen, wohin wir blickten, Ungerechtigkeit, Ausbeutung, Qual, Blut. Sollten wir nach Hause gehen und über unsern Schreibtischen, Zeichenbrettern, Regiepulten weiter dem ‹phantastisch Unwirklichen› nachträumen, dem Schlittengeklingel lauschen? Unsre Kunst wurde aus der Erkenntnis des Wirklichen geschaffen, mit dem Willen, diese Wirklichkeit abzuschaffen. Wir haben das politische Theater gegründet (wahrhaftig nicht aus Liebe zur Politik), um unser Teil beizutragen an dem großen Kampf um die Neugestaltung unsrer Welt. Unsre Kunstwerke können weder den geistigen Inhalt haben, den nach staatlich gebilligten Regeln ein Kunstwerk haben muß, um als solches zu gelten, noch kann ihre Form mehr dem überlieferten Begriff des Kunstwerkes entsprechen. Aber wir haben nie gesucht, daraus ästhetisch einen ‹Stil› zu machen, wir haben nie ein Dogma aufgestellt, wie Kunst auszusehen habe, uns genügt es vollkommen, wenn es gelingt, hundert von den tausend Zuschauern, die täglich unser Theater besuchen, zu einer gewissen Nachdenklichkeit über die ‹Ordnung› zu bringen, in der sie leben. Das ist der einzige Maßstab, den wir gelten lassen. Wir wollen nicht Theater, sondern Wirklichkeit. Die Wirklichkeit ist noch immer das größere Theater. Was soll uns in einer Welt, in der die wahren Erschütterungen von der Entdeckkung eines neuen Goldfeldes, von der Petroleum-Produktion und vom Weizenmarkt ausgehen, die Problematik von Halbverrückten! Wir sehen Zustände, politische, gesellschaftliche, wirtschaftliche und ihre Einwirkung auf Menschen oder deren Einwirkung auf sie. Das versuchen wir zu gestalten, sicherlich noch in Vielem mangelhaft. Glauben Sie nicht, daß wir gegen ‹Blaublick› wären, wenn sich damit die Welt auch nur um einen Zoll vorwärts rücken ließe. Wir wären gern bereit, um diesen Preis blau und nichts als blau zu blicken. Man kann die Entmenschlichung der Welt beklagen, man kann beklagen, daß unsre besten Gefühle so wenig Einfluß auf den Weizenmarkt besitzen und daß unsre tiefsten Gedanken keiner 16zölligen Granate standhalten. Aber dann ziehen Sie die Konsequenz daraus. Machen Sie das Morgen, um das wir kämpfen, nicht zu einer Nachtisch-Angelegenheit, behandeln Sie es nicht als ästhetische Forderung an die Kunst, sondern als Kampfparole an die heutige Welt und ihre Vertreter. Sonst sind Sie wirklich nichts andres, als Schleppenträger einer Gesellschaft, die mit Fusel und Fußtritten zugleich Traktätchen zur Rettung ihrer ewigen Seele an hungernde Eingeborene austeilt. Das muß ich schon von meinen Kritikern verlangen, wenn ich sie ernst nehmen soll: daß sie mir ein Beispiel geben in meinem Kampf, daß aus ihrer Kritik die Forderung an sich selbst erwächst. Wenn Kritik nur bedeutet, geschmäcklerisch die Reizungen der eignen Sinnes- und Seelenfäden festzustellen, wenn sie sich auf das Nirgendwo einer Kunst bezieht, zu feige oder zu schwach zu einer Auseinandersetzung mit der Wirklichkeit, wenn sie die ‹lieben alten Kriegsbilder› bespöttelt, statt an die nächsten zu denken und an die Möglichkeit, sie zu verhindern, wenn sie für mich keinen andern Maßstab besitzt, als für den Film vom ‹Alten Fritz›, dann ist diese Kritik nicht nur sachlich unernst, eine Salonplauderei, die mich einen Dreck angeht, sondern selber ein Stück dieser untergehenden hassenswerten Welt. Eine geistige Umwälzung war immer vom Entstehen neuer technischer Mittel begleitet. Soviel zur Technik. Die soziale Revolution mag sich ruhig des laufenden Bandes bedienen, wenn sie damit rascher zum Ziel kommt. Aber wenn die ‹Seele› im Anmarsch ist, dann ist es meistens im Parademarsch.» – – Ich habe viel Respekt vor dem hellen Temperament Ihres Briefes, aber etwas nimmt ihm die Wirkung: Sie argumentieren nicht, Sie dekretieren. Glauben Sie mir, Herr Piscator, die ‹Weltbühne› ist für Belagerungszustände kein fügsames Objekt... Es ist richtig, daß wir Sie gegen die Bureaukratie der Volksbühne unterstützt haben, und Sie werden uns immer an Ihrer Seite finden, wo Mucker gegen Sie Alarm schlagen und den Polizeiknüppel rühren wollen. Das ist zu selbstverständlich, um erneut und immer wieder betont zu werden. Aber Begeisterung für Ihre Leistungen, Vorzugsbehandlung – nein, das können Sie nicht schlankweg dekretieren. Ich persönlich mache kein Hehl daraus, daß ich nicht an ein in Permanenz politisches Theater glaube. Ich glaube wohl, daß von einem Theater politische Wirkung ausgehen kann. Sie kann ausgehen von einem Stück, von einem Regisseur, ja, von einem einzigen Schauspieler. Aber ein Theater, das Abend für Abend ohne eigne Phantasiezugabe paukt, was in Zeitungen und Meetings auch gepaukt wird, das ist ein Theater ohne Fluidum, ohne Schwingung und Strahlung, ein Theater nicht zum Mitgerissenwerden, sondern zum Abgewöhnen. Mir scheint, die einzige Möglichkeit politisches Theater zu machen, haben sie versäumt. Es gibt in Deutschland eine imaginäre Linke, die bei allen Kämpfen gegen Militarismus und Justiz in der Avantgarde gestanden hat, unorganisiert, freizügig, freiheitliebend, uneinig oft, aber einig in der Parteiverdrossenheit. Anstatt sich auf diese gute echte Revolutionstruppe zu stützen, verkoppelten Sie Ihre Sache mit der Partei der Revolutionsphrase, mit der KPD., mit der zerriebenen, zerrissenen Partei, die sich bisher am wenigsten tauglich gezeigt hat für Gemeinschaftsbildung, und von der die Massen ebenso schwinden wie die charaktervollen Wortführer. Die ‹Weltbühne› ärgert Sie, weil sie nicht loben kann? Überlegen Sie: keiner der bedeutenden Theatermänner der letzten Jahrzehnte ist so mühelos durchgedrungen wie Sie, um keinen waren von vornan so stark die Sympathien meinungmachender Kritiker, kein Brahm oder Reinhardt begann so mit Vorschußlorbeeren umkränzt wie Sie. Ich habe in diesen Monaten ganz andre Kritiken in Händen gehabt als die von Arthur Eloesser und Harry Kahn. Ich habe in diesen Monaten gut zwei Dutzend Zuschriften junger Linksradikaler in Händen gehabt – erregte Verwahrungen, wehe Klagen, daß an Stelle des erhofften Revolutionstheaters ein Bourgeoistheater entstanden sei, ein Kurfürstendamm-Ereignis ohne Band mit der besten rebellischen Jugend. Haben Sie einem einzigen jungen Dichter ans Licht verholfen? Sie haben ein Stück von Toller gespielt, vor dem kein bürgerlicher Direktor zurückgezuckt wäre, dann, das Ärgste, den «Rasputin» eines schlechten russischen Konjunkturisten; schließlich den dramatisierten «Schwejk», von dem Sie die großartige Blasphemie der Schlußszene einfach strichen. Waren es Bedenken vor der Zensur, waren es Erwägungen, ob die Steigerung ins Unwirkliche etwa der Doktrin zuwiderliefe? Ich weiß es nicht. Die «Weber», das klassische Proletarierstück, ließen Sie Jeßner, den aufreizenden «Toboggan» des jungen Menzel wird ein sehr bürgerlicher Direktor wagen, Brechts englische Soldatenkomödie blieb der verspotteten Volksbühne. Ich glaube, Sie leiden nicht unter zu viel Anfeindung, sondern unter zu viel Lob. Befreien Sie sich von Ihren Korybanten. Die haben ein ganz entzückendes Rezept gefunden: bezweifelt man den politischen Sinn einer Aufführung, so wird tiefsinnig die ästhetische Bedeutsamkeit ausgespielt. Rührt man aber an diese, so heißt es nicht minder tiefsinnig: aber die Politik ist doch gut! Mit Verlaub, so was ist gar nicht proletarisch-revolutionär, sondern sehr glitschig-liberal. Ein Mann von Ihren Gaben, Ihrer Begeisterungskraft und Energie, hat es nicht nötig, in eine Lage zu kommen, auf die der alte Scherz paßt: «Es wird höflichst gebeten, auf den Herrn am Klavier nicht mit Messern zu werfen, er tut sein Bestes». Hauen Sie die Bürger ruhig in die Pfanne, provozieren Sie Ihr Parkett, daß es heulend sein Geld zurückverlangt, aber lassen Sie das durch einen Dichter besorgen, nicht durch Maschinerie und Parteiphrase. Die Maschinerie wird als Sensation begrüßt, die Jesinnung sanft begrinst. Sie haben uns revolutionäre Taten versprochen und herausgekommen ist eine berliner Sehenswürdigkeit. Entkapitalisieren Sie Ihren Betrieb, ersetzen Sie die teuren Preise durch Kartenverlosung zu einem Einheitspreis, und Sie haben das geschaffen, was wir von Ihnen erhofften und weshalb wir Sie in Ihrem Kampf gegen die Volksbühne unterstützten: – das Volkstheater, das erste richtige Arbeitertheater. Aber ich weiß, daß ich hier an die Grenze des Möglichen gehe. Auch Ihr Theater ist den Gesetzen der kapitalistischen Welt unterworfen, die zu perhorreszieren und als die einzige Wirklichkeit von Heute zu entlarven, Sie als Ihre vornehmste programmatische Aufgabe empfinden und die, ich bedaure das sagen zu müssen, bisher in Betrieb und Geschäft Ihres Theaters deutlicher demonstriert worden sind als in dessen szenischer Leistung.

Die Weltbühne, 6. März 1928

Als unmittelbare Reaktion auf Ossietzkys Kritik am «Politischen Theater» von Erwin Piscator erschien am 28. März 1928 im Feuilleton der «Roten Fahne» ein polemischer Artikel unter dem Titel «‹Weltbühne›, Piscator und Arbeiterbewegung», der mit «Peter» unterzeichnet war und in dem es hieß: «Warum dieser Haß Ossietzkys gegen die KPD.? Es ist der Haß des sterbenden Bürgers auf die aufsteigende proletarische Klasse. Es ist der Haß des losgerissenen, entwurzelten, isolierten Intelligenzlers, der den bürgerlichen Boden unter den Füßen verloren hat, und zu feige wie zu aufgeblasen ist, den proletarischen Boden zu suchen, der nicht mehr von vorne anfangen, von der Pike auf dienen möchte.» Felix Gasbarra, der Dramaturg der Piscator-Bühne, hatte Kurt Tucholsky – in seiner Eigenschaft als Mitherausgeber der «Weltbühne» – am 10. März 1928 um eine Stellungnahme zu dem «Frontalangriff» Ossietzkys gebeten, woraufhin Tucholsky am 14. März ausweichend antwortete, daß Ossietzky die Kritik keineswegs als Frontalangriff «aufgefaßt wissen» wolle (Tucholsky: Ausgewählte Briefe. Reinbek 1962).

Erneuten Anlaß zur kritischen Auseinandersetzung mit Erwin Piscators Inszenierungspraxis bot dessen Aufführung von Walter Mehrings «Der Kaufmann von Berlin», mit der am 6. September 1929 die zweite Piscator-Bühne im Theater am Nollendorfplatz eröffnet wurde. Ossietzky hat im Laufe seiner journalistischen Tätigkeit stets auch Theaterkritiken verfaßt; so ist bereits der erste Artikel, der von ihm gedruckt wurde, eine replizierende Theaterkritik in Form eines Leserbriefs. Dieser Text, «Eulenbergs ‹Alles um Liebe›», erschien 1911 in der Zeitschrift «Das freie Volk». Später hat Ossietzky im Rahmen seiner Redakteurs-Tätigkeit regelmäßig Theaterkritiken in der «Berliner Volkszeitung», im «Montag Morgen» und gelegentlich noch in «Das Tage-Buch» veröffentlicht. Nicht so jedoch in der «Weltbühne»;

hier überließ er das Feld der Theaterkritik Mitarbeitern wie Arthur Eloesser und Harry Kahn, gegen Ende auch Herbert Ihering oder sonst auswärtigen Korrespondenten. Seine Besprechung von Piscators Inszenierung des «Kaufmann von Berlin» stellt so eine einmalige Ausnahme in der Publikationspraxis der «Weltbühne» dar, und sie ist auch mehr als eine Aufführungskritik im herkömmlichen Sinn. Die Inszenierung löste beim Publikum und in der Presse einen Skandal aus, darin heutzutage vielleicht vergleichbar dem umstrittenen «Frankfurt»-Stück von Rainer Werner Faßbinder, es wurde eine außerordentlich vehemente Debatte darüber geführt, die bis hin zu einer pogromartigen Hetzkampagne von Seiten nationalistischer Blätter reichte. Erwin Piscator berichtete davon in seinem Buch «Das politische Theater» (1929). In dieser Situation sah sich Ossietzky veranlaßt, eine Lanze für Walter Mehring gegen die öffentliche Kritik zu brechen, und ihn, den Hausautor der «Weltbühne», der seit 1920 regelmäßig Beiträge lieferte und den Herausgebern freundschaftlich verbunden war, zugleich gegen die Texteingriffe des Regisseurs Erwin Piscator in Schutz zu nehmen. Daß sein Artikel als Sympathiekundgebung für Walter Mehring sich verstehen wollte, signalisierte Ossietzky dem Leser sogleich mit dem Eröffnungszitat aus Christian Morgensterns Gedicht von dem «Huhn», das sich in eine «Bahnhofshalle, nicht für es gebaut», verirrt hatte. «Sagen wir es laut:», heißt es weiter in dem Gedicht von Morgenstern, «daß ihm unsre Sympathie gehört,/selbst an dieser Stätte, wo es – ‹stört!›». Walter Mehring hatte sich seinerseits in zwei Artikeln im «Berliner Tageblatt» und in «Das Tage-Buch» (1929) gegen die vehemente Kritik zur Wehr gesetzt.

Eine weitere Kampagne gegen Walter Mehrings Stück wurde 1929 in der «Deutschen Allgemeinen Zeitung» (DAZ) von Paul Fechter eröffnet. Mit ihm, dem Feuilletonchef der DAZ, hatte Ossietzky schon manches Scharmützel in der «Weltbühne» ausgetragen – in süffisanter Namensspielerei um den «kritischen Klopffechter» (WB, 1928), womit er das beliebte Bild vom «Klinge» führenden Journalisten aufnahm, dessen scharfe Waffe über dem Genuß von «Grünberger» Weinverschnitt hier zur stumpfen «Plempe» verkommen sei. So polemisch-spöttisch Ossietzky auch auf die Angriffe von Paul Fechter in der DAZ vom

September 1929 reagierte, bewirkten sie doch, daß der S. Fischer-
Verlag in der Buchausgabe des «Kaufmann von Berlin» die inkri-
minierten Verse von Walter Mehrings «Straßenkehrerballade»
nicht druckte. Sie fehlen bis heute in den Ausgaben des «Kauf-
mann von Berlin», so daß Ossietzkys Abdruck der ungekürzten
«Straßenkehrerballade» von Walter Mehring im Rahmen seines
Artikels in der «Weltbühne» zugleich den ersten und einzig voll-
ständigen Druck dieses Textes darstellt.

Die Kaufleute von Berlin

«In einer Bahnhofshalle, nicht für es gebaut», nämlich für das
Drama, spielt Piscator ein Stück, das gewiß Beschleunigung und
Straffung verlangt, aber keine Apparatur, deren Knirschen seine
innere Musik übertönt. Der alte Streit zwischen Regisseur und
Dichter wird hier jusqu'au bout ausgefochten, wobei der Regisseur den Erbfeind des Theaters siegreich schlägt. Piscator benutzt die Gelegenheit zu einer Mustermesse seiner technischen
Errungenschaften. Die Bühne rotiert, versinkt, entschwebt.
Oberhalb der Szene fliegt Wanderschrift vorüber. Film in dop-
pelter Ausfertigung – auf einem Gazevorhang und einer zweiten
Leinewand dahinter. Selige Beruhigung fürs Auge tritt ein, wenn
für Minuten nur ein paar Personen auf dem Laufband vorüber-
gleiten. Aber blickst Du zufällig nach oben, so kommt schon ein
drohendes Eisenskelett herunter, eine kolossale Hängebrücke,
eine gespenstische Brooklyn-Brücke, ein Vorortbahnhof von
Metropolis.

Wenigstens in der ersten Stunde wirkt das hinreißend. Es zu
leugnen wäre töricht. Dieser Piscator hat vor dem traditionellen
Theater ein Prae: die Bühnenfläche, sonst dem mehr oder weniger bewegten Aufenthalt der Akteure dienend, gewinnt ein nie
geahntes Eigenleben; hier verschwindet ein Sektor mit einem
kleinen Menschengewimmel in der dunklen Tiefe, während dort
schon aus einem andern ein Gesicht langsam ins Licht wächst.
Das ist bewundernswert und eine wirkliche Bereicherung des
Theaters. Aber dann die Kehrseite: die Maschine wird individu-

ell und lebendig bis zu Starlaunen, dafür wird der Mensch zu einer leerlaufenden Maschine. Wo die Szene ganz auf den Schauspielern liegt, da verfliegt sie ins Leere. Wie unendlich ärmlich zerrinnt zum Beispiel das Ballfest im Palais des Inflationskönigs! Da müßte die ganze gefährliche Atmosphäre von Dreiundzwanzig eingefangen sein, das müßte eine Sammlung der Zeittypen von damals, mindestens aber ein glänzendes Aufgebot von Fräcken und Dekolletés sein. Aber grade diesem Fest, das die Schlußkatastrophe bringt, fehlt es an Spannung, an Geladenheit; beziehungslos stehen ein paar Statisten um die Hauptdarsteller teils herum, teils ihnen im Wege. Jeßner in seinen puritanischsten Stunden wirkt daneben orgiastisch.

Ein fanatischer Arbeiter ist Piscator, gewiß. Aber dieser Wille schaltet nicht souverän, sondern als Sklave seines Materials. Es fehlt der kleine Schuß Hexerei, ohne den das Theater nicht Theater wird. Es fehlt jenes bißchen Hexerei, das aus einer grünen Gardine den Ardennerwald blühen läßt. Schließlich erliegt der Regisseur den eignen Mitteln. Er hat zwar den Autor glorreich in die Flucht geschlagen, aber er wird des Sieges nicht froh. Er hat das Stück untergekriegt, es gibt keinen Gegner mehr; er steht allein auf weiter Flur und wirft das Spiel um. Lustlos und holterdipolter rollt nach der großen Pause der Abend dem Ende zu.

*

Dabei ist dieser «Kaufmann von Berlin» von Walter Mehring das erste Drama, das wirklich für die Bühne Piscators gedacht ist. Er hat nicht jenen heute beliebten Revuecharakter, aber es ist doch eine Wanderung durch viele Stationen, es hat eine Handlung, die sich weniger von Innen entwickelt als vielmehr auf dem laufenden Band weitergleitet. Die Stoffwahl ist wundervoll: die Inflation, die zweite Große Zeit unsres Lebens. Im Herbst 1923 wickelt sich das Schicksal des Simon Chajim Kaftan ab, der mit hundert zusammengegaunerten Dollars von Osten gekommen ist: «zu koifn ganz Berlin». Gierig aber hilflos, dumpf aber verschmitzt, irrt er hungernd in den Elendsvierteln herum, zaudernd, seinen Schatz für einen Bissen Brot anzubrechen. Da stößt er auf ein teutonisches Musterexemplar, das bequem zehn Galizier in die Tasche steckt; aus Luftgeschäften entfaltet sich über Nacht ein Kutisker-Konzern und zerplatzt prompt mit der

Stabilisierung. Kaftan irrt in die Tiefe zurück, aus der er gekommen, aber eine Polizeifaust rettet ihn eben noch fürs Hochgericht. Er wird kämpfen und zusammenbrechen, und am Seziertisch wird ihm ein Lubarsch zum Gaudium der Herren Studenten eine mehr charakterisierende als pietätvolle Leichenrede halten.

Das Werk hat seine greifbaren Mängel, seine Übertreibungen und Lücken, aber es hat einiges mehr als das Gros der heutigen dramatischen Produktion: es hat beträchtliche dichterische Substanz. Nicht immer in den Dialogen, wohl aber in den balladenhaften Zusammenfassungen der Handlung, in den Versen der Kantate von Krieg und Frieden am Beginn, in den Gesängen der Hakenkreuzler, der Straßenkehrer, da brennt die soziale Lyrik Mehrings, und ihr Impetus ist stark genug, um das Stück vorwärts zu treiben. In den spitzen, knappen Strophen Walter Mehrings, der als Chansonnier und Kabarettist abgestempelt ist, spukt viel echte Dämonie, ein unzeitgemäßes Element also, von dem die klare Vernünftigkeit neunaturalistischer Tendenzdramatik nichts weiß. Wenn in einer erschütternd bizarren Alkoholvision potsdamer Honoratioren der Alte Fritz mit dem Krückstock zwischen die sieben Weisen von Zion fährt, so hat das die Brillanz großer Satire, die vehemente Hetzteufelei heineschen Witzes und erinnert nicht nur von fern an das unvergeßliche kölner Nachtstück in «Deutschland, ein Wintermärchen»:

> Den Paganini begleitete stets
> ein spiritus familiaris…

Das ist ein genialischer Sprung in die Phantasmagorie, und von dieser Ecke her muß das Werk genommen werden. Denn es hat mehr Geist als Körperlichkeit, aber dieser Geist ist nicht verschwommen, sondern blank und manifest. Es ist eine frech geschnittene Arabeske, eine Allegorie, aus Anklage und Trauer, aus Pathos und behendem Gaminwitz seltsam gemischt. Hier ist jede szenische Ausschweifung erlaubt, wenn sie nur die Essenz verschärft. Verboten ist nur Verdickung und Überdeutlichmachung. Piscator aber ruht nicht eher, als bis er die Flötentöne ausgetrieben hat. Es bleibt: Die deutsche Inflation – ein Vortrag mit Lichtbildern und wertvollen Einblicken in das Räderwerk der Zeit.

Die Intermezzi der Regie fressen den halben Abend. Aus dem Text fliegt alles, was den Schauspielern Chancen gibt. Gestrichen, daß Kaftan die hundert Dollars in seiner Heimatstadt ergaunert hat. Gestrichen, daß Jessie Kaftan sich dem Rechtsanwalt Müller verkaufen muß. Gestrichen der ganze letzte Teil, der Gang Kaftans in die Unterwelt zurück. Was langsam verklingen müßte, bricht abrupt und fast unverständlich ab. Piscator spielt zusammenhanglose Fragmente, grade genug noch, um den maschinellen Aufwand zu rechtfertigen. Die Darsteller laufen starr und ungenützt herum. Baratoff, sicher ein Schauspieler ganz hohen Ranges, kommt nicht über die Monotonie der Eingangsszenen hinweg, bleibt bei eckigen Armbewegungen und dem gespannten, gehetzten Blick. Schünzel kann dem blonden Oberschieber nicht mehr geben als das gleiche verbindliche Lächeln. Fräulein Schilskaja, eine rührende Bergnergestalt, sendet ihre seelenvollen Blicke den verlorenen Dreivierteln ihrer Rolle nach. Doch keine Sorge, es gibt einen Ersatz: zum Schluß weht siegreich eine rote Fahne, die im Textbuch nicht vorgesehen ist.

*

Zweck der Bearbeitung wäre gewesen, das Werk elastischer zu machen. Statt dessen wird es verstümmelt und um seinen Sinn gebracht. Mehring wollte ein Stück aus der Inflation gestalten, er wollte zeigen, wie sie alle Klassen in den Höllentanz hineinzog, wie der Schieber selbst, ob Jude oder Christ, nur der Geschobene war. Denn dieser Simon Kaftan ist nicht weniger Opfer der Zeit als der verarmte potsdamer Putschgeneral und seine Offiziere. Indem man aber statt der Wirkung der Inflation sie selbst spielt, erweckt man die irrtümliche Vorstellung, als ob dieses ganze Satanstheater inszeniert worden wäre von ein paar kleinen christlichen und jüdischen Hyänen. Nun war aber die Inflation weiß Gott nicht das Werk einiger Okkasionisten, die an der Peripherie des eben noch Erlaubten zu pendeln pflegen, sondern ein bewußtes freches Beutemanöver der Schwerindustrie, das für ewig mit den Namen Stinnes, Cuno und Hermes verknüpft ist. Doch hier sieht der erstaunte Zuschauer ein Komplott zwischen einem wurmstichigen Israeliten und einem entsprechenden evangelischen Christen, ein Komplott zwischen Rockelor und Lodenjoppe, zwischen Potsdam und Bialystock. Die Diskussion kapriziert sich denn auch folgerichtig darauf, wer von beiden die größere Schuld hat. Die Stammgäste der Rassenfrage finden ihr fettestes Futter. Die völkischen Rasierpinsel sträuben sich aggressiv. Die Zylinderhüte des Zentralvereins deutscher Staatsjuden bürgerlichen Glaubens rücken drohend in die Stirn und ziehen in geschlossenen Formationen durch die liberalen Redaktionen, Klage zu rufen wider Walter Mehring, den berüchtigten Judenfresser...

Zum erstenmal also ist das neue politische Theater in einen ernsthaften Kampf geraten. Seit Jahresfrist etwa werden Tendenzstücke gegen die Todesstrafe, gegen den § 218, gegen die Barbarei von Erziehungshäusern gespielt. Sie fanden starke gleichgestimmte Massen, erweckten Begeisterung. Doch hier tritt zum erstenmal das politische Theater in sein natürliches Element: in den Kampf.

Denn das muß man wissen: verschreibt man sich so ostentativ wie Piscator der aktuellen, der kämpferischen Dramatik, die nicht den Ölzweig trägt, sondern das Schwert, dann ist es Desertion, wenn man vor Widerständen zurückzuckt. Denn man will ja doch ein Publikum, das vor aufreizenden Gegenwartsdingen nicht stumm ergriffen dasitzt wie vor der Braut von Messina. Man will Menschen, die sich mitreißen lassen, man liebt die Widerstrebenden mehr als die Lauen, die sich für einen kurzen Abend fangen lassen, weil ja «alles nur Theater ist». Man will Politik, also Kampf, und rechnet damit, daß auch die Andern mit den Mitteln der Politik antworten, also kämpfen.

Und jetzt geschieht das Unfaßbare: Piscator kneift.

*

Es gab schon bei der Premiere einen kleinen Skandal: man pfiff über die Geschmacklosigkeit eines Schauspielers beim Vortrag der Straßenkehrerballade. Ich setze zur bessern Deutlichmachung den Text hierher:

*Der erste Strassenkehrer fegt einen Haufen Papier
zusammen:*
– Mensch, das war mal schwerreich gewesen!
Wenn das mal alles einer besessen,
Wies nischt zu fressen gab – dafür gab es zu essen!

Der Aufseher: – Kommt alles untern Besen! Kommt alles
untern Besen!

Der Erste: – Dafür warn wir mal
Alle zu haben,
Weil man dafür alles
Haben konnte,
Weil das mal Geld war,
Weil man dafür stritt!

Der Zweite: – Dreck!

Der Aufseher: – Weg damit!

Der erste Strassenkehrer fegt einen kullernden Stahlhelm:
– Mensch! Das war mal die Macht gewesen!
Das hat mal auf einem Koppe gesessen!
Und dafür gab man dem Kopp was zu fressen!
– Kommt alles untern Besen! Kommt alles untern Besen!
– Das hat mal den
Stahlhelm getragen,
Weil der mal an der
Macht gewesen,
Weil das mal Geld war,
Weil man dadafür stritt!
– Dreck!
– Weg damit!

*Der erste Strassenkehrer stösst mit dem Besen an einen
Leichnam:*
– Mensch! Das war mal Mensch gewesen!
Das hat mal einen Stahlhelm besessen!

Das lebte mal – das hat ausgefressen!
– Kommt alles untern Besen! Kommt alles unterm Besen!
– Das hat mal
Erschießen dürfen,
Weil es mal den
Stahlhelm getragen,
Weil das mal Geld war,
Weil man dadafür stritt!
– Dreck!
– Weg damit!

Gewiß, das ist nicht sehr fein. Aber ist es nicht ein sehr sinn-
fälliges Symbol des Abschlusses der Papiergeldzeit? Kehr-
aus, Aschermittwoch. Vanity Fair ist zu Ende. Der große
Chansonnier des wiener Biedermeier sagte das weniger grob,
nämlich:

> Das Schicksal setzt den Hobel an
> und hobelt alles glatt…

– aber hat er im Grunde etwas Andres gemeint? Genug, der
Herr, der den dritten Straßenkehrer gab, tat zu viel: er gab dem
Leichnam einen Tritt. Das war eine Roheit, die ein berechtigtes
Pfeifkonzert quittierte. Piscator aber strich nicht etwa den Fuß-
tritt, den der Verfasser nicht vorgeschrieben hatte, er strich
gleich die ganze Strophe, eingeschüchtert von dem Krakehl der
Zeitungen, denen natürlich die ganze Richtung nicht paßte. Für
die Ausschreitung eines Schauspielers, von dem man nicht einmal weiß, ob er nicht auf Anordnung der Regie handelte, muß
der Dichter büßen. Er ist das brutale Subjekt, das den guten Ton
des roten Theaters gestört hat.

Ein paar Pfiffe, ein Zeitungssturm, bei dem die reaktionäre
Presse talentvoll einen Amoklauf markiert, während die demokratischen Blätter mehr ästhetisch angewidert die Nase rümpfen
– ihre natürlichste Geste – bewegen Piscator, dem Dichter die
Verantwortung aufzuladen.

Kämpferisches Theater –?

Was sind Programme? Was sind Proklamationen? Schließlich

siegt doch der Kassenrapport. Der revolutionäre Direktor nimmt die phrygische Mütze ab. Jetzt sieht er aus wie jeder andre berliner Kaufmann auch.

*

Soweit Piscator.

Doch jetzt erscheint ein Andrer auf der Bildfläche. Ich weiß nicht, ob der geneigte Leser Herrn Paul Fechter kennt, den sublimen Kunstrichter der ‹Deutschen Allgemeinen Zeitung›. Herr Fechter hat im heitern Reigen der berliner Theaterkritik seine bitter ernste Mission: er hat die Würde der deutschen Menschheit in die Hand genommen, die bei den deutschen Frauen nicht mehr gut aufgehoben ist, seit sie kurze Röcke tragen und jeden Tag baden. Vor Jahr und Tag hat Herr Fechter zwar in einem schwer erklärbaren dionysischen Raptus den «fröhlichen Weinberg» kleistpreisgekrönt, aber das ist lange her, und Herr Fechter läßt seine Muse seitdem bei Grünberger büßen. Dieser unentwegte nationale Klopffechter sieht Mehring zwar am Nollendorfplatz ausgeräuchert, aber er findet die Würde noch immer nicht genug gewahrt, denn noch hat der verjagte Fuchs sein Malepartus: das Buch. Doch der kritische Isegrimm läßt sich nicht schrecken. Er nimmt wieder Fechterstellung ein und drischt auf den Verlag S. Fischer, allwo die nationale Würdelosigkeit in Buchform erschienen. Und jetzt geschieht die zweite Unfaßbarkeit: anstatt den Fechter höflich zu ersuchen, die Plempe in der Garderobe abzugeben, läßt ein hochangesehener Verlag wie S. Fischer – wo unter anderm auch der «Florian Geyer» erschienen ist – sich von diesem hysterisch herumfuchtelnden Stück Malheur in die Pfanne hauen und kriecht zu Kreuze. Es ist, wie gesagt, schwer zu fassen, aber nichtsdestoweniger wahr: der Verlag S. Fischer teilt Herrn Fechter in einem feierlichen Schreibebrief mit, daß er die angegriffenen Verse gestrichen habe. Kein Wunder, daß der Sieger sich in Positur wirft, aber es ist doch wohl schon Größenwahn, wenn er schreibt, es wäre jetzt hohe Zeit, «daß Verleger, Autoren und Theaterdirektoren sich, bevor sie mit ihren Unternehmungen an die Öffentlichkeit treten, mit ein paar vernünftigen gewöhnlichen Leuten wie unsereinem in Verbindung setzen.» Das ist die Folge: jetzt verlangt dieser miles gloriosus von einem Rezensenten, daß seine anmaßliche Privatzensur möglichst in ein Obligatorium umgewandelt werde. Eine heitere Literatur kann das werden, der Herr Fechter sein Visum gibt...

Aber hat er nicht recht, wenn S. Fischer sich diesem Diktat beugt? Was für Blasphemien hatten nicht Hoffmann & Campe zu verwalten! Damals war Vormärz, der Geist war geknebelt, Metternichs Zensoren regierten, so haben wir in der Schule gelernt. Heute leben wir in der Republik der Geistesfreiheit, und jedes schwachnervige Heulweib, das irgendwo über einer kritischen Sparte sitzt, zwingt fortschrittliche Theaterdirektoren und Verleger zum Einschwenken.

In dieser Sache hat die junge Literatur eine Bataille verloren. Jeder und auch der greisenhafteste Kunst- und Literaturbetrieb unterhält heute sein Ressort Jugend, eine Tatsache, die häufig zu falschen Schlüssen verführt hat. Da hätten wir denn endlich die Probe aufs Exempel. Denn bei dem ersten kleinen Konflikt bricht der bibbernde Geschäftsmann durch, der Kaufmann, der es mit keinem Kunden verderben will. Erwin Piscator und S. Fischer vertreten gewiß zwei sehr verschiedene Grade von Progressivismus, aber sie sind sich einig in dem einen Punkte, daß der Autor das Geschäft nicht stören darf.

Man schreibt es nicht ohne Schmerz nieder: zwischen diesen Händlern wirkt der brave Fechter wie ein Held.

*

Die beiden beteiligten Firmen haben den Mißstand abgedreht und rüsten sich zu weitern radikalen Taten. Es gibt nur einen Leidtragenden dabei, das ist der Dichter, ist Walter Mehring.

Buchverlag und Theater haben ihn gradezu exkommuniziert. Das ist kein übertriebenes Wort für diesen Zustand. Was Piscator spielte und was von der Kritik nach Strich und Faden verrissen wurde, war eine groteske Verstümmelung des Originals, zugerichtet als Objekt für den unerbittlichen Maschinenfanatismus des Regisseurs. Schließlich wurde der Dichter noch einem Theaterskandal als Opfer hingeworfen, einem Skandal, den nicht er, sondern ein Schauspieler oder das Regiebuch verschuldet hat, und der Verleger trägt das Autodafé weiter in den Buchtext.

Vor zwei Jahren war dieses selbe Stück von Max Reinhardt fürs Deutsche Theater angenommen worden, und Reinhardt hatte sich bereit erklärt, selbst Regie zu führen. Erst auf dringendes Bitten Piscators eiste Mehring das Manuskript vom Deutschen Theater los, um es obenerwähnten glorreichen Zeiten entgegenzuführen. Bald wird es auch am Nollendorfplatz verschwunden sein, und welche Bühne wird sich dann noch seiner annehmen?

Armer Walter Mehring! Es ist ein schreckliches Schicksal für einen Dichter, unter berliner Kaufleute zu geraten.

Die Weltbühne, 17. September 1929

«*Auseinandersetzung mit den frommen Herren*»

Christentum und Kirche

Von Beginn seiner journalistischen Tätigkeit an ist das Verhältnis von Kirche und Staat ein immer wiederkehrendes Thema bei Ossietzky. Der erste Artikel dazu erscheint 1913. In diesem Jahr wird er auch Mitglied in der Freidenkervereinigung «Deutscher Monistenbund». Sein Lebenslauf hat bis dahin das Kuriosum einer katholischen Taufe und einer protestantischen Konfirmation aufzuweisen. Ossietzky formuliert in dieser Zeit schon die Positionen, die ihm auch später immer wieder als Folie der Kritik dienen werden. Vor allem bestreitet er dem Staat die Aufgabe, seinen Bürgern eine allgemeingültige Moral vorzuschreiben. In der modernen kapitalistischen Gesellschaft sei Wissen gefragt, Religion und Glauben müßten Privatsache sein. Die gleiche Kritik gilt den Kirchen, die noch immer über den Staat ihre Glaubensgrundsätze und Moralvorstellungen allgemein verbindlich machen wollen: «Die Verquickung staatlicher und kirchlicher Angelegenheiten ist der Krebsschaden unseres Kulturlebens.» (FV, 1913)

In besonderer Weise gilt das in seinen Augen für den Einfluß der Kirchen auf das Schulwesen. Da hier über die Zukunft einer neuen Gesellschaft entschieden wird, muß «die freie weltliche Schule... die erste Etappe in dem großen Emanzipationskampfe sein. Die Rückschrittler aller Färbungen wissen genau, warum sie hier jeden Fußbreit nur nach einem verzweifelten Kampfe hergeben. Wenn die Jugend nicht mehr reaktionär infiziert wird, wenn keine Knechte mehr erzogen werden, dann ist ihr Schicksal besiegelt.» (ebd.) Diese scharfe Absage an den kirchlichen Einfluß in Staat und Gesellschaft ist aber nicht gleichzusetzen mit der Ablehnung christlicher Ideale. Es bleibt die Sympathie für die alte christliche Utopie von Frieden und Nächstenliebe, wie der hier abgedruckte Artikel «Das Paradies» zeigt.

Standen zunächst die evangelische und katholische Kirche

selbst im Mittelpunkt der Kritik Ossietzkys, so richtet sich seine Aufmerksamkeit später immer mehr auf deren Vertreter im Parlament. Für die evangelische Kirche traten im Reichstag nur einzelne Abgeordnete auf, eine ausgesprochen evangelische Partei existierte nicht. Die katholische Kirche dagegen hatte mit dem Zentrum eine Partei, die sich als die politische Vertretung des Katholizismus verstand. Diese verfolgte von der konstituierenden Nationalversammlung bis zum Ende der Weimarer Republik eine Kulturpolitik, die den Auffassungen Ossietzkys vollkommen widersprach. Zwar konnte das Zentrum die in der Verfassung ausgesprochene Vorrangstellung der Gemeinschaftsschule für Kinder aller Konfessionen nicht verhindern, erreichte aber den Zusatz, daß der Religionsunterricht «ordentliches Lehrfach» dieser Schulen werden sollte. Auch wurde den Erziehungsberechtigten das Recht zuerkannt, einen Antrag auf Errichtung einer Bekenntnisschule zu stellen.

Die Ausführungsbestimmungen überließ die Verfassung einem zu schaffenden Reichsschulgesetz. Anläufe zu einem solchen Gesetz scheiterten aber immer wieder an den gegensätzlichen Auffassungen der jeweiligen Koalitionspartner. In einer dem Zentrum günstig erscheinenden Konstellation – es stellte zusammen mit BVP, DNVP und DVP die Regierung – wurde 1927 der Entwurf eines Reichsschulgesetzes im Reichstag eingebracht. Darin war u.a. vorgesehen, Bekenntnisschulen auf Antrag der Eltern von 40 Schülern zu errichten. Ferner sollten die Vertreter der einzelnen Religionsgemeinschaften in den Schulaufsichtsgremien Sitz und Stimme erhalten.

Die Kritiker befürchteten die Zersplitterung des deutschen Schulwesens und die verfassungswidrige Wiedereinführung einer Staatskirche. Ihnen gelang es, ihre Argumente einer breiten Öffentlichkeit überzeugend darzulegen. Darauf entzog die DVP dem Entwurf die Zustimmung. Für das Zentrum war damit die Grundlage der Koalition aufgekündigt. Am 3.12.1928 löste sich der Reichstag auf.

Eine ähnliche Standfestigkeit bewies das Zentrum auch im Bereich des Ehe- und Familienrechts. Die katholische Dogmatik von der Unauflöslichkeit der Ehe sollte nicht durch eine allzu freizügige Gesetzgebung untergraben werden. Alle Versuche

einer Ehescheidungsreform – es sollte das Schuld- durch das Zer-
rüttungsprinzip ersetzt werden – scheiterten am Widerstand des
Zentrums. «Wir sind gegen jede Erleichterung auf diesem Gebiet,
wollen keine Gesetzgebung in dieser Angelegenheit» erklärte ein
Vertreter der Partei. Entsprechend werden auch alle Versuche
verhindert, die Strafandrohung für Ehebruch aus dem Strafgesetzbuch zu entfernen. In der Weimarer Republik kam es daher
auch nie zu einer Reform dieses Paragraphen.

Das Selbstbewußtsein und das Beharrungsvermögen des Zentrums in kulturpolitischen Fragen beruhte auf dem Wissen, daß
die katholische Basis immer noch zum Kampf für ihre Glaubensgrundsätze und gegen einen «gottlosen» Staat bereit war.

Zunächst bewundert Ossietzky diesen Kampfeswillen. Er
schreibt 1921 über die Zentrumspolitiker: «Wir lehnen ihren
Geist ab, aber wir respektieren ihn... Sie sind tapfere Kerle...»
(MMH, 1921). Mit der zunehmenden Klerikalisierung der Partei
– sie wählt 1927 den Prälaten Kaas zu ihrem Vorsitzenden – verschwindet die Anerkennung und macht der hier nachzulesenden
umfassenden Kritik Platz.

Der erhobene Krummstab

Der Leidensweg des deutschen Republikaners ist noch nicht beendet. Erst trieb man ihn unters Joch des Militarismus, dann unter das des Richters. Jetzt kommt als Dritter der Priester und
meldet seine Ansprüche an. Der Generalangriff der katholischen
Partei auf die Schule zerreißt die kulturpolitischen Stipulationen
der Weimarer Verfassung und damit das letzte, was uns die Fiktion
aufrechterhalten ließ, wir lebten in einem liberal-demokratischen
Staat. Artikel 149 besagt: «Der Religionsunterricht ist ordentliches Lehrfach der Schulen mit Ausnahme der bekenntnisfreien
(weltlichen) Schulen. Seine Erteilung wird im Rahmen der Schul-
gesetzgebung geregelt.» Dieser Rahmen soll jetzt geschaffen werden, und man ist daran, ihn so weit zu spannen, daß dabei auch der
Spitzensatz des Artikels 137: «Es besteht keine Staatskirche»
praktisch einbezogen, also unwirksam gemacht wird.

Damit endet ein kurzer, nicht immer krisenloser Traum: Das Zentrum als Stütze des demokratischen Staates, des Staates der Gedankenfreiheit und Toleranz. Volkstribun Erzberger ist begraben und vergessen, mit ihm der republikanische Radikalismus seiner Partei; der Tag gehört dem mausgrauen Herrn Marx, vor zwei Jahrzehnten schon Verkünder der konfessionellen Schule. Der ewig wandelbare Katholizismus zeigt wieder ein andres, ein strengeres Gesicht als vor kurzem noch. Wir wollen nicht vergessen, daß von allen alten Autoritäten die katholische Kirche im Kriege am besten standgehalten hat. Während die katholischen Parteien in den einzelnen Ländern willenlos von der Kriegsfurie fortgerissen wurden, blieb das römische Pontifikat in geistig überlegener Neutralität. Während die furchtbar roten Sozialisten in Stockholm anstatt sich zu einigen, sich gegenseitig des Annexionismus und der blutigsten Atrozitäten bezichtigten, unternahm Benedict, der große Papst des Weltkrieges, den einzigen ganz ernsten Friedensschritt. Mit gesteigerter moralischer Macht kam die Kirche in das unfriedliche Europa der Friedensverträge, und ihre bissigsten demokratischen und sozialistischen Gegner kapitulierten innerlich und bewunderten den erhabenen zweitausendjährigen Bau. Ja, in diesem Europa voller Nahrungssorgen, in diesem Europa der gelösten alten Bindungen ohne neue, erkannte man im steinernen Schweigen gotischer Kathedralen, in der betäubenden Luft goldprunkender Barockkirchen die letzte große Macht einer seelischen Einheit, die keine Fragen zuläßt, bewunderte man die Weisheit einer Institution, die alle Extreme des Lebens vom Rausch bis zur Zerknirschung, von der Wollust bis zur Entsagung umfaßt und noch unter die grüne Verwesung des Crucifixus eine schöne Frau stellt. Das ist groß und erhaben, und wer nie im Kreuzgang eines Klosters für Minuten nur die brave Uffklärung sozialistischer Bildungsarbeit vergessen hat, der mag ja ein ganz strammer Klassenkämpfer sein, aber daß auch die Phantasie eine Macht ist, und deshalb ein Aktivum, das wird er nie begreifen und deshalb stets in Rückstand kommen. Wenn im Kriege Gott mit den stärkern Bataillonen ist, so siegt auf dem politischen Schlachtfeld schließlich immer die Armee mit der stärksten Imagination.

Wenn nur der katholische Alltag dem schönen Bild entspräche! Da ist nichts mehr von der romanischen Farbenfreude des alten Kultes zu finden. Da flammen die Bannstrahle oberpriesterlicher Autorität gegen eine weibliche Turnhose, und eine ehrwürdige Moraltheologie wird bemüht, um den etwas zu eng sitzenden Badeanzug eines Mädels zu verketzern. Die Kirche der großen Madonnenmaler und der venusdienenden Päpste, die mit einem Vers Anakreons auf den Lippen das Hochamt betraten, hat als ecclesia militans keinen Zug von Liberalität mehr, und namentlich, wo sie sich mit Protestanten balgen muß, sucht sie die verhorntesten Konsistorialräte an verkniffener Prüderie zu überbieten. Ein Zwiespalt klafft zwischen katholischem Wesen und dem Leben von Heute. Kunst und Literatur? Die Kirche setzt jedes Werk, das uns wert ist und wo wir unsern Atem spüren, auf den Index. Sport und Leibesübungen? Sie wittert Konkurrenz und lehnt ab. Unsicher und oft verkennend steht sie vor den sozialen Kämpfen. Wer Knecht ist, soll auch Knecht bleiben. Das ist ihrer Weisheit letzter Schluß, der dadurch nicht schmackhafter wird, daß sie den Industriegebietern christliches Erbarmen zur Pflicht macht. Die Familie zerfällt. Die Kirche aber verkündet die Biedermeier-Tugend eines «christlichen Hauses», das schon lange von ganz andern Bewohnern bezogen ist. Die Kirche, die sonst stets das eben noch verwünschte Neue durch Hintertüren eingelassen hat, findet jetzt den Anschluß nicht. Sie koppelt den alten Glauben, der noch immer lebt, mit der alten Moral zusammen, die es nicht mehr gibt. Sie verbündet sich mit einem Leichnam.

Ihr Gesetz will, daß der Staat der Kirche untertan sei. Als in grauer Vergangenheit die Christuslehre aus den Katakomben stieg, nahm ihr oberster Priester den leeren Platz der Cäsaren ein. Das war der erste Sündenfall der neuen Weltreligion. Aber es atmete eine große Idee darin: das Gottesreich, das Reich des Gewissens, übergeordnet aller Gewalt der weltlichen Herren und Ämter. Doch die machten mit der Kirche halbpart, was sie zwar nicht vergeistlichte, die Kirche aber in Weltlichkeit verkommen ließ. Heute kann die Kirche nicht mehr über den Staat herrschen, ihre Superiorität bleibt ein papierner Anspruch, deshalb will sie durch ihn herrschen. Und deshalb muß sie als Gegenleistung seine Interessen und die seiner herrschenden Klassen wahrnehmen. Und die Herrin der Gewissenskräfte steht kläglich Schildwache vor Fabriken, Kasernen und Kerkern.

Noch hält das Band des Glaubens. Noch stehen Massen von Arbeitern, Landleuten und Kleinbürgern zu ihr. Wenn der Evangelische Bund seine Getreuen zusammenkratzt, braucht man nicht hinzusehen, um zu wissen, daß nicht viel los ist. Aber wenn die Kirche ruft: Euer Glaube ist in Gefahr, man will eure Kinder zu Heiden machen! dann erheben sich Millionen. War nicht eben noch die Zentrumspartei eine etwas dissolut werdende Masse mit mehreren verzankten Flügelgruppen? Jetzt steht sie wieder wie aus einem Guß. Jetzt sprechen nicht mehr die Parteikanzleien, nicht mehr die Führer und Funktionäre, weltliche Stimmen einer geistlichen Gewalt. Jetzt redet diese selbst: die Bischöfe geben die Parole aus, der Schatten erhobener Krummstäbe fällt über die andächtig hingeknieten Parteiregimenter, und Herrn Josef Wirth, der eben noch hingerissen Opposition deklamierte, versiegt die Rede. Ein kleines verdutztes Sträuben noch, und er kniet mit.

Aber tut die Kirche recht daran, das offen zu fordern, was sie auch ohne geschriebenen Titel haben konnte? Die Revolution hat die Katholiken-Emanzipation gebracht. Die muffige Pietisterei des verkrachten Bismarckstaates wollte die «papistische Götzendienerei» nicht als gleichberechtigt anerkennen. Das ist zu Ende. Das Zentrum ist die wichtigste Partei geworden. Ihre Stabilität ist geschätzt, niemand hätte sie angetastet. Die Bürgerlichen und Sozialisten schon gar nicht, während die Kommunisten nicht verstehen, im katholischen Volk Wurzel zu fassen. Ein unkritisches, mystiksuchendes Geschlecht ging aus dem Kriege hervor. Heute, wo auch der okkultistische Nepp der Inflationsjahre mit einem großen Kater geendet hat, blieb noch eine Luft von Toleranz und Indifferenz, die der Kirche äußerst nützlich ist. Man schlug sich um Staatsform, um Wirtschaft, um Dawes und Locarno, aber nicht um religiöse Meinungen. Das hat sich mit einem Schlag geändert. Man blickt auf und erkennt mit Staunen die Wundmale des Klerikalismus an den Händen der weltlichen Republik. Das Schulgesetz des gutevangelischen Märkers v. Keudell hat alarmiert. Denn so lässig man in Deutschland in geistigen Dingen auch geworden sein mag: der weltliche Staat als

Hüter religiösen Selbstbestimmungsrechtes ist das Ergebnis jahrhundertelanger Entwicklungen, die man nicht einfach fortradieren kann. Kulturkampfstimmung ist wieder da, und was die frommen Zentrumsväter hübsch im Halbdunkel durchschmuggeln wollten, liegt jetzt als Kampfobjekt mitten auf dem Markt. Das war nicht gewollt. Zu allen andern Zankäpfeln ist jetzt noch einer von unbestrittener Deutschheit gekommen: der theologische. Die verfilztesten liberalen Vollbärte rauschen protestantisch protestierend, und in Versammlungen werden wieder Resolutionen für oder gegen den lieben Gott angenommen. Derweilen wird in den Parteiquartieren gefeilscht und nach Kompensationen gesucht. Munter klappert Münze und Rede. Bruder Tetzel, Politiker geworden, zieht wieder mit seinem Ablaßkasten durchs Land. Aber alle parlamentarischen Kunststücke, die Priesterkontrolle über die Schule zu einem ertragreichen Tauschhandel zu machen, können nicht darüber hinwegtäuschen, daß das Volk mißtrauisch und erbittert ist. Wenn zu allen andern Reaktionen auch noch die religiöse, die kulturpolitische tritt, wenn sich zu Geldsack, Paragraphenbuch und Säbel auch noch der Krummstab gesellt, dann darf man sich nicht wundern, wenn der lange schlummernde Volksinstinkt gegen alles Pfaffentum wieder wach wird und alle republikanischen Leistungen der katholischen Partei die keimende Erkenntnis nicht ersticken, daß Kreuz und Krone von je zusammengehörten und deshalb zusammen fallen müssen

Die Weltbühne, 20. September 1927

Das lädierte Sakrament

Wie gegen die Ehescheidungsreform, so kämpft die Zentrumspartei auch mit aller Macht gegen die Aufhebung des Ehebruchsparagraphen, und wenn das Zentrum sich einer Sache widersetzt, so kann man Gift darauf nehmen, daß es Sieger bleibt. Es hat also keinen Zweck, hier persuadieren zu wollen, denn bei der Auseinandersetzung mit den frommen Herren wird sich immer wieder eine weitgehende Übereinstimmung in aktuellen politi-

schen Dingen ergeben, aber auch ein ganz breites Auseinander-
fallen in den sogenannten Weltanschauungsfragen. Daß das Zentrum treu zu Schwarzrotgold hält, ist ausgezeichnet, aber auf die
Dauer läßt sich die Erkenntnis nicht verhindern, daß dieser kolo-
ristische Gleichklang durch ständige Konzessionen in Fragen
weniger dekorativer Art teuer, allzu teuer erkauft werden muß.
Selbstverständlich wissen auch die geistlichen Berater des Zentrums, daß sich die Moralanschauungen seit der Blütezeit der
patristischen Literatur etwas gewandelt haben, aber es benutzt
sehr geschickt die Hilflosigkeit der demokratischen Republik,
um ihr kulturelle Gesetze zu diktieren, die schon gestern unmöglich waren und heute vollends außerhalb jeder Diskussion
stehen sollten.

Wenn die Kirche auch dogmatisch festgelegt ist, so hat sie
doch immer wieder verstanden, gegenüber einer Macht, die ihr
entschlossen die Zähne zeigte, rechtzeitig einzuschwenken.
Dann werden zwar die Glaubenssätze nicht gleich verbrannt,
aber man macht damit nicht mehr so viel her. Zwar mußte Galilei
abschwören, aber dafür wirkt heute auch ein Priester als Direktor der römischen Sternwarte, und wenn auch Darwin auf dem
Index steht, so hat doch der Jesuitenpater Waßmann jahrelang in
populären Vorträgen seine Theorien verbreitet. Man sieht, wo
die Kirche einer unaufhaltsamen Entwicklung gegenüberstand,
da zog sie der folgenschweren Auseinandersetzung stets das Ar-
rangement im Stillen vor. Die eine Voraussetzung besteht allerdings: – es muß eine Macht vorhanden sein, ein Widerstand, der
als tatsächlich empfunden wird. Das Verhalten der Liberalen und
Sozialisten von heute aber ist nicht geeignet, auf den Klerikalismus Eindruck zu machen. Zugunsten der sogenannten großen
politischen Forderungen wird die Strafgesetzreform von oben
bis unten mit einer katholischen Ethik imprägniert, die eine
grelle Persiflage heutiger Lebensverhältnisse bedeutet.

Besonders empörend sind die Versuche der schwarzen Partei,
ein abscheuliches mittelalterliches Monstrum wie den Ehebruch-
paragraphen zu konservieren. Gradezu grotesk aber werden
diese Versuche angesichts des schwer bestreitbaren Faktums,
daß hiervon nicht wie sonst bei der Verfolgung von Handlungen,
die als strafwürdig gelten, eine Minderheit betroffen wird son-

dern offensichtlich die große Mehrheit des Volkes – offensichtlich, wenn man sich entschließt, die Wirklichkeit ohne Scheuklappen zu sehen. Wenn das katholische Muckertum noch immer tut, als handle es sich hier um Einzelfälle, die durch ein Abschreckungsgesetz sogar noch vermindert werden können, so muß der gesunde Menschenverstand endlich die Gegenfrage aufwerfen nach den wenigen kostbaren Exemplaren beiderlei Geschlechts, die noch niemals neben die Ehe gegangen sind. Ich glaube, man könnte, wenigstens für Groß-Berlin, diese machtvolle Demonstration in der Granitschale im Lustgarten sammeln, und außerhalb unsres odiosen deutschen Babylons sieht es nicht anders aus, nur daß vielleicht etwas mehr Komödie gespielt wird.

Da es aber unmöglich ist, eine Majorität einzubuchten, hat der Gesetzgeber in seiner abgründigen Pfiffigkeit von einer Verfolgung ex officio abgesehen und die strafrechtliche Ahndung dem «gekränkten Gatten» anheimgestellt. An die Stelle der majestätischen Gleichheit des Gesetzes ist also das persönliche Ressentiment getreten. Wer sich den Besitz eines Menschen nicht sichern konnte, der darf ihn jetzt, weil er einmal der ehelichen Voliere entschlüpft ist, nicht nur verstoßen sondern auch für ein paar Monate ins Gefängnis bringen. Die Moralisten halten diesen Zustand für sittlich einwandfrei.

Wenn der Gesetzgeber also einen Ausflug aus der Ehe für ein kriminelles Delikt hält, dann soll er wenigstens gerecht sein und die Verfolgung obligatorisch machen. Wenn die Ehebrecher erst eingefangen werden wie die Langfinger, wenn zur Erlangung eines Pärchens, das mal irgendwo in unerlaubtem Beisammensein gesehen wurde, ein Apparat entfaltet wird wie für den düsseldorfer Lustmörder, dann wird man seine Wunder erleben, was für feine Herrschaften die Polizeireviere füllen werden. Dann wird es aber auch Massenpetitionen wie noch nie setzen, den gräßlichen Paragraphen verschwinden zu lassen, und obgleich ich nicht gern wette, diesmal riskiere ich jeden Betrag, daß auch die Unterschriften von Zentrumsnotabeln und Vorsitzenden katholischer Frauenvereine nicht fehlen werden.

In allen Kulturdingen ist es in Deutschland muffig und faul geworden. Keine Kampfstimmung mehr. Der Liberalismus zählt entgeistert die wachsende Zahl der Windjacken und vergißt darüber die schwarzen Röcke. Die heilige Kirche hat im Laufe ihrer langen wechselvollen Geschichte die Gebresten der Zeit auch nicht immer mit der gleichen Härte verfolgt, sie hat, wenn es sich um vornehme Beichtkinder handelte, das Laster oft mehr mit der Puderquaste gegeißelt als mit der Stachelpeitsche und im ganzen die schweren Pönitenzen dem niedern Volk vorbehalten. Diese Zweiteilung aber lehnen wir freundlichst ab. Die heutigen gesellschaftlichen Formen sind gründlich demokratisiert, großenteils proletarisiert. Die Frau «gehört» nicht mehr dem Herrn, mit dem sie gemeinschaftlich ein Ehezertifikat unterschrieben hat, sie ist ein arbeitender Mensch geworden mit Verfügungsrecht über sich selbst. Der Begriff der Adultera, ob in eifernder Verhetzung oder romantischer Verherrlichung gebraucht, ist dahin und tot wie die Beichtmoral vom Escorial oder von Schönbrunn. Die katholische Partei will das «Sakrament der Ehe» retten –? Es gibt nur noch ein großes Sakrament, für das es zu leben und zu kämpfen gilt: das ist die Menschheit.

Die Weltbühne, 3. Dezember 1929

Das Paradies

Es hat nichts zu tun mit der berufsmäßigen Gerührtheit des Festtagsplauderers, wenn man den Weihnachtstag zu einer Rückschau und Selbstschau benutzt und zugleich einen höheren Maßstab anlegt als gewöhnlich. Denn die Kämpfe des Alltags nötigen zur Bescheidenheit. Nur wo die Tradition stärker ist als die streitbarsten Menschen und eine kurze Waffenruhe aufdrängt, da sollte die nicht als Atempause benutzt werden, währenddessen man neue Kräfte sammeln kann, um am Tage nach dem heiligen Feste desto kräftiger auf den Gegner loszudreschen, sondern als eine kleine Frist der Versenkung in das eigene Ich, in seine Eigenschaften und Ideologien betrachtet werden.

Das Mittelalter, das wir Zeitgenossen der Tauchboote und Giftgase barbarisch und finster nennen, weil damals die Menschen einander mit Spieß und Morgenstern zu Leibe gingen, kannte die schöne Sitte des «Gottesfriedens». Das heißt, an den Tagen, die durch des Heilandes Leiden und Sterben geweiht waren, hatte jeglicher Kampf zu unterbleiben. Darüber ist nun längst die Zeit hinweggegangen; so gründlich, daß nichts mehr in unserem Fühlen und Denken an diese alte bedeutungslose Sitte gemahnt.

Wir sind nämlich in allem «konsequenter» geworden und bilden uns darauf etwas ein. Das Weiche und Milde im Menschen wird nicht ästimiert, Härte und Rücksichtslosigkeit triumphieren. Man nennt es allerdings Charakterstärke, oder Lebenswillen, oder sonstwie. Aber man meint dabei doch immer den brutalsten Ellenbogen. Den wünscht man sich als Einzelpersönlichkeit, wünscht man der Summe der Einzelpersönlichkeiten... dem Volke. Ja, der politische Kampf, der soziale Kampf: er ist bis zu ungeheuerlichsten Graden gesteigert. Und wenn wir jetzt abermals Christnachtschoräle anstimmen, – es hat allzu oft den fatalen Unterton: Herr, vertilge unsere Feinde!

Und das ist letzten Endes logisch. Denn was Weihnachten 1921 über der Menschheit funkelt, das ist nicht der Stern des neuen Bundes. Das ist noch wie in den Kriegsjahren die rote Brandrakete, die am schwarzen Nachthimmel über den nassen, kalten Gräben gaukelte, in denen Menschen mit hämmernden Herzen zusammengeduckt kauerten und ihre armen wirren Gedanken sehnsüchtig nach der fernen Heimat sandten. Noch immer tanzt dieses blutrote Signal über uns... und es ist in Wahrheit das Symbol zu der Gottheit, zu der die Menschen beten.

Schlechte seelische Vorbedingung für den Tag der Verheißung. Uns liegt der Donner der Kanonen noch immer im Ohre, und wir überhören den Gesang der Hirten. Was sind uns die Hirten auf dem Felde, die herbeieilen, um dem kleinen Gotte in der Krippe zu huldigen? Kleine Leute, die friedlich und harmlos mit ihren Tieren unter einem geflickten Strohdach hausen. Kleine Leute! Und doch haben diese «kleinen Leute» mit ihrem Glauben das römische Weltreich unterhöhlt und sind zum Piedestal der neuen Lehre geworden. Sie haben die neue Lehre durch die ganze Welt getragen. Bis der römische Imperator erkannte, daß es politisch am klügsten sei, zur Sicherung seiner Macht die Lehre von der Machtlosigkeit anzunehmen. Und so regierte

fortan an Stelle des heidnischen Raubtiers das christliche Raub-
tier die Welt. Aber unvergänglich bleibt bei alledem der Apostel-
ruhm jener ersten, die öffentlich Zeugnis ablegten für ihren Gott
der Güte. Und in unseren Tagen, wo die Macht schrankenlos
herrscht und ganze Völker an der Kette hält, da zuckt und bebt es
in ähnlicher Weise in der Unterwelt der menschlichen Gesellschaft. Da sieht man Zeichen, wartet man auf Verheißungen und
mischt in das schrille Gekeife des Hasses das leise und freundliche «Friede auf Erden!».

Die Stimme ist schwach, aber wehe dem Herodes, der seine
Büttel ausschickt, um sie zu ersticken. Denn *der* Langmütige
und Friedfertige mag zertreten werden. Aber *die* Langmütigen
und Friedfertigen haben immer längeren Atem gehabt als ihre
schnaubenden und tobenden Feinde.

Weihnachten ist das wahre Fest der Utopie. Es hat eine eigen-
artige und isolierte Stellung in dieser Welt der «gegebenen Tatsachen». Der Mensch, wider Willen fest, wird weicher und spinnt
sich hinein in einen sanften Zustand von Kampflosigkeit, und die
Einbildungskraft behauptet ihr ewiges Recht neben der kalten
Vernunft. In der seltsamen farbigen Wundergeschichte des großen Anatole France kommt jenes unvergeßliche Kapitel vor von
dem alten Gärtner, der die Flöte des großen Pan, des Hirtengot-
tes, bläst, und auf diese lockenden Klänge kommt alles sonst
feindliche Getier einträchtig herbei und lauscht.

Weisheit des Alltags hat es in Fleisch und Blut übergehen lassen, daß das Erstreben des Möglichen die wahre Kunst geselligen
Zusammenlebens ist. Aber tief in den letzten Verästelungen der
Seele da schwingt die Sehnsucht nach dem Unerreichbaren wie
ein ganz feiner Geigenton mit. Diese Sehnsucht tastet zurück
und sucht in grauen Vorzeiten den Garten Eden, die vollkom-
mene Harmonie alles dessen, was lebt und atmet. Und diesen
seligen Zustand, den sie so gern an den Beginn aller Tage setzt,
den wünscht sie auch für das Ende. Ein herrlicher Gedanke, die
Geschichte der Menschheit, von Blut und Schrecken übersättigt,
umgrenzt von zwei blühenden Gärten. Eine frohe Botschaft,
auch wo der Glaube fehlt. Wir senken vor ihr die Waffen und
lauschen ihr so willig und so bezaubert wie die Tiere der Flöte
des großen Pan. *Berliner Volks-Zeitung, 25. Dezember 1921*

«Der Kampf gegen die Justiz
ist unser Kulturkampf»

Ossietzky hat die Möglichkeiten und vor allem die Unmöglichkeiten des Justizapparates der Weimarer Zeit am eigenen Leib erfahren. Die Spannweite der Prozesse gegen ihn reicht von der einfachen Beleidigung bis hin zum Landesverrat. Als Journalist hat er, jenseits davon, intensiv in die großen Justizdebatten der Weimarer Zeit eingegriffen: Kampf gegen die Todesstrafe, Verbesserung der Haftbedingungen, Kampf gegen den § 218, Aufklärung der Fememorde, Zensur bei Filmen und Büchern etc. Die ausgewählten Artikel dokumentieren daraus drei Bereiche: die Klassenjustiz und die Kampagnien gegen die Todesstrafe und den Abtreibungsparagraphen.

In «Maß für Maß in Bremen» (WB, 1927) bleibt Ossietzky im sozialen Umfeld der kleinen Leute: eine Kuppelei-Geschichte typischer Art in diesem Milieu, für das Gericht indes fast «ein Stück Landesverrat». Ossietzky geißelt hier eine Justiz, die wie aus einem fernen Jahrhundert erbarmungslos zuschlägt. Den Hintergrund setzt Ossietzky als bekannt voraus: Frau Kolomak hatte ein Tagebuch ihrer Tochter Lisbeth gefälscht, das später unter dem Titel «Vom Leben getötet» mit Änderung der Orts- und Personennamen veröffentlicht wurde. Das Schicksal der Lisbeth Kolomak (= Grete Machan) rüttelte die Öffentlichkeit auf. Die kaum Siebzehnjährige aus dem Raum Bremen war als Prostituierte verhaftet worden und nach einer Salvarsan- und Bismogenolbehandlung in einem Krankenhaus verstorben. Die Mutter wird zwei Jahre später unter Kuppeleiverdacht gesetzt und in Untersuchungshaft gebracht. Das führt zu einer leidenschaftlichen Debatte in der Bremer Bürgerschaft (25.2.1927) und zu einer großen Frauenversammlung, an der 47 Bremer Frauenvereine teilnehmen. Die Hauptforderungen lauten: Reform der Sittenpolizei, Vermehrung weiblicher Fürsorgerinnen, Schaffung einer weiblichen Polizei, Aufbau einer Pflichtfortbildungsschule.

In «Freund Hein» (WB, 1928) greift Ossietzky in die Kampagne gegen die Todesstrafe ein. Sie ist zu dieser Zeit neu entflammt, vor allem durch die Vielzahl von Fallbeispielen aus dem In- und Ausland, in denen Justizirrtümer oder Justizwillkür unübersehbar gworden waren (Sacco und Vanzetti, der Fall Jakubowsky, Oscar Slater u. a.). Der Mörder Johann Hein gehört nicht in diese Reihe. Ossietzky greift diesen Fall als einen untypischen heraus: Eine Justizwillkür ist nicht nachweisbar; eine soziale Erklärung gibt es hier nicht; eine individual-psychologische Entschuldung erscheint kaum möglich, wenn auch von Inquit im Sinne einer Sexual-Kompensation zumindest für denkmöglich gehalten. Die Brücke zwischen Täter und Tat, so zitiert Ossietzky den Prozeßberichterstatter Inquit aus der «Vossischen Zeitung» (20. 7. 28), fehlt. Und gäbe es sie doch, sie würde nichts beweisen. Denn das Hauptargument gegen die Todesstrafe bleibt die «Achtung auch vor dem verworfensten Leben.» – Die Publikation «Der Mörder und der Staat. Die Todesstrafe im Urteil hervorragender Zeitgenossen» (1928) von E. M. Mungenast, die Ossietzky anschließend rezensiert, erbringt auch für ihn keine prinzipiell neuen Erkenntnisse. Die Umfrage dokumentiert abwegige Begründungen des Für und Wider, bewegt sich aber insgesamt im Feld der bekannten sittlichen und religiösen Einwände. Ossietzky plädiert hier uneingeschränkt für den «Mut der Wiederholung».

Der Artikel «Zum Falle Friedrich Wolf» (WB, 1931) kommentiert ein Stück Justizgeschichte. Es geht um die juristische Exekution des § 218, durchgeführt an einem prominenten Opfer.

Angeklagt und mit Haftbefehl bedroht werden der Arzt Friedrich Wolf und die Ärztin Else Kienle. Sie sollen Abtreibungen herbeigeführt haben, und zwar, wie die Anklageschrift formuliert, «in der Absicht (sich) aus der wiederholten Begehung der Straftat eine dauerhafte Einnahmequelle zu verschaffen.» (Vgl. WB, 7. April 1931.) Das Gericht unterstellt Gewinnsucht! Als Haftgrund wird Fluchtgefahr genannt, bei Friedrich Wolf nach Rußland, bei Else Kienle nach Irgendwo, da sie kinderlos sei und ihre Scheidung beantragt habe. Wolf wird nach einer Kaution von 10 000 RM auf freien Fuß gesetzt. Else Kienle, die Ossietzky *in seinem Artikel gar nicht erwähnt, erzwingt ihre Haftentlassung durch einen Hungerstreik.*

Friedrich Wolf (1888–1953) ist in der Tat das prominentere Opfer. Er ist zu dieser Zeit ein sehr bekannter Schriftsteller, der mit den Stücken «Die Matrosen von Cattaro», «Tai Yang erwacht» und vor allem «Cyankali» in zahlreichen Theatern heftige Diskussionen auslöst. Das letzere verhandelt engagiert eben die Thematik, deretwegen er jetzt als Arzt – nicht als Autor – angeklagt wird. Von den geschätzten 800000 Abtreibungen pro Jahr im gesamten Reich soll er 160 bis 180 selbst «gesetzwidrig» veranlaßt haben. «Cyankali» (1929) ist ein Tendenzstück in des Begriffes schärfster Bedeutung, so wie es Wolf in dem Aufruf «Kunst als Waffe» 1928 formuliert hatte. Im Prozeß streitet Wolf engagiert für die Anerkennung der «sozialen Indikation», der zufolge wirtschaftliche Not und Hunger ein Krankheitsbild hervorrufen können, das Schwangerschaftsunterbrechungen aus medizinischer Sicht gerechtfertigt erscheinen lassen. Ossietzky erwartet nun, daß der kämpferische Geist des Angeklagten die Kampagne gegen den § 218 neu entfachen möge, daß eine «stürmische Volksbewegung» einsetzen könnte. In seiner Streitschrift «Sturm gegen § 218» (1931) schildert Wolf den Massenprotest, der aufbrandet und der die Stellungsnahmen zumindest der Ärztekammern nicht unbeeindruckt läßt. Indes: Alle Versuche von sozialdemokratischer, kommunistischer, liberaler Seite, den § 218 abzuschaffen oder wesentlich zu modifizieren (Fristenlösung), scheitern in der ganzen Weimarer Zeit.

Maß für Maß in Bremen

Leopold Jeßners Staatstheater hat soeben Shakespeares Kuppler- und Bordellkomödie in einer achtenswerten Einstudierung herausgebracht. Die Kritik rühmt der Regie besonders nach, sie habe die heute beliebte Mode vermieden, klassische Stücke in der Gewandung dieser Saison zu geben, sondern sich streng an das dem Inhalt entsprechende elisabethanische Kostüm gehalten. Der Zufall will, daß zur selben Zeit auch in Bremen ein altmodisches Kupplerstück neueinstudiert herauskommt, leider nicht im Stadttheater, sondern vor einer Strafkammer, und als Darsteller erscheinen nicht Herren mit Mühlsteinkragen und Wollperücken und Damen in Reifröcken, sondern Bürger und Bürgerinnen unsrer hellen Gegenwart. Aber das Thema ist wie bei Shakespeare: Rigorismus toter Buchstaben gegen die Natur.

Frau Kolomak ist zu acht Monaten Gefängnis verurteilt worden. Schon der Zuchthausantrag des Staatsanwalts gab bösen Vorgeschmack. Aber nicht der Ausgang ist bei diesem Kriminalfall entscheidend, sondern wie verhandelt wurde.

Die Justiz muß automatisch jeder Anzeige, jedem Verdacht nachgehn. Sie mußte auch den Verdacht gegen Frau Kolomak auf seine Stichhaltigkeit prüfen. Das ist ihre Pflicht. Aber mag eine Pflicht noch so peinlich sein, niemandem ist verwehrt, sie menschlich und mit einem gewissen Aufwand von Geist zu tun. Die bremer Strafkammer aber beginnt ein umständliches Interrogatorium, dessen Unmöglichkeit überall außerhalb dieses Saales schallende Heiterkeit hervorgerufen hätte. Hier wird ein kleines Gelächter am Pressetisch schnell duch eine scharfe Rüge erstickt.

Wahrscheinlich hätte Frau Kolomak drei Töchter ungehindert verkuppeln können, wenn sie nicht die Todsünde begangen hätte, eine Behörde zu ängstigen. Ihr Buch ‹Vom Leben getötet› hat die Apparatur der Sittenpolizei der Öffentlichkeit preisgegeben. Keine Behörde vergißt eine Beängstigung. Schnell sind die Sbirren der Sitte mit ihren Recherchen da: Verdacht, die Tochter verkuppelt zu haben. Aus Klatsch und Nachbarinnenfeindschaft wächst die Anklage, als deren Kronzeugin eine Prostituierte figuriert. Jeder Privatmann, der auf sich hält, würde sich schämen, seine Sache so flankiert zu wissen. Nur Vater Staat, der ein überpersönliches Autoritätsprinzip zu wahren hat, kann es sich erlauben, mit solchen Hilfstruppen zu erscheinen.

Hier soll nicht ein Plaidoyer für Frau Kolomak vorgetragen werden. Dieser Prozeß erschüttert nicht durch sein Material von Schuld oder Unschuld, sondern durch die Aufdeckung von sozialen Tatsachen, die stärker sind als menschliche Charaktere. Das ist eine herzlich alte Erkenntnis und alle Menschen sehen so, nur das Gericht sieht nicht. Das Gericht will einen Schulderweis bringen und übersieht darüber die Wirklichkeit. Es weiß nicht, wie die Menschen aus der Schicht der angeklagten Frau leben. Es weiß nichts von der eignen Moralität dieser Schicht. Dieses Gericht kennt nur ein vor zweitausend Jahren in einem bescheidenen Distrikt Vorderasiens entstandenes Sittengesetz, das auch durch den neuen Strafgesetzentwurf bestätigt wurde. Das Gericht unterstellt bremer Proletariermädel kategorischen Imperativen, die sich eher für Heroinen verstaubter Jambendramen eignen als für lebende Menschen. Das Gericht fällt Werturteile über das Liebesleben von Arbeitertöchtern, aber es weiß nichts von dem dumpfen proletarischen Stadtmilieu, nichts von der warmen Sehnsucht junger Dinger herauszukommen: immer am Rand der Prostitution, manchmal einen Schritt darüber. Das Gericht kennt nur ein imaginäres Sittengesetz und heischt ein Sühneopfer für dessen Verletzung. Ist es die Tochter nicht, die durch eine zu heftig geratene Salvarsanspritze von weitern Gelegenheiten zum Sündigen befreit worden ist, dann die Mutter, weil sie von einem Liebessold der Tochter vielleicht ein paar Mark eingestrichen hat. Eine Frau Landgerichtsrat würde in ähnlicher Situation vielleicht rufen: O Schmach! O schnöder Sündenlohn! Die Proletarierfrau steckt seufzend die paar Mark ein. Kuppelei ist ein typisches Verbrechen armer Leute. Kuppelei gehört zur Wohnungsnot. Es wird ziemlich unmöglich sein, der Inhaberin einer Zehnzimmer-Wohnung nachzuweisen, daß sie ihre Tochter verkauft.

Weltfremdheit feiert Orgien. «Wußten Sie, daß Ihre Tochter Herrenverkehr hatte?» Hat, der so fragt, nicht einmal selbst zum Herrenverkehr eines Mädchens gehört? «Duldeten Sie, daß Ihre Tochter sich schminkt?» Und fast wäre ein Friseur zitiert worden, um das Gericht zu belehren, daß nach der Mode von heute fast alle Frauen sich schminken. Der Herr Staatsanwalt lenkt ein: «Es mag sein, daß die amerikanische Sitte oder Unsitte des Gesicht-Bemalens an sich nicht unsittlich ist...» Wie das herauskommt: «Amerikanische Sitte oder Unsitte...», wie das herauskommt, giftig zensurierend, ein Millionenvolk gleichsam um ein paar Grade sittlich herabstoßend! Hier führt eine unsichtbare Hirnbrücke zur politischen Justiz. Auch im Schminktöpfchen und Lippenstift der Mädel steckt ein Stück Landesverrat. In dieser Verwerfung «amerikanischer Sitten» tanzen unter der Schwelle des Bewußtseins Wilsons vierzehn Punkte, rasseln die Ketten von Versailles, und aus ungelüftetem Gefühlsplunder stäuben schwarz-weiß-rote Zikaden.

Doch es hieße das Thema viel zu eng abstecken, wollte man die Art dieser Richter einfach mit politischer Voreingenommenheit deuten. Sie sind ja nicht gegen die Republik, Demokratie oder Sozialismus. Sie sind gegen die Zeit. Sie sind ebenso gegen kurzes Haar und kurze Kleider wie gegen die Weimarer Verfassung. Sie sind gegen die neue Selbständigkeit der jungen Mädchen ebenso wie gegen den ‹Potemkin› oder gegen George Grosz. Denn sie sind gegen die Zeit. Sie schützen einen Zustand, den es nicht mehr gibt. Sie schützen eine patriarchalische Moral, die der Krieg niedergelegt hat, und über deren Trümmer heute seidenbestrumpfte Beinchen lustig tanzen und gelegentlich stolpern und versinken. Die nächste Generation wird schon viel sicherer tanzen.

Nicht der Kampf um das Konkordat, der Kampf gegen die Justiz ist unser Kulturkampf. Wir danken den Regisseuren der bremer Kupplerkomödie, daß sie uns das wieder einmal so überaus deutlich gemacht haben. Dieses Gericht über eine Mutter, die in ihrer armen Behausung in langen Nächten die mühsamen Schriftzeichen ihres toten Kindes nachgemacht hat, gehört zu den ärgsten Herausforderungen unsres Gegenwartsgefühls. In jenem schmalen Büchlein zuckt eine verlorene Seele noch einmal wie ein kleines Flämmchen auf und erlischt. Ein religiöses Jahrhundert hätte diese Frau Kolomak vielleicht als Hexe verbrannt. Aber um sie mit dem Kuppeleiparagraphen zu justifizieren, dazu war schon der moderne Rechtsstaat notwendig. Wir aber fühlen, wie die Zeit wieder wächst und die überlieferten Symbole klein werden. Die majestätische Themis von einst ist zur tristen alten Vettel geworden. Wir wollen sie nicht durch die amerikanische Sitte oder Unsitte des Gesicht-Bemalens zu restaurieren versuchen. Keine Reformen, die kaum das Antlitz betupfen. Sie gehört in die Schreckenskammer zu den Requisiten toter Jahrhunderte. Wir wollen ein Recht schaffen aus unsrer Zeit, aus unserm Kopf, aus unserm Blut.

Die Weltbühne, 21. Juni 1927

Freund Hein

Wir sind in Deutschland in den letzten Monaten ganz unversehens in einen Kulturkampf eingetreten. Aus Zeitungsartikeln, aus Nachprüfungen gerichtlich längst erledigter Fälle hat sich ein Kampf gegen die Todesstrafe entwickelt, der in absehbarer Zeit aus Presse und Versammlung ins Parlament getragen sein wird, wenn die gegenwärtige Regierung sich behauptet. Die Ursachen sind mannigfaltig. Zum Teil ist dieser Kampf einfach ein Symptom des immer weiter fassenden Mißtrauens gegen die Justiz. Kann man einer Rechtspflege, die nicht nur in politischen Dingen so oft talentvoll danebengriff, überhaupt noch eine Entscheidung über Leben und Tod anvertrauen? Das war der Ausgangspunkt. Es kam noch hinzu, daß lange judizierte Fälle plötzlich wie Revenants umgingen; Zweifel an der Richtigkeit von Urteilen setzte ein, die bei der Verkündung keinen Widerspruch gefunden hatten, weil damals das Material lückenlos schien. Der Fall Haas, der dann ein Fall Schröder wurde, und dabei immer nur ein Fall Hoffmann-Kölling gewesen war, gab einen tristen Einblick in provinzielle Untersuchungsmethoden. Dann kam der große Alarm: der Fall Jakubowski, dessen Genesis jetzt Rudolf Olden und Josef Bornstein in einer Broschüre geschildert haben, vor deren gediegener Gründlichkeit sich viele Fachleute schämen sollten. Und schließlich folgten andre, noch revisionsmögliche Affären: Dujardin, Leyster etcetera. Alle paar Wochen liest man jetzt von Wiederaufnahmeanträgen aus dem Zuchthaus, von verzweifelten Aktionen gegen Urteile, die auf Indizien beruhten und gefällt wurden in den wirren Demobilmachungsjahren, wo die Gerichte überlastet waren und die Polizei, namentlich auf dem flachen Lande, aus Mangel an Kräften und oft wohl auch von politischen Vorurteilen beeinflußt, nicht immer wasserdichte Untersuchungsarbeit geleistet hat. Und schließlich wird grade in diesen Tagen Oscar Slater von der englischen Justiz rehabilitiert; sein bester Fürsprecher war Sir Arthur Conan Doyle, der in ungezählten Detektivgeschichten Schuldige überführt, Verdächtige gereinigt hat und der mit der Befreiung Slaters in die unsichtbare Ehrenlegion jener einrückt, die gegen den Unfehlbarkeitswahn beamteter Juristen gekämpft haben.

Wir haben dem Gehirn des Staates mißtrauen gelernt, wir haben in politischer und wirtschaftlicher Not seine Unbehülflichkeit erlebt, wir kennen seine oft ausprobierte Methode, die Autorität schließlich durch eine Gewaltlösung zu retten. Der Hoheitsbegriff des Staates hat niemals verschmäht, sein locker werdendes Gefüge mit Blut zu leimen und seinen Mangel an Gewissen mit einer billigen metaphysischen Verbrämung als gottgewollte Pflicht aufzumachen. Aber der Tod ist irreparabel, und der Freispruch überm Grab stellt nur «die Ehre» wieder her. Unvergeßlich jenes Kapitel in Jakob Wassermanns «Maurizius», wo der Staatsanwalt nach vielen Jahren wieder die Akten durchstudiert und wie er das, was ihm einst als Bau von zwingendster Logizität und geschlossenster Konsequenz erschien, rissig und sprüngig geworden, zerfallen und zerbröckelnd wiederfindet, zu jedem Zweifel an seiner Weisheit von damals berechtigend.

Man braucht den Freunden des Köpfens gar nicht zu verhehlen, daß es auch genügend Mordfälle gibt, die eine humane Stimmung schwer werden lassen. Was für wilde Racheschreie gellten nicht vor ein paar Monaten um den Mörder Johann Hein! Eine Bestie, ein Entmenschter, nicht wahr? Zum Tode verurteilt wurde jetzt ein sehr seltsamer Mensch, über dessen Charakter alle Zeugen das Beste aussagten. «...aus diesem Täter», führt Inquit, Slings ausgezeichneter Nachfolger in der ‹Vossischen Zeitung› aus, «lassen sich diese Taten nicht ableiten – die Brücke fehlt.» Der mehrfache Mörder, das Plakatscheusal, wird als fleißig und lenksam geschildert. Von einem physischen Mangel niedergedrückt, einem bösen Freunde gefährlich ergeben, dessen Ruhe und gesammelte Kraft, er, der von Minderwertigkeitsgefühlen Geplagte, bewundert – das ist der Mörder Johann Hein. Er liebte das Abenteuer, er liebte Waffen; liebte es, die Kühle eines metallenen Revolverlaufs in der Hand zu fühlen. Maßlos als Angreifender, verteidigte er nachher seine Freiheit wie ein unzähmbares Tier. Dem Delirium der Waffe war er, wenn es zum Kampf ging, haltlos verfallen. Erinnert man sich recht, so wurde im Kriege so etwas als höchste soldatische Qualität bewundert und eigens Schnaps verteilt, um ähnliche Stimmungen zu erwekken und aus jedem schmalbrüstigen Kontorsklaven einen Ritter sans peur zu machen... Nein, auch der Räuber und Mörder Jo-

hann Hein ist kein Schulbeispiel, um die Dogmatik des Richt-
beils neu zu erhärten und zu prolongieren. Es ist unnötig, diese
blutige Gestalt zu sentimentalisieren, die psychologische Erklärung hilft weder dem Mörder noch seinen Opfern. Wenn wir die
Todesstrafe beseitigen wollen, so leiten uns nicht sentimentale
Beweggründe, sondern Achtung auch vor dem verworfensten
Leben, und Träger dieses vornehmsten Prinzips: der Achtung
vor dem Leben soll eben der Staat sein, nicht Inhaber einer mo-
nopolisierten Vendetta. Die Aufforderung: «die Herren Mörder
mögen vorangehen», ist ein schal gewordener Witz. Es wäre
jämmerlich, wenn dem Staat der respektablen Leute nichts Besseres einfiele, als die Herren Mörder zu kopieren.

Einen ganz vorzüglichen Dienst wird in den kommenden De-
batten um die Todesstrafe eine soeben erschienene Publikation
leisten. Sie ist von E.M. Mungenast herausgegeben und heißt
«Der Mörder und der Staat». Sie enthält außer einer historischen
Einleitung das Ergebnis einer Rundfrage, an der sich sechzig no-
table Persönlichkeiten beteiligt haben. Das Resultat ist in vieler
Hinsicht beachtlich und gibt dem Buch dokumentarischen Wert.
Wenn auf dem Umschlag steht, es handle sich um Beiträge von
«Sachverständigen, Psychiatern und Zeitgenossen», so klingt
das zunächst absurd, erweist sich aber schon beim ersten Durch-
blättern als wohlgewählte Unterscheidung. Denn diese Herren
Psychiater, von einigen ehrenwerten Ausnahmen abgesehen,
rangieren nicht unter den Zeitgenossen, denn sie gehören ins
Jahrhundert des Hexenhammers, und auch nicht unter den Sachverständigen, denn sie wissen nichts vom Menschen, ihrem Ar-
beitsfeld. Keine Charitas hat sie angeweht, kein Wissen um Ver-
erbung: ihr Weltprinzip ist die Zwangsjacke. Herr Professor
Hoche, Freiburg, zum Beispiel: «Hält man die Todesstrafe im
Interesse der Gesamtheit für erwünscht, soll man nicht von pro-
zentual verschwindend kleinen Irrtumsmöglichkeiten sentimentalen Rat nehmen... Im übrigen ist es völlig irrig, anzunehmen,
daß die Guillotine eine inhumane Einrichtung sei; der Tod ist
vollkommen schmerzlos... Eine Partei, die den Umsturz der
heutigen Gesellschaftsordnung... verkündet, muß natürlich gegen die Todesstrafe sein, die ihr die erwünschte Aussicht ent-
zieht, im Fall der bei Putschen regelmäßig versuchten gewaltsa-

men Öffnung der Gefängnisse Verbrecher, die sich als kalt, energisch und skrupellos bewährt haben, in ihre Sturmreihen einreihen zu können.» Soweit der Herr Direktor der Nervenklinik Freiburg. Ich möchte ihm nach dieser Probe nicht meinen Regenschirm zur Kur anvertrauen, geschweige denn ein verstörtes Menschenwesen. In die Nachbarschaft der Herren Psychiater rückt Frau Gertrud Bäumer, die zwar grundsätzlich gegen die Todesstrafe ist, aber nur wegen der ihr anhaftenden Irreparabilität: «nicht wegen der mit der Vollstreckung verbundenen Brutalität.» Um Gotteswillen, nur keine weichliche Schwachheit vorschützen! Ein bißchen sozusagen unsittliche Literatur, verehrte Dame, verletzt zwar Ihre Empfindlichkeit, aber Blut, Blut ist ein besonderer Saft!

Die meisten der Damen und Herren, die sich an der Rundfrage beteiligt haben, gehören der liberalen Welt an, sie sind durchweg Exponenten des kulturellen Liberalismus, wobei die individuelle Färbung sie entweder mehr traditionsgebunden zeigt oder radikalern Anschauungen zuweist. Sie sind in ihrer Mehrzahl Gegner der Todesstrafe. Ihre Argumentation ist im allgemeinen weder reichhaltig noch sehr tiefsinnig, sondern wiederholt nur die seit hundert Jahren vertrauten sittlichen und religiösen Einwände. Und dagegen läßt sich gar nichts sagen, denn es ist ziemlich unmöglich, neues über eine Frage zu produzieren, die mindestens theoretisch so lange entschieden ist. Bei gewissen Dingen muß man, um das Richtige und Wirksame auszusprechen, einfach den Mut zur Wiederholung finden. Es ist auch sehr lehrreich, daß der Einzige, der sich hier profund gebärdet, von allen am plattesten wirkt. Das ist Herr Otto Flake, von dem man nicht recht weiß, zu welcher der obengenannten drei Kategorien er zu rechnen ist. Man könnte still darüber hinweggehen, wenn nicht der Fall Flake damit definitiv zum Trauerfall würde. Aus einer früher oft denkerischen Erscheinung ist ein exklusiver Modeschreiber geworden, einer, der mit dem Netz unermüdlich nach Nuancen jagt, aber statt bunter Schmetterlinge nur Küchenkäfer einfängt. Wem diese Meinung hart erscheint, der versuche nur die Melodik dieser Sätze: «Ohne Zweifel liegt auf der Scheußlichkeit der Vollstreckung das ganze Gewicht der Abneigung. An sich ist der Tod eine tiefe Angelegenheit, und an sich ist nicht einzusehen, weshalb das Tiefe nicht auch im modernen Leben seinen Platz haben sollte. Auch entspräche der Tiefe der Tat die Tiefe der Sühne. Die Todesstrafe als in sich unmoralisch zu verwerfen, ist für mich wenigstens ein flacher, ja sentimentaler Gesichtspunkt.» Nach dieser auch stilistisch vielversprechenden Introduktion landet Herr Flake schließlich bei einer metaphysisch affichierten Neutralität: «Ich glaube, daß wir sie abschaffen wollen, da wir so wenig wie möglich mit dem Töten zu tun zu haben wünschen. Unmoralisch, weil wir auch das Leben des Mörders für unendlich wertvoll hielten, finde ich die Todesstrafe nicht. Dafür spielt in meiner Philosophie die stoische Idee des Risikos, des Verspielthabens, des vollwertigen Einsatzes eine große Rolle.» Tod, wo ist dein Stachel, wenn Einer nur «seine Philosophie» für den Tod Andrer parat hat? Dieser Philosoph des Verspielthabens weiß selber nicht, wie gründlich er verspielt hat. Hier hat er in tiefsinniger Gespreiztheit, ohne es zu ahnen, die eigne geistige Existenz dekapitiert. Früher war er ein skeptischer wärmeloser Grübler, aber doch ein Grübler; heute geht er umher wie der heilige Dionysius: den Kopf unterm Arm. Neben der Barbarei der Zeit steht der «Freund aller Welt», Stoizismus predigend, aber vor jeder praktischen Frage in die Mauselöcher seiner selbst erfundenen Philosophie kriechend. Vielleicht hält er seine Geste für sehr männlich… Es ist das alte Malheur deutscher Schriftsteller, wenn sie sich besonders masculin geben wollen, daß sie dann nur dumm wirken. Herr Flake, der Zweifler von gestern, trägt sich heute gutbürgerlich mit etwas mussolinischem Faltenwurf, aber doch noch so, daß das gute Europäertum eben glaubhaft bleibt. Noch ein Flakon Männlichkeit mehr und der weitere Kurs ist nicht mehr unklar. Ich grüße den Herrn Kriegsberichterstatter von 1935!

Die Weltbühne, 24. Juli 1928

Zum Falle Friedrich Wolf

Die Staatsanwaltschaft greift ins volle Menschenleben, holt Gut und Schlecht heraus und bringt sie vor das große Clearing-House, Justiz genannt. Dabei muß sie aber immer recht rationell vorgehen, denn allzu viele Sünder auf einmal kann die Maschine nicht verarbeiten, darauf ist auch der Strafvollzug nicht eingerichtet. Von alters ruht das Gesetz auf der stillen Voraussetzung, daß seine Verächter auf einer sonst von Gerechten bewohnten Welt die betrübliche Ausnahme bilden. Wenn die Verbrecher allzu schnell zunehmen, steht das Gesetz selbst in Frage, und es ändert sich auch die Anschauung der Menschen darüber, was verboten und erlaubt sein soll. Die Gesetzeswächter werden dann zu Konservatoren, die aufpassen, daß sich nicht Unberufene an dem von ihnen behüteten Buchstabengut vergreifen. Sie wenden es also sparsamer an, um es nicht zum öffentlichen Kampfobjekt werden zu lassen. Nicht anders ging es mit den Hexenprozessen oder mit der Rechtsprechung in religiösen Dingen. Alle diese Gesetze waren hundert Jahre vor ihrer definitiven Abschaffung tot. Und trotzdem kostete die formale Beseitigung Mühe, und die Obrigkeit widersetzte sich mit Klauen und Zähnen. In England hat sich kürzlich jemand selbst bezichtigt, am Sonntag die Kirche geschwänzt zu haben. Der Staatsanwalt war in peinlicher Verlegenheit. Denn nach einem Gesetz aus dem siebzehnten Jahrhundert, das noch kein Parlament kassiert hat, ist Vernachlässigung des Kirchenbesuchs strafbar.

Der § 218 ruht schon lange in Watte verpackt. Er wird nur gelegentlich herausgeholt, um ein paar sehr arme Schächer zu treffen. Das Empörendste an diesem Paragraphen ist ja nicht seine Existenz und die Versuche, auch in neuen, reformierten Strafgesetzbüchern seine Existenz künstlich zu erhalten, als vielmehr die Tatsache, daß seine Art, ihn zu gebrauchen, die Justiz zum Glücksspiel degradiert. Die Staatsanwälte denken gar nicht daran, ihn automatisch anzuwenden. Sie wissen, daß sich in Deutschland Geburten und Aborte ziemlich die Waage halten. Sie begnügen sich damit, gelegentlich ein paar Exemplare herauszuholen, um die Lebenskraft des Paragraphen neu zu belegen. Deshalb beschränken sich die Staatsanwälte darauf, den Gerichten hin und wieder einen Einzelfall zu apportieren, gewöhnlich einen, in dem einem Arzt ein Kunstfehler unterlaufen ist. Dabei wird die Ausdehnung einer solchen Praxis kaum geprüft, denn das würde eine größere Frage aufwerfen und vor allem auch die bessersituierten Schichten treffen. Das gibt dem § 218 seinen infamen Klassencharakter. Er ist nicht nur juristisch unhaltbar, sondern auch krasseste soziale Ungerechtigkeit.

Wenn der Staatsanwalt aber schon ein Exempel statuieren möchte, dann sollte er wenigstens in der Wahl seines Objekts vorsichtig sein. Der § 218 konnte nur dadurch konserviert werden, daß die Staatsanwaltschaft ihre Unternehmungslust auf die Unterwelt der Heilkunst beschränkte und nur gelegentlich einen approbierten Arzt mitgehen ließ. Sich aber für ein solches Exempel grade den praktischen Arzt Doktor Friedrich Wolf in Stuttgart auszusuchen, das ist ein an Fahrlässigkeit grenzender Leichtsinn, die dem Paragraphen gefährlicher werden dürfte als dem Angeschuldigten. Denn es handelt sich hier um einen aufrechten Mann, von wachsamen Freunden umgeben, den man nicht einfach im Dunkeln justifizieren kann. Friedrich Wolf ist eine hochqualifizierte Persönlichkeit, ein Theaterschriftsteller von Ansehen, Verfasser volkstümlicher Schriften über Heilkunde, ökonomisch nicht auf die Erträgnisse einer unerlaubten Hintertreppenpraxis angewiesen. Ein Menschenfreund, ein Sozialist von Geblüt, nicht von Gnaden des Parteibuchs. Das alles hat natürlich einen lieben Kollegen nicht abgehalten, ihn zu denunzieren. Aber dieser törichte Judas hat ein besseres Werk getan, als er ahnt. Er hat diesen armen, halbtoten, kümmerlich in Watte verpackten § 218 mitten in die Arena geworfen. In frischer Luft kann das Unglücksding nicht mehr lange leben.

Zunächst versuchte die Anklagebehörde noch, Friedrich Wolf als Kapitalverbrecher zu behandeln, weil der Sturm, den die Verhaftung erregt hat, ihr unerwartet gekommen ist. So sollte wenigstens etwas schikaniert werden. Es war eine herzlich überflüssige Prozedur, von dem Verdächtigten eine übertrieben hohe Kaution zu verlangen; erst 40000 dann 25000 Mark. Bildet der Staatsanwalt sich wirklich ein, daß Friedrich Wolf erst einmal über die schweizer Grenze flieht? Wäre der Ankläger ein besserer Psychologe, so würde er wissen, daß es diesem Mann nicht auf ein paar Wochen oder Monate Gefängnis ankommt, daß er nichts für sich will, sondern sich nur als Soldat der Menschheit fühlt, der den Platz verteidigt, auf den sein Gewissen ihn gestellt hat. Die Schroffheit, mit der gegen ihn vorgegangen wird, mit der dieser ganze Fall überhaupt aufgerollt wurde, erweist sich immer mehr als grausamer Rechenfehler. Die Bewegung gegen den § 218 ist nicht neu, aber es fehlte ihr die zentrale Kraft, sie hat in den letzten Jahren, seit sich das Theater ihrer bemächtigt hat, einen stark literarischen Charakter gehabt, ohne ganz ins Breite zu gehen. Jetzt schenkt ihr ein übereifriger Staatsanwalt, was ihr bisher gefehlt hat: den Vorkämpfer, den makellosen Vertreter der Idee unter Anklage und im Gefängnis; die Mittelpunktsfigur, das Symbol. Bisher war dieser Paragraph ein weit entrücktes, gefährliches Etwas; jetzt haben wir ihn in greifbarer Nähe, jetzt können wir endlich Tuchfühlung nehmen.

Es ist sogleich die Frage eines Volksbegehrens aufgeworfen worden. Ein Gedanke, der mit Begeisterung ergriffen werden müßte, wenn die Bedingungen, an die ein Volksbegehren geknüpft ist, ein Gelingen nicht von vornherein unmöglich machten. Aber unabhängig davon wird doch eine stürmische Volksbewegung einsetzen, die nicht mehr geringschätzig behandelt werden kann. Hier ist eine Sache, die jeden Einzelnen hart anfaßt, hier gibt es keine Exklusivität mehr. Das ist etwas andres als die albernen demagogischen Plebiszite der Rechten, die sich um «Youngsklaverei», Preußenwahl und ähnliches drehen. Die deutsche Reaktion schien in die Wolken zu wachsen. Nun findet sie sich plötzlich einer Hemmung gegenüber, vor der ihr gespielter Sozialradikalismus nicht weiterhilft, vor der sie ihr wahres Gesicht zeigen muß. Es wird ein Kampf entbrennen, in dem sich mehr entscheiden kann als das Weiterleben des § 218. Zum erstenmal seit langer Zeit liegt die Initiative nicht mehr auf der Rechten. Diese Folgen hat der stuttgarter Ankläger nicht geahnt.

Die Weltbühne, 3. März 1931

«Der Rotstift des Zensors»

Nach Art. *118 der Reichsverfassung fand eine Zensur nicht statt. Die Wirklichkeit sah anders aus. Ossietzky verglich den Artikel 118 mit einem Palimpsest, «wo der alte Text durch späteres Gekritzel und Schichten von Staub und Vogelleim völlig überdeckt ist» («Das Ende der Pressefreiheit», WB, 1932).*

In dem Gewusel von Zensurmöglichkeiten sollen die wichtigsten Schichten freigelegt werden. Im Art. 118 selbst wurden gleich zwei Einschränkungen vorgesehen, die mit dem Lichtspielgesetz vom 12. Mai 1920 und mit dem «Gesetz zur Bewahrung der Jugend vor Schund- und Schmutzschriften» vom 18. Dezember 1926 zur Ausführung kamen. Das Schund- und Schmutzgesetz, dessen Entwurf die mitregierende hochkonservative Deutschnationale Volkspartei vorlegte, erregte in der literarischen Öffentlichkeit einen Proteststurm, dem auch Ossietzky sich anschloß. Ein «Ausschuß zur Bekämpfung des Schund- und Schmutzgesetzes» verabschiedete eine Erklärung gegen die «ungeheuerliche Bedrohung der durch die Verfassung garantierten Freiheit des geistigen und künstlerischen Schaffens». Von vielen Künstlern und Organisationen wurde im «Berliner Börsen-Courier» ein Aufruf veröffentlicht, den auch Ossietzky unterzeichnete.

Das Gesetz mußte Schlimmstes befürchten lassen. Denn waren auch politische, soziale und andere Tendenzen als Verbotsgrund ausgenommen, so wurde doch andererseits auf eine Definition von «Schund und Schmutz» verzichtet. Die Entscheidung lag bei Prüfstellen, die aus «Sachverständigen» zusammengesetzt waren, wobei jedes Land eine Prüfstelle einrichtete, deren Entscheidung für das ganze Reichsgebiet verbindlich wurde. Als Revisionsinstanz fungierte eine ähnlich gestaltete Oberprüfstelle. Analog zum Lichtspielgesetz wurden die Sachverständigen aller Prüfstellen vom Innenminister des Reiches ernannt. Die DNVP ließ es sich nicht nehmen, diese wichtige Position zu besetzen, wenn sie sich an der Regierung beteiligte. Nur in ihrer Koalition mit der NSDAP verzichtete sie darauf.

Das in der Verfassung vorgesehene rechtliche Instrumentarium wurde ergänzt durch zwei Gesetze zum «Schutz der Republik». Das erste wurde als Reaktion auf die Ermordungen von Erzberger und Rathenau zum Schutz für Regierungsmitglieder in Reich und Ländern erlassen. Es bestand von 1922 bis 1929. Das 1930 erlassene zweite Gesetz kam schon unter dem Präsidialregime zustande und wurde in seiner Wirksamkeit von den Diktaturverordnungen des Reichspräsidenten gemäß Art. 48 der Verfassung überlagert.

Nach Aussage des sozialdemokratischen Reichsjustizministers Radbruch, der später von den Nazis als erster Professor seines Amtes enthoben werden sollte, war das erste Republikschutzgesetz ausschließlich zur Abwehr von Aktionen der politischen Rechten gedacht. Nur aus ihren Kreisen waren Mordanschläge gegen Regierungsmitglieder geplant und durchgeführt worden. In der Rechtsprechung des zum Vollzug des Gesetzes eingerichteten Staatsgerichtshofs erlangte dagegen eine untergeordnete Bestimmung (§ 7,4) Bedeutung, die sich zu Zensurmaßnahmen heranziehen ließ. Verfolgt wurde die Teilnahme an «staatsfeindlichen» Verbindungen, die sich das Ziel setzten, die republikanische Staatsform zu untergraben. In ständiger Rechtsprechung stellte der Staatsgerichtshof den grundsätzlich staatsfeindlichen Charakter der KPD fest. Eine entsprechende Feststellung gegenüber der NSDAP trafen weder er noch das Reichsgericht.

Auch das aus dem Kaiserreich übernommene Strafgesetz eröffnete politisch motivierten Behörden der Strafverfolgung günstige Einstiegsmöglichkeiten für eine Zensur. Die Straftatbestände des Hoch- und Landesverrats betrafen in der Rechtsprechung des grundsätzlich zuständigen Reichsgerichts unterschiedliche Adressaten. Des Hochverrats wurden vornehmlich kommunistische Schriftsteller angeklagt, während gegen Pazifisten mit den Normen des Landesverrats vorgegangen wurde. Zunächst zum Hochverrat: Nach dem Strafgesetzbuch machte sich strafbar, wer durch Verbreitung von Schriften zu einem Unternehmen aufforderte, das einen Hochverrat darstellte, also z. B. die gewaltsame

Änderung der Verfassung bezweckte (§ 85 in Verbindung mit §§ 82 u. 81). Anfang 1927 eröffnete das Reichsgericht eine Serie von Prozessen wegen «literarischen» Hochverrats.

Das unter den Bildern Wilhelms I. und Friedrichs III. tagende Gericht fiel weit hinter eine rechtstaatliche Praxis zurück, wie sie noch im Kaiserreich beobachtet worden war. Im Strafgesetzbuch von 1871 hatte der Gesetzgeber bewußt darauf verzichtet, neben dem «Auffordern» zum Hochverrat das unbestimmtere «Anreizen» als Straftatbestand aufzunehmen. Davon unberührt hatte der Staatsgerichtshof die «literarische Form der Aufreizung» als neuen Straftatbestand kreiert. Das Reichsgericht ergänzte nicht, es interpretierte und erzielte damit dieselbe Wirkung wie der Staatsgerichtshof. Es ging von der Auffassung ab, daß eine Aufforderung zum Hochverrat unmittelbar auf ein Vorhaben gerichtet und daß ein bestimmtes Unternehmen beabsichtigt sein müsse. Die Ausdehnung des Täterkreises auf Drucker, Setzer und Boten löste hellste Empörung aus. Der ehemalige sozialdemokratische Justizminister von Preußen, Wolfgang Heine, unterzog diese Rechtsprechung des Reichsgerichts einer vernichtenden Kritik.

Das Verbot der Zensur in der Verfassung wirkte sich letztendlich zum Nachteil der Betroffenen aus. Ihre Schriften konnten jetzt nur verboten werden, indem sie selbst als Person wegen Hochverrats belangt wurden, im Falle der Verurteilung also Zuchthaus- oder Festungsstrafen absitzen mußten. «Das alte Regime», so schrieb einmal Ossietzky, «kam mit der Zensur aus. Der Rotstift des Zensors genügte, um die ärgsten Attacken auf die sittliche Weltordnung abzuschlagen; der Zuchthausschließer wurde nicht bemüht.» («Plumpsack geht um!», MM, 1925)

Die sich in der Rechtsprechung des Reichsgerichts offenbarende Gesinnungsjustiz unterlag in der Öffentlichkeit vehementer Kritik. Der Schutzverband Deutscher Schriftsteller sah das gesamte geistige, künstlerische und politische Leben «durch eine willkürliche und verfassungswidrige Justiz» schwer bedroht (B.T., 1927). Die Liga für Menschenrechte, deren Vorstand Ossietzky 1926/27 angehörte, ging mit Denkschriften, Publikationen und öffentlichen Versammlungen gegen die Prozesse an.

Dies alles bildet den Hintergrund der beiden Artikel von 1927, in denen Ossietzky die neuen reichsgerichtlichen Zensururteile scharf verurteilt. *Die Artikel geben einen Eindruck von der bedrückenden geistigen Atmosphäre, die nicht zuletzt von tendenziösen Richtern erzeugt wurde und die so leicht übersehen wird in der Rückschau auf die kulturellen Glanzleistungen, die in der Republik möglich waren, aber nicht den Staatsorganen der Republik als Verdienst angerechnet werden können.*

Als Vorlage für «Billies Prozeß» haben mehrere Prozesse gedient. In der «Weltbühne» vom 15. Februar 1927 erschien von Bertha Lask eine Glosse zu einem Prozeß des Reichsgerichts gegen Angestellte zweier Buchhandlungen wegen Verkaufs hochverräterischer Schriften. Den Angestellten wurde vorgeworfen, sich nicht vom Inhalt überzeugt zu haben. Das Urteil lautete auf je zehn Monate Festung und 500 Mark Geldstrafe. In einem anderen drei Tage später liegenden Urteil gegen eine Buchdruckerei wegen Drucks kommunistischer Schriften wurde u. a. ein Bote zu einem Jahr und sechs Monaten Festung und 100 Mark Geldstrafe verurteilt. In der Begründung hieß es, er habe sich mitschuldig gemacht, weil er den Inhalt der inkriminierten Schriften hätte kennen müssen. Alle Verurteilten waren Kommunisten. In der republikanisch gesinnten Öffentlichkeit wurden Erinnerungen an den Vormärz wach. Ossietzky reagiert mit einer bitteren Satire, die er in das absolutistische England Karls I. verlegt.

«Das Reichsgericht im Sommer» tagte noch, als Ossietzky seinen Artikel schrieb. Im Verfahren gegen Berta Lask hat zunächst der Staatsanwalt das inkriminierte Buch beschlagnahmt, eine Darstellung der Märzkämpfe 1921 zwischen Arbeitern und Sicherheitspolizei bzw. Reichswehr mit den Schwerpunkten in den Mansfelder Betrieben und im Leuna-Werk.

Der Artikel über den Genossen Z., den Berliner Polizeipräsidenten Zörgiebel, befaßt sich mit einem der häufigen Verbote der «Roten Fahne», das diesmal rechtlich keine ganz einfache Sache war. Das erste Republikschutzgesetz, das dazu wiederholt die Handhabe geboten hatte, war ausgelaufen, das zweite noch nicht in Kraft getreten. Zur Überbrückung muß das Reichspreßgesetz von 1874 herhalten. Ossietzky geht auf die rechtlichen Schwierigkeiten ein, die sich hierbei stellten und von Zörgiebel offenbar nicht überwunden wurden.

Aber Zörgiebels Verbot blieb für den Weimarer Staat eine Epi-
sode. Unter den Präsidialregimen driftete die Republik endgültig
nach rechts ab. Nunmehr reichte schon der Druck der Straße,
um zu bewirken, wozu vorher kompliziertere juristische Kon-
struktionen nötig waren. Das Verbot des amerikanischen Remar-
que-Films vom 11. Dezember 1930 wegen «Gefährdung des
deutschen Ansehens» (§ 1 des Lichtspielgesetzes) erfolgte nach
mehrtägiger Nazi-Randale. Der einst leidenschaftlich erhobene
Protest der Republikaner war verstummt. Bitter registriert Os-
sietzky nur peinliche Ausreden. Die Erosion des Artikel 118 hat
mit dieser neuen «Qualität» von Zensur schon unter Brüning
einen Höhepunkt erreicht, der vor der Errichtung der faschisti-
schen Diktatur nicht mehr überboten wurde.

Billies Prozeß

Das hat sich grade jetzt vor dreihundert Jahren in London zuge-
tragen: eines Abends erschienen im Bücherladen von Jeremias
Peacock in der Straße Zur kleinen Vergnüglichkeit in South-
wark, nicht weit vom Theater Die Weltkugel, ein paar bewaffnete Männer, geführt von einer Magistratsperson mit fuchsroter
Perücke, um den Buchhändler zu verhaften. Der war über Land
gefahren, und um nicht unverrichteter Sache abzuziehen, not-
züchtigten die Gerichtsdiener derweilen des Meisters Frau und
junge Töchter. Denn in dieser lebensfrohen Zeit wußte man auch
der tristesten Amtshandlung eine heitre Seite abzugewinnen.
Aber als die Häscher fortgingen, fiel ihnen ein kleiner fünfzehn-
jähriger Struwelkopf auf, Billie, der Ladenjunge, der, während
die Gerechtigkeit über ihm waltete, unbekümmert die Stufen
fegte und dazu Dideldum sang. Diesen Knaben ließ die Magistratsperson mitnehmen und in Eisen legen.

Was aber war der Grund dieses obrigkeitlichen Besuches? Die
frommen Gemeindeältesten hatten Ärgernis genommen an
einem stattlichen Folioband, den Meister Jeremias in seinem La-
den zum Kauf anbot, weil darin die Schauspiele eines verstorbe-
nen Komödianten namens Shakespeare gesammelt waren,

höchst verwerfliche Possenreißereien, vollgestopft mit greulicher Unzucht und Indiskretionen aus königlichen Familien, in knalliger Aufmachung überaus geeignet, dem Volk destruktive Tendenzen nahe zu bringen. Da Meister Peacock indessen vornehme Kundschaft hatte und wohl gelitten war bei Lady Topsey-Turvey, der Gespielin von des Königs jüngstem Bruder, so durfte er ungehindert das Land verlassen. Doch Billie, der Ladenjunge, wurde in den Tower geworfen, dringend verdächtig, den Hochverrat literarisch vorbereitet zu haben.

Um den schüchternen, wenig redegewandten Knaben gesprächiger zu machen, ließ ihn der Untersuchungsrichter mit Zangen zwicken und seine Gelenke auskugeln. Dann fragte er ihn mit der natürlichen Liebenswürdigkeit eines Mannes, der über seinem Beamtencharakter nicht sein Menschentum vergißt, ob er wohl wisse, daß die Werke jenes Shakespeare wahre Breviarien seien für Königsmord und Konspiration, Bibeln des revolutionären Umsturzes und der frevelvollen Kunst, das Volk aufzuhetzen. Jammernd erwiderte Billie: er sei nur ein ungelehrtes Kind, könne nicht lesen noch schreiben, wisse überhaupt nicht, was in den Büchern stehe und pflege sie nur an der Farbe des Umschlags zu unterscheiden; übrigens habe er sie gar nicht verkauft, sondern nur jeden Morgen abgestäubt. Dabei blieb er in gottloser Verstocktheit.

Auch als Angeklagter vor des Königs Obergericht wollte er sich zu keinem Geständnis bequemen. In dieser Atmosphäre von zurückhaltendem Richterstolz und herber Sachlichkeit, die sich dem Außenstehenden nicht so leicht erschließt, gelang es auch ihm nicht, sich zu erschließen, und er wiederholte nur das in den peinlichen Verhören Gesagte. So erkannte ihn das Gericht schuldig des todeswürdigen Verbrechens, Umsturzliteratur mit dem Staubwedel pfleglich behandelt zu haben, anstatt sie, wie pflichtgemäß, dem Feuer zu überliefern. Bald darauf wurde Billie, nachdem man ihn vorher mit Ruten gestrichen, nach Newgate gebracht und dort gehängt.

Doch in den Wochen vor seiner Hinrichtung hatte Billie in einer Zelle gelegen mit einem frommen Schwärmer, dem sich in trunknen Visionen die freieste Verfassung der Welt offenbarte, ein Saeculum der Gedankenfreiheit und der gewaltlosen Harmonie. Dieses Mannes Reden erhitzten Billies armen Kopf, und sie mögen den seltsamen Traum verursacht haben, den er in seiner letzten Nacht hatte: Er stand plötzlich in einem fernen Jahrhundert und sah seinen Fall verhandelt von Richtern in feierlichen roten Talaren. Und deren Ältester erhob sich und sprach mit der scharfen, beizenden Stimme des Lord Oberrichters: Was Billie da vorbringe, seien Flausen; die literarischen Qualitäten des Herrn Shakespeare wären ja unbestritten, doch das schließe nicht aus, daß ein Andrer die Bücher dieses Autors für strafbare politische Zwecke geeignet finde und sie in strafbarer Weise gebrauche. Er, Billie, aber habe als Angestellter der Firma Peacock, ohnehin durch andre Beschlagnahmungen gewarnt, die Pflicht zur sorgfältigen eignen Prüfung, gegebnenfalls auch zur Erkundigung gehabt. Das habe er versäumt, und deshalb sei er zu verdammen. Während Billie schmerzlich aufschrie, zerplatzte sein Traum. Die Büttel ergriffen ihn und servierten ihn erst dem Priester, dann dem Henker.

Der Verkünder des Dritten Reichs hatte sich umsonst bemüht. Billie, der Ladenjunge, von seiner Zeit verstoßen, starb ohne Glauben an die Zukunft.

Die Weltbühne, 8. März 1927

Das Reichsgericht im Sommer

Absender: Reichsanwaltschaft

Abschrift

Beschluß.

In der Ermittlungssache gegen

1. die Schriftstellerin Berta Lask in Berlin,
2. die Vereinigung Internationaler Verlagsanstalten G.m.b.H., Berlin,
3. die Uns-Produktivgenossenschaft in Leipzig

wegen Vorbereitung zum Hochverrat wird auf Antrag des Oberreichsanwalts das Buch «Leuna 1921, Drama der Tatsachen», nebst dem «Nachspiel», Verfasserin: Berta Lask, Verleger: Vereinigung Internationaler Verlagsanstalten G.m.b.H., und die zur Herstellung und Vervielfältigung beider Schriften dienenden Platten und Formen gemäß §§ 81 Ziff. 2, 86 StGB., § 27 des Reichspreßgesetzes, § 98 StPO. beschlagnahmt, da aus dem gesamten Inhalt beider Schriften, insbesondere aus Seite 15, 32, 44, 47, 48, 56, 60, 64, 66, 72, 74, 76, 85, 86, 91, 94, 111, 114, 117, 120, 125, 139 bis 141, 151, 152 des Buches und Seite 2 bis 4 des Nachspiels sich ergibt, daß sie der Aufforderung zum Bürgerkrieg und zu gewaltsamer Änderung der Verfassung zu dienen bestimmt sind, wobei der Zeitraum des Umsturzes als nahe bevorstehend hingestellt wird (S. 32, 47, 85, 86, 88, 140, 141, 151 des Buches), und da mit Rücksicht auf die einheitliche Richtung des gesamten Inhalts der Schriften eine Ausschließung einzelner Teile der Schriften von der Beschlagnahme nicht möglich ist.

Berlin, den 10. Juni 1927.

Das Amtsgericht Berlin-Tempelhof, Abt. 15.

gez. Reblin.

Ausgefertigt: Berlin NW 52, den 17. Juni 1927, Turmstr. 89.

L. S. gez. Schaefer,

Kanzleisekretär, als Gerichtsschreiber des Amtsgerichts Berlin-Tempelhof.

Vorstehende Abschrift stimmt mit der Urschrift überein.

Leipzig, den 23. Juni 1927. Sekretariat 14a der Reichsanwalt.

M...., Regierungsoberinspektor.

*

Die berliner Schriftstellerin Berta Lask hat vor einigen Monaten bei der Viva ein Buch erscheinen lassen: Leuna 1921 – Drama der Tatsachen. Erwin Piscator war entschlossen, das Stück in der nächsten Saison zu inszenieren, und auch eine große süddeutsche Bühne interessierte sich dafür. Eine berliner Aufführung sollte schon im April stattfinden, aber Schikanen der Theaterpolizei verhinderten das. Dann kam das Buch heraus und wurde sofort auf Anweisung der Reichsanwaltschaft konfisziert, weil es nach ihrer Auffassung gedichteter Hochverrat ist, so wie sie früher schon einmal rezitierten Hochverrat angenommen hat.

Was ist denn so schreckliches passiert? Wer das Buch gelesen hat, findet nur die Erklärung, daß dem Herrn Reichsanwalt eben die janze Richtung nicht paßt. Die Verfasserin hat sich erlaubt, ein Stück Revolution aus frischer, noch blutender Vergangenheit zu behandeln. Sie hat den mitteldeutschen Aufstand von 1921 zum Vorwurf genommen und hat es getan als Anhängerin der Sache, um die es damals ging. Wer das Buch ohne Scheuklappen liest, muß zugestehen, daß die Verfasserin ihre Arbeit mit feinfühliger Schlichtheit durchgeführt hat. Sie hat sich streng an die Fakten gehalten, wie sie in dem Bericht des preußischen Untersuchungsausschusses und in geprüften Aussagen von etwa vierzig Augenzeugen und Teilnehmern enthalten sind. Bei der Lektüre bleibt überhaupt der Eindruck, daß sie den protokollierten Tatsachen zu viel Platz einräumt, damit den dramatischen Impetus knickt und die Endwirkung schwächt. Eine weichere Menschlichkeit überschattet die politische Tendenz; diese Hand glättet mehr als sie revolutioniert, und über vielen dieser Bürgerkriegsbilder schwimmt wie ein Nebelschleier die stille Trauer einer empfindsamen Frau über so viel Unmenschlichkeit. Sie ahnen nicht, Herr Reichsanwalt, was ein robuster Mann aus diesem Thema hätte machen können.

Die Beschlagnahme stützt sich hauptsächlich darauf, daß in dem Buch Stellen enthalten sein sollen, aus denen sich ergibt, «daß sie der Aufforderung zum Bürgerkrieg und zu gewaltsamer Änderung der Verfassung zu dienen bestimmt sind, wobei der Zeitraum als nahe bevorstehend hingestellt wird». Bei der Prüfung der beanstandeten Partien finden wir unter anderm einen Dialog zweier gefangener Arbeiter. Und da sieht die gewaltsame Änderung der Verfassung also aus:

Wieland: Jetzt schmachten wir im Silo als gefangene Sklaven, aber einmal wird das Leunawerk unser sein.
Die Andern: Das Leuna wird unser sein.

Ist die Hoffnung auf einen spätern Besitzwechsel, ohne daß etwas über die Mittel gesagt wird, schon Hochverrat? Doch diesen für den Herrn Prokurator höchst aufrührerischen Worten geht folgendes voraus:

Wieland: Wir werden noch einmal alle aufstehn und zusammentreten, Gewehr in der Faust.

Alter Arbeiter: Ja, ihr werdet noch einmal alle aufstehn und zusammentreten, Gewehr in der Faust. Aber das wird nicht heute sein und nicht morgen.

Benno: Man kann nicht warten, bis das Leben vergeht.

Alter Arbeiter: Nicht warten, arbeiten, arbeiten Tag für Tag und Jahr für Jahr unter den Proleten, bis die vielen aufwachen, wie wir aufgewacht sind.

Wieland: Ich hab solch ein Feuer in der Brust, das zerfrißt mich.

Alter Arbeiter: Sollst das Feuer behalten, sonst taugt die Arbeit nichts. Aber das Feuer allein taugt auch nichts. Sollst das Feuer ausbreiten, bis alle Proleten ein Feuer in der Brust haben wie du. Dann werdet ihr eine Mauer sein, dann werden sich die dort die Köpfe einrennen und werden ihnen keine Maschinengewehre mehr nützen und keine Geschütze.

Wo dröhnt hier der Marschschritt der Revolution? Hat der Reichsanwalt von seiner Beschäftigung mit linksradikaler Literatur die Nase so voll von Petroleum, daß er diesen Geruch nirgends los wird? Oh, Herr Reichsanwalt, hunderte von Büchern könnten wir Ihnen aufzählen, die nicht nach Petroleum duften, dem klassischen Brennstoff der Revolution, sondern nach Gas, nach dem Giftgas des nächsten Krieges, und Sie behelligen diese Bücher nicht, denn die sind von einwandfreien Patrioten, die ein bißchen Krieg brauchen, um ihre frigidgewordene Muse aufzupulvern. Nein, wer nur ein wenig Sinn für Rhythmus hat, wird in den oben zitierten Worten nicht Rebellion hören, sondern Elegie. Besiegte kauern da zusammen und reden wie alle Besiegten von der Hoffnung, von der Stunde, die schließlich doch den Triumph bringt. Doch der Herr Reichsanwalt ist unerbittlich: er konfisziert sogar die Tränen.

Aber die oberste republikanische Anklagebehörde wird uns erwidern, daß die von Berta Lask dramatisierten Geschehnisse alle gleichsam noch warm sind und selbst die armen Hoffnungen dieser niedergeworfenen Leuna-Arbeiter aufreizend wirken müssen, weil ihr Ziel «als nahe bevorstehend hingestellt wird».

Also soll es überhaupt verboten sein, sich von Revolutionen dichterisch packen zu lassen, die nicht in grauer Vergangenheit liegen. Darf man nur zu Marc Antons Demagogenkünsten applaudieren? Darf man nur bei Georg Büchner klatschen, wenn Saint Just seine wahnwitzige Begründung des Terrors aus Elementarereignissen, wie Erdbeben und Taifunen, herunterdeklamiert? Niemals ist das Recht auf Blutvergießen, auf Ausrottung der Gegner mit so hirnkranker Folgerichtigkeit proklamiert worden, und doch schließt sich das ganze Theater jedes Mal hingerissen und bedenkenlos der Aufforderung des Redners an, diesen erhabenen Augenblick mit ihm zu teilen, und alle Kommerzienräte im Parkett fühlen den Dolch des Brutus unterm Gewande. Wo ist der historische Zeitpunkt zu suchen, wo Verherrlichung einer Revolution erlaubt, wo eine Vision revolutionärer Zukunft nicht mehr, oder noch nicht strafbar ist? Wir bitten höflichst um eine reichsgerichtliche Entscheidung, um die wünschenswerte Einheitlichkeit der Judikatur herbeizuführen und uns, seien wir Künstler oder Genießende, von schwerem Gewissensaldruck zu befreien. Ist zum Beispiel 1848 noch verbotene Zone oder ist die Schutzfrist für die Obrigkeit von damals schon abgelaufen? Und wie steht es gar mit 1525? Zwar war Stresemann neulich im ‹Florian Geyer› vor Begeisterung kaum zu halten, aber es besteht doch noch immer eine kleine Unsicherheit, ob sich nicht etwa die Reichswehr beleidigt fühlen könnte, wenn es einem jungen Dramatiker einfallen sollte, den Truchseß von Waldburg, so wie er uns überliefert ist, auf die Szene zu stellen. Und hat Florian Geyer heute tatsächlich die höhern Weihen empfangen, so harrt Thomas Münzer noch immer des gültigen polizeilichen Sichtvermerks. In einem Fall ist er nämlich mit dem Kleistpreis ausgezeichnet, in einem andern, wie die Leunatragödie, beschlagnahmt worden. Hier müßte endlich Klarheit geschaffen werden.

Das Reichsgericht hätte da ein schönes, dankbares Arbeitspensum für den Sommer. Wenn im Herbstmond erst wieder die täglichen Landesverrate laufen, ist für solche Fragen geistigkünstlerischer Art keine Muße mehr.

Die Weltbühne, 26. Juli 1927

Genosse Z. konfisziert

Für das neue Republikschutzgesetz, das demnächst vor den Reichstag kommen wird, gibt es keine üblere Introduktion als die Rede, mit der der preußische Innenminister Grzesinski im Hauptausschuß des Landtags sein Verbot von Umzügen und Versammlungen unter freiem Himmel begründet hat. Herr Grzesinski führte nämlich auf eine Frage, ob ein Verbot der KPD. beabsichtigt sei, aus, daß er eine solche Nachricht bisher weder dementiert noch bestätigt habe, daß aber dies Verbot fällig sein werde, sobald die gesetzlichen Voraussetzungen dafür vorhanden seien. Die gegenwärtigen Gesetze reichten dafür nicht aus, weshalb die Verabschiedung des Republikschutzgesetzes beschleunigt werden müßte. Auch gegen die kommunistische Presse könne er zurzeit nichts außerhalb des ordentlichen Rechtswegs unternehmen; um solche Zeitungen zu verbieten, sei dies Gesetz notwendig. Durch diese unvorsichtige Erläuterung hat Herr Grzesinski verraten, daß er in dem Gesetz nicht etwa ein Instrument gegen Rechts erblickt sondern ausschließlich ein Ausnahmegesetz gegen die Kommunistische Partei. Hier spricht, wie so oft, nicht der Staat sondern ein Parteiminister, für den die in seinen Händen ruhende erhebliche Autorität grade gut genug ist, um als genehme Waffe gegen eine lästige Konkurrenzpartei verwendet zu werden. Ein witziger Kopf hat für das geplante Republikschutzgesetz zunächst den Namen «Gesetz zur Befriedung des politischen Lebens» vorgeschlagen. Diese Idee ist, mit Recht, fallen gelassen worden. Wenn das Gesetz allgemein so aufgefaßt wird, wie es Herr Grzesinski tut, so wird es den Gummiknüppel- und Stuhlbeinkrieg, der augenblicklich unser politisches Leben charakterisiert, nur vergröbern, nicht mildern oder gar beenden. Es wäre unsinnig, einer Regierung ein Gesetz zuzugestehen, dessen Mißbrauch sie schon vor dessen Annahme statuiert. Zur Vergewaltigung von staatsbürgerlichen Rechten langt das bestehende gesatzte Recht vollkommen aus. Es ist ganz unnötig, unternehmungslustigen Polizeibehörden und Staatsanwaltschaften ein Benefizium in Form eines Ausnahmegesetzes zu gewähren.

Daß sich auch heute willkürlich genug wirtschaften läßt, hat der Herr Polizeipräsident von Berlin wiederholt erhärtet. Er tat es jetzt aufs Neue durch die vor ein paar Tagen erfolgte Beschlagnahme des kommunistischen Zentralorgans. Die republikanische Presse hat wenig Notiz von dem Vorfall genommen, teils, weil um die ‹Rote Fahne›, nicht ohne deren eigne Schuld, schon lange eine Isolierschicht entstanden ist, teils, weil die linksbürgerlichen Blätter sich um die Vorgänge links von ihnen nicht zu kümmern pflegen. Wer jedoch grade diesen Fall näher betrachtet, wird finden, daß diese papierne Kugel des Herrn Polizeipräsidenten nicht weniger rechtsverletzend ist als die stählernen vom 1. Mai, mit einem Wort, daß Genosse Z. wieder einmal am hellen Tage Dachschützen gesehen hat. Wenn ein Beamter in hoher verantwortlicher Stellung weiße Mäuse zu sehen beginnt, schickt man ihn in den Weißen Hirsch. Wenn er jedoch Dachschützen sieht, so sucht man die unschädlich zu machen und nicht den Beamten, den diese Erscheinungen belästigen. Die Konfiskation der ‹Roten Fahne› hat zwar kein Blut gekostet, nur ein bißchen Pressefreiheit ist dabei unter den Polizeistiefel geraten, und das verfassungsmäßig verbriefte Recht der freien Meinungsäußerung ist durch einen unqualifizierten tölpelhaften Eingriff verletzt worden. Genosse Z. fehlt es nicht an Strammheit, wohl aber an politischem Verstand, er entspricht so ganz der Schilderung von Immermanns komischem Helden Tulifäntchen, als hätte er vor hundert Jahren dazu Modell gestanden:

«Ungeschlacht hieß der
Herr Vater,
Tramplagonda die Frau
Mutter,
doch er selbst hieß
Schlagododro.»

Warum hat Genosse Z. die ‹Rote Fahne› wieder konfiszieren lassen? Der beanstandete Leitartikel ist nur die Antwort der KPD. auf die eingangs erwähnte Rede des Ministers Grzesinski. Man kann von einer Partei, deren baldiges Verbot ein Polizeiminister ankündigt, keine burgfriedliche Sprache verlangen, aber auch wer oft über die ‹Rote Fahne› den Kopf geschüttelt hat, wird finden, daß grade dieser Artikel, der den Anlaß zum Verbot abgeben mußte, ganz ohne jene Eigenarten war, die die ‹Rote Fahne› oft auszeichnen: er war von harter Sachlichkeit, ohne Lärm, ohne agitatorische Kraftworte, die eine Kraft vortäuschen sollen, über die die Arbeiterschaft heute nicht verfügt. Er enthielt lediglich die Versicherung, daß die Anhängerschaft der KPD. den Massenkampf weiter betreiben und sich das Recht auf die Straße nicht nehmen lassen wird. Das Proletariat werde sich nicht von der Bourgeoisie provozieren lassen, die sehnlichst wünsche, es vorzeitig zum Aufstand herauszulocken. Jeder Mensch, der die Dialektik von Parteiblättern etwas kennt, weiß, daß hier zwischen den Zeilen nicht etwa die Aufreizung zum bewaffneten Widerstand liegt sondern die dringende Aufforderung, Disziplin zu halten und sich nicht zu Gewalttaten hinreißen zu lassen, die bei der augenblicklichen Machtverteilung nur zur blutigen Niederlage des Proletariats führen müßten. Fast scheint es, als hätte die ‹Rote Fahne› in Grzesinskis Rede Unheil gewittert und deshalb eine besonders politische Sprache geführt, um ein Verbot zu vermeiden. Ätsch, wozu ist man Polizeipräsident –?

Es erübrigt sich beinahe zu bemerken, daß der Genosse Z., nachdem er sich einmal zur Forschheit entschlossen hatte, auch in Einzelheiten sich nicht mehr in die Zwirnsfäden des Gesetzes verwickelte. So erfolgte die Beschlagnahme unter Verletzung des Reichspreßgesetzes, indem unter Mißachtung der Bestimmung von § 27 Absatz 1 darauf verzichtet wurde, die Stellen anzuführen, die Veranlassung zum Einschreiten gegeben haben, ebenso sind die verletzten Paragraphen nicht bezeichnet worden. Das ist zwar skandalös, gleichsam vorweggenommenes Republikschutzgesetz, aber durchaus konsequent, denn über der ganzen Aktion steht doch kein hehres unverrückbares Gesetzeswort sondern das alte wilhelminische: «Die janze Richtung paßt mir nicht!» Werden die Rechtsinstanzen, an die das Blatt jetzt appelliert, den Mut finden, den Übergriff des Polizeipräsidenten zu decken?

Und jetzt sehe ich auch schon den ‹Vorwärts›: «Natürlich… Sukkurs für die Kommunisten!» Nein, darum geht es nicht, wohl aber um die Pressefreiheit, die Standarte des demokratischen Staates. Um weniger feierlich zu sprechen: nackter Selbsterhaltungstrieb sollte uns republikanische Blätter ohne Unterschied der Prinzipien oder Nuancen endlich dazu führen, das Recht der freien Meinungsäußerung, das Recht auf freie Presse mit doktrinärer Härte zu verfechten. Was die ‹Rote Fahne› heute unter dem Genossen Z. erlebt, das kann morgen unter einem Polizeivogt von rechts, der ‹Weltbühne›, den Demoblättern, ja vielleicht sogar dem ‹Vorwärts› widerfahren – sogar dem ‹Vorwärts›. Daran sollte uns auch der oft recht unglückliche Ton extremer Organe nicht hindern. Es wird zurzeit sehr viel über Hetze geklagt, und es gibt ohne Zweifel sehr viel Hetze in Deutschland. «Wenn Einer Demagoge ist», sagt der konservative Engländer Chesterton, «muß er deshalb Unrecht haben?» Denn so arg die Hetze sein mag, sie kann niemals so arg sein wie die Zustände, deren Kind sie ist. Es gibt ein leider zu wenig beachtetes Mittel dagegen, das wirksamer ist als alle Ausnahmegesetze, das ist die Wiederherstellung des Glaubens an Recht und Gesetz. Die unwirksamste Maßnahme dagegen aber ist die flagrante Rechtsverletzung, die der berliner Polizeipräsident zu seinem alleinigen Spezifikum erhoben und die der preußische Innenminister in seiner unbedachten Rede als Dauerzustand in Aussicht gestellt hat.

Die Weltbühne, 21. Januar 1930

Remarque-Film

Zu dem Verbot des Remarque-Films hat die republikanische Feigheit, die in der Erfindung knifflicher Ausreden immer viel Talent beweist, eine besonders schöne Formel produziert. Mit bedauerndem Lächeln raunt man sich zu: «Was soll man machen? Der Film ist ja so schlecht!» Gegenüber solchen Verdunklungsversuchen, die wirksam sind, weil sie der republikanischen Neigung zur Bequemlichkeit entgegenkommen, ist unzweideutig festzustellen, daß diese Affäre politisch ist und von ästhetischen Kategorien nicht berührt wird. Es ist ganz belanglos, ob der Film und das Buch, von dem er stofflich abhängig ist, Meisterwerke sind. Es handelt sich nur darum, ob eine bestimmte maßvoll pazifistische Denkungsart, die über Millionen von Anhängern verfügt und in der Verfassung des Reiches selbst, in jener Mahnung, Erziehung im Geiste der Völkerversöhnung zu erstreben, eine legale Prägung gefunden hat, noch weiterhin erlaubt sein soll oder nicht. Diese Denkungsart, die weder radikal tut noch Verpflichtungen auferlegt und dem politisch organisierten Pazifismus auch gar nicht weit genug geht, ist in dieser letzten Woche zuerst von einer fanatischen Pöbelgarde unter der Führung eines klumpfüßigen Psychopathen öffentlich terrorisiert und dann in der obskuren Zensurkammer eines obskuren Ministerialrats schlicht kassiert worden. Die unverbindlichen Banalitäten, die jeder deutsche und überhaupt jeder Staatsmann der Welt bei jeder Gelegenheit gebraucht: daß der Krieg ein Übel ist und Frieden besser als Krieg, bekommen in Deutschland von nun an den Reiz des Verbotenen. Eine deutsche Zensurbehörde, auf die Gutachten von ein paar Ministerien gestützt, hat dem Geächteten des Kelloggpakts wieder alle bürgerlichen Ehrenrechte zugesprochen.

Hier, und nur hier, liegt die Bedeutung der Affäre. Der Rest ist nicht mehr als ein Zusammenbruch von Institutionen und Charakteren. Wenn der Vertreter des großen Jakobiners Joseph Wirth ausführen durfte: «ein Film nicht des Kriegs sondern der deutschen Niederlage», so wissen wir, daß morgen schon das Reichsgericht gegen die frevelhafte Behauptung einschreiten kann, wir hätten den Krieg verloren. Die Republik hat ihre eigne Ideologie preisgegeben, sie hat kampflos eine Position geräumt. Dieser Film hätte von ihr mit den Zähnen verteidigt werden müssen. Daß selbst eine so gefährdete Sache nicht hoffnungslos ist, beweist der glücklich abgeschlagene Angriff auf George Grosz, obgleich auch hier die Superklugen schon das erlösende Wort parat hatten: «Es gibt auch gerechte Kriege...»

Nicht ohne Genugtuung schreiben republikanische Blätter, es hätten doch nur an die zweitausend dumme Jungen auf der Straße Krach gemacht, die Vernünftigen wären dagegen zu Haus geblieben. Der Teufel hole diese Vernünftigen! Hätten sie nicht vorm Ofen gehockt, dann wären diese Forumszenen am Nollendorfplatz und Am Knie nicht möglich gewesen. Dann hätte der hysterische Hanswurst nicht in seinem Wagen, Aufruhr predigend, herumsausen dürfen, ohne in den Kotter gesteckt zu werden. Dann wäre es in Charlottenburg nicht zu pogromähnlichen Auftritten gekommen, wobei Severings Polizei mehr assistierte als verhinderte. Noch immer ist Berlin rot und republikanisch. Aber wo steckte das Reichsbanner? Wo die jungen Sozialisten? Wo die Kommunisten? Die Herrschaften sind doch sonst, wenn es sich um Auseinandersetzungen mit verwandten Fakultäten handelt, schnell zur Hand. Aber hier kam es wirklich darauf an, eine Einbruchstelle gegen den Fascismus zu verteidigen, der keinen von ihnen schonen wird, keinen. Hier wären endlich einmal die in tausend Kleingefechten geübten unschönen Künste mit Nutzen angewandt worden, aber da zogen es auch die verdientesten Veteranen der Straßenschlägereien vor, zu Haus zu bleiben, vernünftig zu sein. Und wo steckte endlich Herr Remarque selbst? Wir kennen seine Abneigung gegen öffentliches Hervortreten und teilen mit vielen Andern die Schätzung eines über Nacht berühmt gewordenen Autors, der es ablehnt, sich herumreichen zu lassen und unter Salonkätzchen und Bankettaffen den Löwen zu spielen. Aber dieser so gut ertragene Ruhm bringt doch noch andre Verpflichtungen mit als solche gegen den guten Geschmack. Herr Remarque hat unzähligen Lesern eine Ahnung von der Wahrheit des Krieges gegeben, er hätte nicht in dem Augenblick schweigen dürfen, wo die Zensur, im Bunde mit dem nationalistischen Pöbelhaufen, zu statuieren wagt, daß diese Wahrheit, auf der Filmleinewand gezeigt, zur verbotwürdigen Ausschreitung wird. Herr Remarque mag nicht das Zeug zum Volkstribunen in sich fühlen, aber das ist auch gar nicht nötig. Ein paar bekennende Worte zum Inhalt des Films, der auch der Inhalt seines Romans ist, würden genügt haben. Ein Autor, der eine zentrale deutsche Frage aufgreift und in ein paar Monaten eine Millionenauflage erzielt, wird, ob er will oder nicht, eine öffentliche Macht. Herr Remarque hat im entscheidenden Stadium geschwiegen und sich damit selbst zu einer literarischen Ohnmacht degradiert.

So hat sich also wieder ein echtes republikanisches Drama entwickelt: ein Staat, der sich selbst verläßt und denen, die ihn verteidigen wollen, den Arm lähmt durch das Bild seiner Jämmerlichkeit. Der Fascismus hat seinen ersten großen Sieg nach dem 14. September errungen. Heute hat er einen Film erlegt, morgen wirds etwas Andres sein. Eins muß deshalb jetzt ganz deutlich gemacht werden: wenn der Staat schon nicht Autorität aufbringt, dann soll er wenigstens Parität gelten lassen. Man kann dem Republikaner nicht versagen, was man Goebbels gestattet hat. Die Republikaner dürfen von nun an monarchistische und militärische Filme nicht mehr dulden. Der Spruch der Oberprüfstelle hat bewiesen, daß ein Film durch Kräfte von außen in die Versenkung gestoßen werden kann. Es muß Ehrensache der berliner Republikaner sein, daß der neue Fridericusfilm, den Hugenberg sich demnächst vorzuführen beehrt, nach Gebühr heimgeschickt wird, ebenso der andre, den Cserepy wieder vorbereitet. Dieser Dreck hat im roten Berlin nichts verloren. Wenn die Konsuln schlafen, muß das Volk zur Selbsthilfe greifen. Die liberale Feigheit, die sich selbst für Vernunft halten möchte, hat ausgelitten. Der Fascismus ist nur auf der Straße zu schlagen. Gegen die nationalsozialistische Gesindelpartei gibt es nur die Logik des dickern Knüppels, zu ihrer Zähmung nur eine Pädagogik: A un corsaire – corsaire et demi!

Die Weltbühne, 16. Dezember 1930

Anhang

Carl von Ossietzkys Lebensdaten

1889   Carl von Ossietzky wird am 3. Oktober in Hamburg geboren

1904   Ossietzky verläßt die Rumbaumsche Schule, eine private Mittelschule. Er scheitert bei dem Versuch, die Mittlere Reife zu erlangen

1907   Ossietzky wird Hilfsschreiber beim Hamburger Amtsgericht

1908   Ossietzky wird Mitglied der Demokratischen Vereinigung, des Deutschen Monistenbund und der Deutschen Friedensgesellschaft

1912   Regelmäßige Mitarbeit an dem Organ der Demokratischen Vereinigung «Das freie Volk»

1913   Ossietzky heiratet die Engländerin Maud Hester Lichfield-Wood

1914   Er scheidet aus dem Justizdienst aus; am 7. Mai wird er vom Landgericht Berlin-Moabit wegen «Beleidigung der Militärgerichtsbarkeit» zu 200 RM Strafe verurteilt

1915   Er kehrt in den Justizdienst zurück

1916   Ossietzky wird zum Militärdienst eingezogen

1919   Er arbeitet als Autor und Lektor im Hamburger Pfadweiser Verlag und tritt der Freimaurerloge Menschentum bei
        Im Juli zieht Ossietzky mit seiner Frau nach Berlin und wird dort Generalsekretär der Deutschen Friedensgesellschaft. Am 21. Dezember kommt die einzige Tochter Rosalinda zur Welt

1920   Ossietzky wird Redakteur der Berliner Volks-Zeitung und Mitinitiator der «Nie wieder Krieg!»-Bewegung

1924   Ossietzky gehört zu den Gründungsmitgliedern der

kurzlebigen Republikanischen Partei, für die er bei den Reichstagswahlen kandidiert

Ossietzky tritt in die Redaktion des «Tage-Buch» und des «Montag Morgen» ein

1926 Am 20. April beginnt er seine Mitarbeit bei Siegfried Jacobsohns «Weltbühne»

1927 Nach Jacobsohns Tod wird Ossietzky Chefredakteur der «Weltbühne». Am 10. Februar verurteilt das Schöffengericht Berlin-Mitte ihn und Erich Weinert zu je 500 RM Geldstrafe wegen öffentlicher Beleidigung der Reichsmarine

Am 21. Dezember folgt wegen Beleidigung der Reichswehr eine Gefängnisstrafe von einem Monat, die später in eine Geldstrafe umgewandelt und im Zuge einer Amnestie schließlich ganz erlassen wird

1929 Ossietzky gehört zum Präsidium des Untersuchungsausschusses zur Aufklärung der blutigen Maivorgänge in Berlin

1931 Am 23. November werden Ossietzky und Walter Kreiser wegen Landesverrats militärischer Geheimnisse zu je 18 Monaten Gefängnis verurteilt. Anlaß ist Kreisers Artikel «Windiges aus der deutschen Luftfahrt» vom 12. März 1929

1932 Ossietzky tritt am 10. Mai die Haft im Gefängnis Tegel an, am 22. Dezember wird er aufgrund einer Weihnachtsamnestie entlassen

1933 In der Nacht des Reichstagsbrandes wird Ossietzky in Schutzhaft genommen und zuerst in das Polizeipräsidium am Alexanderplatz, dann in das Untersuchungsgefängnis Spandau eingeliefert

Am 6. April wird er in das Konzentrationslager Sonnenburg bei Küstrin überführt

1934 Ossietzky wird am 15. Februar in das Konzentrationslager Esterwegen im Emsland gebracht

1936 Ossietzky wird am 28. Mai mit einer schweren offenen Lungentuberkulose in das Staatskrankenhaus der Polizei in Berlin eingeliefert, wo er bis zum 7. November weiter in Schutzhaft gehalten wird

Am 23. November erhält Ossietzky den Friedensnobelpreis für das Jahr 1935. Zur Preisverleihung darf er nicht
ausreisen

1938   Ossietzky stirbt am 4. Mai im Krankenhaus Nordend in
Berlin-Niederschönhausen und wird zwei Wochen später auf dem Friedhof Buchholzer Straße beigesetzt

Namen- und Sachregister

In das Register wurden alle sachrelevanten Namen aufgenommen sowie Werke und Schriften, die Ossietzky direkt oder indirekt zitiert. Ferner sind Institutionen (Parteien usw.) sowie zeitgenössische Zeitungen und Zeitschriften registriert. Kurze Sacherläuterungen dienen dem Verständnis zeitgeschichtlicher Zusammenhänge. Kursiv gesetzte Ziffern beziehen sich auf die Einleitungen und Zwischentexte der Herausgeber; in Klammern gesetzte Zahlen verweisen auf indirekte Nennungen Ossietzkys.

Carola Stern
In den Netzen der Erinnerung
*Lebensgeschichten zweier
Menschen*
(rororo 12227)
«Wie konnte man, als
Deutscher, Nazi oder
Kommunist – also mit
(vielleicht) treuestem Herzen
einem verbrecherischen
System dienen? – Wie schwer
sich zwei höchstgebildete,
gewissenhafte Menschen mit
der Bewältigung der Vergangenheit tun, das hat Carola
Stern nun jedermann klarge-
macht. Nicht nur deshalb: ein
liebenswertes Buch.»
Gerd Bucerius, Die Zeit

Ernst Toller
Eine Jugend in Deutschland
(rororo 4178)
Als begeisterter Freiwilliger
zog er in den Ersten Weltkrieg
und als humanitärer Pazifist
kehrte er heim. Er schlug sich
auf die Seite der Aufständi-
schen und erkannte früh die
tragische Grenze der Revolution. Das wahrscheinlich
bedeutendste Werk des
expressionistischen Autors
Ernst Toller, der in Dichtung
und Politik keinen unversöhn-
lichen Gegensatz sah.

Edith Piaf
Mein Leben
(rororo 859)
Die Autobiographie der Piaf,
deren Stimme für die Welt
zum Inbegriff des französischen Chansons wurde. Die
Beichte eines Lebens,
gezeichnet von Alkohol,
Rauschgift und Liebe. Der
Abschied eines großen
Herzens – mit dem Fazit: ‹Je
ne regrette rien.›

CAROLA STERN
IN DEN NETZEN
DER ERINNERUNG
LEBENSGESCHICHTEN
ZWEIER MENSCHEN

Anja Lundholm
Das Höllentor *Bericht einer
Überlebenden. Mit einem
Nachwort von Eva Demski*
(rororo 12873 und als
gebundene Ausgabe)
Anja Lundholm kam 1944 ins
Frauen–KZ Ravensbrück. Als
eine von wenigen überlebte sie
das Lager, in dem die Nazis
Zehntausende weiblicher
Gefangener zusammenge-
pfercht hatten.
«Anja Lundholm erklärt
nicht; sie kommentiert nicht.
Sie entschuldigt nicht. Sie
schreibt, was geschah.»
Die Zeit